10년 후에도 살아남을 주식에 투자하라

10년 후에도 살아남을 주식에 투자하라

초판 1쇄 인쇄 2021년 8월 15일
초판 3쇄 발행 2021년 9월 1일

지은이 김민희
감　수 이승조
펴낸이 전익균, 전형주

이　사 김영진, 김기충
기　획 조양제, 백현서
편　집 김 정
관　리 김희선, 박건서
개　발 신두인
디자인 페이지제로
교　육 민선아
마케팅 팀메이츠

펴낸곳 도서출판 새빛북스, (주)아미푸드앤미디어
전　화 (02) 2203-1996, (031) 427-4399 **팩스** (050) 4328-4393
출판문의 및 원고투고 이메일 svedu@daum.net
등록번호 제215-92-61832호 **등록일자** 2010. 7. 12

값 19,500원
ISBN 979-11-91517-10-1

INVEST IN REAL STOCK

10년 후에도

살아남을 주식에 투자하라

무극선생과 김민희 앵커가 알려주는
주린이를 위한 실전 투자 교과서

김민희 지음 **무극선생 이승조** 감수

도서출판 새빛
SAEVIT

CONTENTS

PROLOGUE 앵커의 시각 6

01 **투자 키워드**_ESG란 무엇인가? 9

02 **2021 테마**_그린 뉴딜 관련주 찾기 21

03-1 **무극선생의 사례 분석1:**
코로나19가 부른 삶의 변화_주역이 된 BBIG 29

03-2 **무극선생의 사례 분석2:**
BBIG 중 I와 G_콘텐츠, 넷플릭스 흥행과 K-콘텐츠 41

04 **가치주가 좋을까, 성장주가 좋을까** 55

05 **부동산은 '요지경'…틈새시장 투자전략은?** 65

06 **여행업계 지각변동**_아시아나 자본잠식 탈출과 빅딜 79

07 **코로나19로 알아보는 제약바이오 업계** 89

08 **차화전 시대일까**_feat. 화학주와 경기민감주 101

09 **반도체 이해하기**_半도체의 두 축 113

10 **반도체 공급 부족 현상**_슈퍼사이클 도래 125

11 **반도체 제조 과정 & 국산화 필요성** 135

12 **통신기술 전쟁**_인공위성 우주항공 사업 143

13 **사상 첫 '마이너스 유가'**_코로나19와 에너지 산업 153

14 **공매도 재개…기울어진 운동장** 165

15 **주식시장의 큰 손**_윈도 드레싱, 공매도, 블록딜 175

16 **공매도 전쟁터**_테슬라&셀트리온 193
17 **유상증자란?**_테슬라&헬릭스미스 203
18 **게임스톱과 공매도** 211
19 **내 돈 굴리는 국민연금, 역할은 뭘까?** 225
20 **유동성 빚더미 경제 속 위험신호** 235
21 **삼성 지배구조와 삼성생명법** 249
22 **달라진 지주사**_LG그룹과 SK그룹을 중심으로 259
23 **SK바이오팜 퇴사와 공모 열풍** 271
24 **현대차 그룹의 지배구조**_애플카와 기아차 279
25 **공시를 보는 이유** 299
26 **기업의 자금 조달**_CB, BW와 삼성 309
27 **특징주는 어떻게 찾는걸까?** 325
28 **합리적 투자의 조건** 335
29 **전업개미의 하루 일과** 355
30 **저평가주 찾는 마법공식** feat.퀀트 369
31 **재무제표 읽는 방법** 381
32 **파생상품**_선물과 옵션, 그리고 ETF 391
33 **파생상품 이해하기**_만기일 403

EPILOGUE 425

PROLOGUE

앵커의 시각

상승이 있으면 하락이 있고, 하락이 있으면 상승이 있다. 2020년 주식 시장은 지옥과 천당을 오갔다. 그 흐름 속에서 투자에 뛰어든 주린이를 위한 책을 쓰기 시작했고, 그 사이에도 증시는 흔들리지 않고 사상 최고치를 경신했다.

코로나19 사태를 빼고는 설명이 불가해진 세상이다. 지금이 포스트코로나 시대로의 과도기라면, 새로운 세상과 새로운 경험에 착안해 미래를 대비하는 전략이 현명해 보인다.

주식 시장은 매일 변화하는 생명체와 같다. 언제, 어떤 일을 마주할지 모르며, 어떤 대응이 필요할지 끝없이 고민해야 하는 우리 삶과 같다. 준비된 자가 위기를 지혜롭게 기회로 활용하듯, 주식 시장에서도 보는 눈, 듣는 귀, 그리고 혜안이 생기면 그 위기를 모멘텀으로 활용할 수 있지 않을까?

변화의 흐름을 감지하고 그 흐름을 따라가는 능력이 실전 투자에서 가장 중요하다. 매일 이른 아침부터 미국 시장에서 어떤 새로운 뉴스가 나왔고, 주요 헤드라인 기사들이 만들어낸 세상에서 어떤 빅데이터를 중심으로 시장이 움직이는지를 찾아보았다. 그리고 그 흐름을 전달자의 시각, 관찰자의 시각으로 정리해 보았다.

코로나19로 인해 기존에는 접해보지 못한 수많은 새로운 뉴스를 전달했으며, 새로운 영역과 모멘텀이 발생함에 따라 투자 전략도 달라지고 있다는 점을 전하고자 했다.

이 책 제안을 처음 받은 건 대학원 입시 막바지쯤이었다. 그 제안은 방송 생활 동안의 값진 경험과 생각을 정리할 수 있는 좋은 계기가 되었다.

새벽방송 외신캐스터로 시작한 방송 덕분에 주식 시장이라는 새로운 세상을 접할 수 있었다. 매 순간이 순조롭지만은 않았으며, HTS 설치부터 주식 시장을 하나 둘 배워가는 과정을 거쳤다. 경제방송 캐스터, 경제방송 아나운서라는 타이틀로 5년 가까운 시간을 보냈다. 그 동안 정성스레 쌓아온 지식과 생각, 투자에 대한 가치관을 이 책 안에 담아내고자 한다.

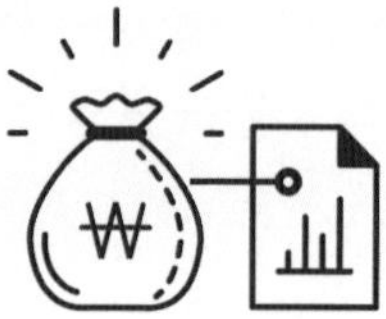

HOT ISSUE

01

투자 키워드

ESG란 무엇인가?

HOT ISSUE
01

2020~2021년 사이 가장 많이 거론되고 있는 뉴스는 ESG다. 개인적으로 생소하고 실제 이것이 주식시장에 어떤 연관이 있는지 의아했는데 그 이후 시장의 실제 움직임을 보니 이 개념을 숙지하고 미리 관련 대상종목을 찾아서 투자했다면 자산증식에 큰 흐름을 만들 수 있는 기회를 잡을 수 있었을 것이라는 생각이 든다. 아직도 진행형인 것 같아서 제일 먼저 전달자의 시각으로 ESG에 대해 정리해보겠다.

Environmental 환경

Social 사회

Corporate Governance 기업 지배구조

ESG가 새로운 투자 키워드로 떠올랐다. 친환경 관련 정책에 관심이 높아지면서 ESG Environmental, Social and Governance 개념이 투자 업계에서 주목받고 있다. 재무적인 지표만으로 기업을 평가하는 것이 아니라, 장기적인 관점으로 기업 가치, 지속 가능성에 영향을 주는 요소(ESG, 환경 사회 지배구조)를 반영하는 개념이다.

현실과 동떨어진 이야기라고 생각할 수 있지만 ESG는 이제 중요한 테마로 자리 잡았다. 2020년 3분기, 글로벌 ESG 펀드 시장에는 810억 달러(우리 돈 88조 원)가 유입됐고, 상반기 동안에는 사상 처음으로 1조 달러를 넘어섰다. 수익률이 높기 때문에 펀드 시장에 자금이 유입된 것이겠지만, 단순 테마는 아닐 것이다. 그만한 이유가 있기 때문에 자금이 들어오고 수익률이 높다고 여겨진다.

국내에서는 친환경 기업에 투자하는 ESG 펀드가 2020년 한 해 동안 가장 높은 수익률을 기록했다. 해외 시장에서도 태양광 에너지 업체에 투자하는 ETF가 200% 넘는 수익률을 거둔 것으로 알려졌다. 연기금을 비롯한 각종 기관들이 '사회적으로 지속 가능한 기업'에 대한 투자를 늘리고 있으며, 수익률로 그 투자 방향성을 입증했다.

기업은 돈을 버는 집단이지만 이윤 추구만을 지향하는 기업은 시대에 뒤떨어질 수밖에 없다. 실제로 많은 기업들이 사회적 가치를 추구하며 SCE 모델을 비즈니스 모델로 삼고 있다. 기업의 눈이 아닌 소비자의 입장에서 바라보는 사회적 가치를 추구하는 비즈니스 모델이다. 사회적인 문제를 해결하고자 하는 사회적 가치social value를 소비자가 얻게 되는 가치customer value로 설정한다. 결과적으로는 기업이 얻게 되는 경제적 가치economic value로 이어지는 구조다.

Social Value 사회적 가치

Customer Value 소비자 입장의 가치

Economic Value 경제적 가치

사회적 책임을 잘 지키는 기업을 '착한 기업'이라고 부른다. 당장의 이익 창출보다는 공익을 위한 사업을 꾸준히 벌이고, 장기적인 이미지 개선을 추구하는 기업이다. 대표적으로 '갓뚜기'(God+오뚜기)가 있다. 반면, 남양유업은 부정적 이미지가 불매운동으로 번진 경우다.

대학 시절에도 기업의 사회적 책임CSR, Corporate Social Responsibility의 중요성을 배우고 다양한 기업들의 사례를 접했다. 기업이 경제적, 법적 책임 외에도 수행해야 할 폭넓은 사회적 책임을 의미하는 용어다. 당장 이윤을 내야 하는 역할 외에도 윤리적, 환경적인 사회적 의무도 포함된다는 것이다. 비슷한 용어로 CSVCreating Shared Value, 공유가치 창출가 있다. CSR이 사회적 책임에 초점을 두는 모델이라면, CSV는 사회적 가치를 통해 경제적 가치까지 이루고자 하는 모델을 의미한다. 단순한 기부, 공헌이 아니라 사회와 기업이 지속 가능한 성장을 추구하는 기업의 행동이다.

같은 물건과 서비스를 다양한 기업들이 제공한다. 끝없는 발전을 거듭하는 기술에 힘입어 다양한 소비자의 입맛에 맞추어 제공된다. 국내 스마트폰 소비자들은 크게 삼성폰, 애플폰 둘로 나뉜다. 애플 제품을 좋아하는 2030 소비자들은 20대 초반부터 꾸준히 아이폰 시리즈를 숫자 별로 사 모았을 것이고, 아이패드, 에어팟까지 애플 시리즈에 충성심을 보인다. 삼성 제품을 좋아하는 사람들은 갤럭시 시리즈가 편리하다는 이유로 갤럭시 스마트폰을 구매한다. 애플의 에어팟처럼 삼성의 갤럭시 버즈를 구매하며 삼성 트렌드를 따라간다. 물론, 최근 들어선 폴더블폰에 대한 관심으로, 아이폰을 쓰다가도 갤럭시폴드를 사용하는 소비자들도 꽤 늘었다.

다양한 제품이 비슷한 수준의 기술력에 도달하면서 취향의 차이에 변화가 생긴 것이다. 개개인이 제품을 구매하는 이유는 여럿이지만, 취향 기반의 선택에는 기업의 가치가 중요한 요인이 된다. 즉 제품의 정체성, identity와 자신을 연결 짓는 것이다. 제품의 정체성, 기업의 가치를 형상화하기 위해서는 기업의 마케팅이 중요하다. 앞서 예시로 들었던 애플 사의 제품을 떠올리면 하얀 바탕에 사과 하나가 심플하게 들어간 모습이 그려진다. 단순한 모션만으로도 조작이 편리한 소프트웨어를 추구하는 기업임이 드러난다.

최근에는 그러한 마케팅 외에도 기술 개발의 사회적, 환경적, 정책적인 영향력을 고려하게 되었다. 기업이 해당 제품, 서비스에 대한 사회, 환경적인 영향을 알려줌으로써 소비자에게 신뢰를 더

하게 하는 방식이다. 단순 이윤 창출이 아니라 기업의 근본적인 '미션'이 무엇인지를 고민하게 되는 부분이다.

수익, 재무 성과를 가장 우선시하던 기업들이 달라졌다. 환경, 사회적 가치, 지배구조ESG를 미래 생존 키워드로 보고 지속가능한 성장을 추구하는 경영에 방점을 두고 있다.

미국 조 바이든 대통령 당선 이후 더욱 강화된 추세다. 트럼프 대통령 집권 동안 무력화되었던 파리기후협약 등 친환경 정책들이 다시 힘을 얻고 있는 만큼, 미국과 가까운 관계에 있는 국가들 역시 친환경 정책, 그린 뉴딜 정책이 주요 기조로 자리잡고 있다. 당장 자동차 대표 업체들도 수소차, 전기차로의 전면 전환을 시도 중이고, 탄소중립 선언과 함께 반도체 업체들도 생산 단계에서의 탄소 배출 감축을 선언했다. 상장기업들의 ESG 경영에 대한 등급 평가가 주가를 움직이지 않을까 하는 생각이 든다.

ESG에 대한 개념적인 내용과 일반적으로 방송에서 거론되는 내용을 짚어봤다. 앵커의 눈으로 본 ESG는 이렇게 볼 수도 있지 않나 생각해 보았다. 매일 뉴스를 정리하고 분석하고 그것을 시청자에게 전달하는 업을 하다 보니 노출된 팩트에 대해서만 이야기를 한다. 방송 내용을 전달한 뒤 180도 반대로 뒤집어 생각해 보기도 하고, 이 뉴스를 통해서 가장 이득을 보는 곳은 어디며 가장 피해를 보는 곳은 어디인가 생각해보는 버릇이 생겼다.

여기서 가장 관심을 끄는 부분이 거버넌스에 대한 것이었다.

거버넌스 = 지배구조

기업을 지배하려면 해당 회사의 주식을 보유해야 하는데 그 과정에서 다양한 영향을 주는 변수가 발생하게 되며, 풀어가는 과정에서도 다양한 이해당사자들이 등장한다. 그 이해당사자들의 탐욕에 의해 거버넌스에 어떤 변화가 생기는지 추적해보는 습관이 생겼다.

기업을 소유한 대주주 입장에서는 국민연금, 사모펀드, 외국계 헤지펀드의 공격을 방어할 수 있는 최소한의 지분이 어느 정도여야 하는지 고민이 필요할 것이다. 또, 앞으로 ESG 관련 ETF 등 투자상품은 다양하게 등장할 것인데, 이때 마이너스가 될 부분은 제거하거나 축소시켜야 할 것이며, 플러스가 될 부분은 확대하는 노력이 필요할 것으로 판단된다.

다음은 정부가 제시한 ESG 운용 기준이다. 앞으로 기업을 운용함에 있어 ESG 기준은 잘 알아야 할 것으로 생각된다.

ESG 주요 주제

환경(E) 이슈	사회(S) 이슈	지배구조(G) 이슈
• 기후 변화 및 탄소배출 • 대기 및 수질오염 • 생물의 다양성 • 삼림 벌채 • 에너지 효율 • 폐기물 관리 • 물 부족	• 고객만족 • 데이터 보호 및 프라이버시 • 성별 및 다양성 • 직원참여 • 지역사회 관계 • 인권 • 노동기준	• 이사회 구성 • 감사위원회 구조 • 뇌물 및 부패 • 임원 보상 • 로비 • 정치 기부금 • 내부 고발자 제도

출처: 금융투자협회

ESG 투자전략

ESG 투자전략	개요
1. 네거티브 스크리닝 (Negative screening)	ESG 기준에 부합하지 않는 산업·기업을 포트폴리오에서 제외하는 방법
2. 포지티브 스크리닝 (Positive screening)	업종별 ESG 평가결과가 우수한 섹터·기업·프로젝트를 선별
3. 지속 가능성 테마투자 (Thematic)	기후 변화, 음식, 물, 재생 에너지, 청정 기술 및 농업과 같은 특정 지속가능성 문제를 다루는 테마 자산에 대한 투자
4. 임팩트 투자 (Impact Investing)	사회·환경적 문제를 해결하기 위한 목표를 가진 투자
5. ESG 통합 (ESG integration)	기업 재무분석과 더불어 ESG 요소를 체계적이고 명시적으로 포함하여 분석·평가·투자하는 방식
6. 기업 관여 및 주주 활동주의 (Engagement)	책임투자 기준에 맞는 기업경영 유도를 위해 주주 권한을 활용하여 기업관여활동, 의결권행사, 주주제안 등 적극적인 영향력을 행사하는 방식
7. 규범기반 스크리닝 (ESG Reporting)	ESG 기준의 투명성을 유지하는 투자 사슬(Investment chain)유지 여부(투자 관련된 모든 당사자들 - 투자자, 운용관련업자, 포트폴리오社 등)

*자료: UNPRI(2020)

출처: 금융투자협회

앵커의 시각으로 앞으로 걱정되는 부분은 ESG 운용전략 중 '네거티브 스크리닝'이라고 생각된다. 이 기준에 포함되는 종목은 주가 변동성이나 자금조달 과정에 어려움이 생길 것으로 판단되기 때문이다. 실제 투자 과정에서 이러한 대상으로 편입될 가능성이 높아 보이는 종목은 투자대상에서 제거하는 방법과 기준을 설정해야 할 것이다.

최근 시장의 특징은 녹십자 그룹, 한진 그룹, SK 그룹, 한화 그룹, 현대차 그룹, 효성 그룹 등 대주주 지배구조에 갈등, 문제가 있는 그룹을 중심으로 계열사를 쪼개고 합치는 과정이 전개되거나 M&A가 활성화되면서 계열사의 '기업가치=담보가치'가 급격하게 상승하는 현상을 볼 수 있었다.

단기간에 주가가 100~200% 급등하는 사례가 실제 시장에서 발생했으며, 2020년 6월부터 2021년 현재까지 위 그룹의 주가 변화는 다양한 방법에 의해 급등으로 이어졌음을 사례로 확인해볼 수 있다.

한화 그룹의 경우, 니콜라 급락 사태 이후 한화솔루션, 한화시스템, 한화에어로스페이스의 주가 변화를 추적해봤다. 그 과정에서 거버넌스와 수소경제, 우주항공사업의 미래지도라는 핵심 이슈를 지속가능한 테마로 설정했으며, 쎄트렉아이를 인수함으로써 관련 기업의 담보가치를 증가시키는 모습을 볼 수 있었다.

현대차 그룹도 정의선 부회장이 회장으로 승진하면서 기업의 담보가치가 급격하게 상승한 경우다. 그 가운데 지속가능한 테마를 오토 모빌리티로 제시했고, 미국의 보스톤다이내믹스 M&A를 통해 새로운 목표를 제시하면서 관련 계열사의 담보가치가 급등했다. 재미있는 부분은 정의선 회장의 개인지분이 많은 기업순으로 주가 급등이 이루어졌다는 점도 앵커의 시각으로 보면 특이했다고 생각된다.

현대글로비스, 현대오토에버, 현대차, 기아차, 현대모비스 등의 주가 흐름을 시간대별로 확인해보면 재미있는 현상을 발견할 수 있었다. 헤지펀드들이 잘 사용하는 이벤트 드라이븐 전략이 작동했다는 점도 현대차-애플카, 기아차-애플카 협력 뉴스와 부인 공시의 시간적 스케줄을 체크해보면, ESG 운용전략 중 포지티브 스크리닝 전략, 지속가능성 테마 투자, 임팩트 투자전략이 가동된 것은 아닐까 하는 생각이 들 정도다.

앞으로 ESG 투자전략에서는 이런 부분을 동태적으로 추적해 가는 것이 중요하며, 아직도 지배구조 문제가 해결되지 않고 문제가 되고 있는 그룹 주가를 확인해보며 실전 투자 전략을 구상해보는 것도 아주 좋은 투자 아이디어가 될 것으로 판단된다.

무극선생의 TIP

2020~2021년 주식시장은 '거버넌스(지배구조)의 해'라고 해도 과언이 아닌 해였다. 실전투자에서 SK그룹 거버넌스, 녹십자그룹 거버넌스, 현대차그룹 거버넌스, 효성그룹 거버넌스 및 거버넌스의 최고봉이라고 할 수 있는 삼성그룹의 거버넌스가 시장을 지배했다.

거버넌스의 시장지배는 현재 진행형이며, 앞으로도 계속 될 것이다. 거버넌스에 관련된 기업을 실전 매매대상으로 압축하면서 변동성을 이용하는 투자를 지속적으로 해 보시길 바란다. 대주주의 지배구조를 향한 에너지를 실전에서 나의 자산을 키우는 기회로 삼아보면서 키워진 자산으로 자신이 생각하는 목표와 이상을 실현할 수 있으시기를 바란다.

거버넌스 관련 실전투자는 이미 큰 성과를 거두었다. 거버넌스에 관련해서 2020년부터 만들어드린 유튜브 동영상을 부록에서 소개한다. 시간나실때마다 하나 하나 시청해보시고 이것을 만들 시점 관련주 주가 수준과 그 종목을 투자했을 때 거둬들인 수익의 투자경로를 숙지한 다음, 현재 위치를 파악하면서 다음 전략을 수립해야 할 것이다.

HOT
ISSUE
02

2021 테마
그린 뉴딜 관련주 찾기

HOT ISSUE 02

2020~2021년 주식 시장에서의 테마별 흐름은 미국 대선의 영향도 컸다. 문재인 대통령의 그린 뉴딜 정책과 새롭게 취임한 조 바이든 미국 대통령이 기후협약에 재가입하고 탄소중립 선언을 하면서 관련 정책과 기업에 대한 관심이 높아진 것이 사실이다.

그 흐름 속에서 실제 주식시장에서도 신재생에너지, 그린 뉴딜 정책과 관련한 종목의 움직임이 많았다. 이제는 흔히 볼 수 있는 전기차 관련 2차 전지 배터리 관련주, 한 발 더 나아가 수소를 이용해 전기를 만들어 움직이는 수소차, 그리고 탄소 중립 선언과 함께 움직이는 탄소배출권 관련 기업들, 이외에도 전통적인 신재생에너지 종목으로 분류되는 풍력, 태양광 에너지 업체들이 있다.

경제 방송을 보면 그린 뉴딜 테마에 대해 많은 전문가들이 단기적인 매매 전략으로 대응하라고 한다. 아직까지는 실적 기반의 탄탄한 관련주가 많지 않기 때문이다. 기대감으로 움직이는 수소차 관련주보다는 실적이 받쳐주는 2차 전지주가 더욱 긍정적이다.

그런데 문제는 2차전지 관련주는 급등한 종목이 이미 너무 많다. 실제로 현재 주가 수준에서 투자를 결정하기에는 상당히 부담스러운 것이 사실이다.

정책 모멘텀으로 단기적인 움직임을 보이는 탄소배출권, 풍력, 태양광 관련주에 대해서는 조심하라는 의견이 많다. 즉, 단순 기대감보다는 실체가 있는 종목에 대한 선별적인 접근이 중요하다는 뜻이다.

유동성이 넘치는 시장에서는 다양한 스토리로 주식 시장 내 유기적인 움직임이 나타난다. 2차 전지주 움직임과 함께 전기차 완성차 업체들이 상승을 보였고, 현대차 같은 대형 종목의 급등 현상까지 이어졌다. 그 트리거를 제공한 것은 현대차와 애플카의 협력 기대감을 불러일으킨 뉴스라고 본다.

또한 현대차 그룹의 지배구조 재편 소식에 무거운 운수장비 업종 내 종목들 역시 우상향을 그렸다. 이후 작은 자동차 부품 업체들이 상승했고, 다시 한번 2차 전지 내 작은 종목들이 숨겨진 테슬라 수혜주로 분류되며 급등했다.

신재생 에너지와 관련하여 한화 그룹주가 태양광 관련 기대감에 급등하자, 미국 수소 전기차 업체 니콜라에 투자했다는 소식도 전해지며 이상 급등 현상이 발생했다. 우선주가 더 큰 상승

폭을 기록하며 이때부터 우선주 중심의 급등 현상이 곳곳에서 나타나기 시작했다. 한화우 외에도 삼성중공우, SK우 등이 개인 투자자의 관심 대상에 올랐다.

2020년 국내 2차 전지주의 화두는 LG화학의 배터리 사업 분할이었을지도 모른다. 얼마나 배터리 사업 실적이 잘 나왔으면 배터리 신설법인을 물적분할 했을까?

LG화학은 역대급 2차 전지 배터리 부문 실적과 함께 분할 공시를 내놨다. LG화학이 분할된 배터리 신설법인(LG에너지솔루션)의 발행주식총수를 소유하는 물적 분할 방식으로, LG화학이 비상장 신설법인의 지분 100%를 갖게 되는 방식이다. 상장하면 LG화학에서 배터리 사업 비중이 줄어들 수밖에 없다는 분석과 함께 이를 반대하는 소액주주들도 다량 매도를 했으며 국민연금도 반대에 나섰다. 그럼에도 2020년 12월 LG에너지솔루션이 출범했고, 한때 하락했던 주가는 그 이상으로 올랐다.

이제 시장의 관심은 LG에너지솔루션의 상장과 대규모 청약에 대한 기대감이다. 또한 탄소배출권 관련주로 10개 미만의 종목들이 꼽히지만, 실질적으로 어떤 일을 하는 기업인지 알고 투자하는 사람들은 몇이나 될까? 지구 온난화를 일으키는 주요 원인인 이산화탄소CO_2를 배출할 수 있는 권리가 '탄소배출권CER, Certified Emissions Reduction'이다. 배출권을 할당 받은 업체들은 그 범위 내에서만 온실가스를 사용해야 하며, 남거나 부족한 배출권은 거래를 하는 방식으로 충당하게 된다.

친환경 에너지로 꼽히는 전기차 역시 배터리 산업은 '그린'과 거리가 멀다. 생산 과정에서의 배출량은 친환경적이지 못하다. 즉, 친환경 업체들까지 탄소 배출과 관련한 비용 리스크가 크다는 것이다. 한편, 미국 테슬라의 경우 탄소배출권 매매로 수익을 크게 올린 것으로 알려져 있다. 생산과 판매 이후 배출되는 온실가스가 없기 때문에, 그 부분만큼을 엔진 자동차 업체들에 판매하여 수익을 올린 것이다.

바이든 미국 대통령은 2050년까지 미국 경제를 탄소 제로로 바꾸겠다고 공언하며 대규모 투자 공약을 내세웠다. 우리 정부도 2050 장기 저탄소 관련 전략을 발표했다. 이러한 분위기 속에 탄소배출권 거래가 활발해지고 있다는 분석이다.

폐기물 처리 관련주 역시 많이 거론된다. 여름에는 장마와 태풍의 영향으로 관련주 움직임이 컸다면, 최근에는 코로나19 영향으로 일회용 의료 폐기물이 급증하면서 다시 부각 받고 있다. 하지만, 폐기물 처리 업체는 본래 산업 시설 등에서 배출되는 다량의 폐기물을 처리하는 업체다. 매립지에 폐기된 일반, 건설, 생활 등의 유해 폐기물은 소각될 때 이산화탄소, 메탄 등의 가스가 배출되어 환경을 크게 오염시킨다. 아직까지도 공장이 밀집되어 있는 지역에 폐기물, 즉 산업 쓰레기가 다량으로 방치되어 있다고 한다. 친환경적인 방식으로 폐기물 소각 사업을 하는 업체들에 대한 관심도 유효해 보인다.

이렇듯 코로나19가 창궐하던 2020년 초기에는 코로나19 진단키트 관련주와 치료제, 백신 관련주가 시장을 주도했다면 2020

년 9월부터는 시장의 흐름이 정부의 그린 뉴딜 정책 관련주 중심으로 이어졌다. 결국 2차전지, 전기차, 수소차 관련주가 시장을 주도했고 그 흐름이 2021년 현재도 지속 중이다.

그 흐름에서 파생되는 연결고리 종목이 순환매 장세 성격을 띠면서 시장을 주도하게 된다. 현재의 트렌드를 파악하고 실전투자에서 수익을 확보하려면 실제 투자감각과 진입, 청산 시점에서의 기준과 감각이 필요할 것 같다.

변동성이 너무 커지는 상황에서 급등한다 하여 무조건 추격매수했다가 낭패를 보는 경우도 자주 발생하는 변동성 장세가 지속되기 때문이다.

실적과 미래의 성장성에서 주가는 기대감과 실적의 오차에 따라 요동치기 때문에 초보투자자 입장에서는 실전에서 변동성을 이겨내기 어려워하는 경우가 자주 발생하곤 한다. 실전 전문가들을 옆에서 자주 보면서 느낀 점이다. 무조건 공격적으로 투자하기보다는 미리 생각하고 주가가 급등하는 초기에 진입하거나 이미 특정 기준을 넘어선 급등 종목은 실제 투자하지 않는 것이 좋다는 것을 관찰자 시각에서 보면서 많은 경험을 했다.

따라서 방송에서 이구동성으로 이야기하는 테마와 연결된 급등 종목은 매매하지 않는 것이 좋은 전략인 것 같다. 하지만 그 다음에 연결되는 테마의 종목은 무엇일까 고민하고 그 안에서 연결된 종목을 찾아내는 과정이 필요하다. 그 종목들을 매일 관심 그룹에 편입시키고, 수급이 늘어나면서 주가가 상승하는 초기 단계에 진입하는 기준을 정해 놓는 것이 더 효과적인 수익

창출 방법일 것 같다. 방송에 나오는 수많은 전문가들의 성향과 종목 선정기준을 체크하고, 그 대상 종목의 실제 움직임을 비교해가면서 오차가 생기는 대상을 선별해내고, 그 중 투자 진입 위치가 좋은 종목을 찾아보는 과정이 실제 투자 경험상 효과가 좋았다는 점을 이야기하고 싶다.

무극선생의 TIP

실전투자에서는 매매대상을 압축해가는 과정이 중요하다. 그렇게 하기 위해서는 어떤 이벤트가 시장에 주기적으로 영향을 주는지 파악해보고 그 이벤트가 만들어내는 테마종목의 구성종목을 샘플링하는 선제적인 노력이 필요하다.

한정된 자금을 갖고 변동성이 큰 주식시장에 진입했을 때 타깃을 정확하게 명중시키는 명사수의 마인드로 목표대상을 정확하게 찾아내는 능력을 키워야 한다. 증권사 HTS에 테마종목 메뉴를 찾아 어떤 테마가 구분되어 있고 그 테마에 구성되어 있는 종목이 무엇이 있으면 그 종목이 어떻게 연결되어 있는지 조사하고 학습하는 기초작업이 실전투자하기 전에 필수적으로 해야 하는 부분이다.

그런 사전 공부를 통해서 봄, 여름, 가을, 겨울 등 계절적 요인을 갖고 등장하는 조류독감 테마주, 미세먼지 테마주, 구제역 테마주, 아프리카돼지열병 테마주, 무더위 관련주, 추위 관련주, 여행 관련주, 패션 의류 관련주, 독감백신 관련주 등 순환테마성격의 구성종목을 조사하고 노트에 각 종목마다 주요 정보를 기록하는 작업을 먼저 해놓는 것이다.

전쟁터에 나가기 전에 자신이 갖고 가는 총과 탄알을 정비하고 준비하는 병사의 마음으로 실전에서 어떤 상황이 나타날지 모르기 때문에 가능성이 있는 상황 시나리오를 미리 그려보고 그 대상타깃을 먼저 생각해보는 훈련을 하는 것과 같다.

계절적 순환주기 성격의 테마만 있는 것이 아니다. 정부의 정책결정 과정에서 나오는 정책테마도 실제 시장에서 변동성 에너지를 강하게 준다. 각 나라의 영향력 있는 지도자의 성향과 정책방향성을 체크하고 그것에 연결되어 나오는 정책연결고리 테마를 미리 생각하고 대상 종목을 찾아보는 것이다.

이산화탄소 배출권 테마주, 기후협약 테마주, 한러 가스관 테마주, 신재생 에너지 관련 테마주, 북방정책 관련주, SOC정책 테마주, 방위산업 관련 테마주, 도시재생 관련주 등 정책결정 영향력의 중심 이동과 인맥의 흐름을 체크하면서 미래정책 물줄기를 파악하는 것도 좋다.

실전투자를 진행해가면서 상황의 변화를 만드는 핵심인물이 등장하게 되고 그 핵심인물로 연결되는 정책과 종목을 미리 미리 파악해 두는 것이 실전투자에 상당한 도움이 되기 때문이다.

HOT ISSUE

03-1

BBIG 무극선생의 사례 분석 1

코로나19가 부른 삶의 변화

주역이 된 BBIG

HOT ISSUE 03-1

1년 넘게 지속 중인 코로나19 사태. 마스크와 손 소독제는 우리 일상의 필수적인 아이템이 되어버렸다. 재택근무와 온라인 수업도 당연시되는 모습이다. 사회적 거리두기와 자가격리, 재택대기와 같은 용어들은 더 이상 낯설지 않게 됐으며, 코로나19를 배제하고 우리의 삶을 설명하는 것은 이제 불가능해졌다.

코로나19 수혜주와 피해주는 하나의 테마가 되었다. 코로나19 여파에 따른 반사 수혜 기대감으로 언택트, 치료제와 백신, 진단키트 등의 업체 주가는 강한 탄력을 보였다. 2020년 증시 키워드 중 하나는 'BBIG'로 대표되는 성장주였다. 배터리, 바이오, 인터넷, 게임이다. 코로나19 백신 등의 호재를 등에 업고 제약 바이오의 순항은 지속됐다. 대표적으로 셀트리온 3인방은 합병, 임상에 대한 강한 기대감을 얻었으며, CMO 매출 실적과 함께 당당한 상승을 보여줬다. 그 밖에도 녹십자, 삼성바이오로직스 등 무거운 제약 바이오 업체들이 견조한 상승을 보여줬다.

유동성도 코스피 상승 힘의 원천이 되어줬다. 제약, 바이오뿐 아니라 2차 전지, 배터리 업체부터 인터넷, 게임 종목까지 성장주로 주목받으며 시장의 도약을 주도했다. 전 세계적으로 확산 중인 그린 뉴딜 정책 기대감에 실질적인 성과가 기대되는 2차 전지 업체들이 탄력을 받았으며, 테슬라 효과에 힘입어 더욱 강한 모습을 보였다. 언택트비대면 대표주로 거론되는 카카오, NAVER, 엔씨소프트의 주가도 실적에 따른 차별화 모습으로 연말과 연초까지 탄력을 강하게 보여줬다. 안타깝지만 Before Corona코로나 이전 시기로 완전하게 돌아갈 수는 없을 것이란 전망이 우세하다. 백신과 치료제가 나오더라도 우리는 여전히 마스크를 착용하고 손 소독제를 쓰고 거리두기를 하며 살아야 할지도 모른다는 이야기다. 주식 시장에서는 이 말을 '언택트 시대와 함께 BBIG의 성장은 지속될 것'이라고 이해하고 있는 것 같다.

이렇듯 2020~2021년 가장 많이 언급되고 있는 단어 중 하나는 '언택트'다. Contact접촉하다에 반대 접두사 un을 붙인 국내 신조어다. 언택트가 불가피해진 상황에서 BBIG는 일시적 테마주가 아닌 새로운 성장 기대감을 이끄는 주도주 역할로 증시를 끌어올렸다. BBIG가 브랜드화되면서 관련 상품도 등장하게 되었다.

먼저 증권거래소가 발표한 BBIG지수 편입종목에 대해 알아보도록 하자.

❶ KRX BBIG K-뉴딜지수

Battery		Bio		Internet		Game	
시총상위	비중	시총상위	비중	시총상위	비중	시총상위	비중
LG화학	1/12	삼성바이오로직스	1/12	NAVER	1/12	엔씨소프트	1/12
삼성SDI	1/12	셀트리온	1/12	카카오	1/12	넷마블	1/12
SK이노베이션	1/12	SK바이오팜	1/12	더존비즈온	1/12	펄어비스	1/12

❷ KRX 2차전지 K-뉴딜지수	❸ KRX 바이오 K-뉴딜지수	❹ KRX 인터넷 K-뉴딜지수	❺ KRX 게임 K-뉴딜지수
① LG화학	① 삼성바이오로직스	① NAVER	① 엔씨소프트
② 삼성SDI	② 셀트리온	② 카카오	② 넷마블
③ SK이노베이션	③ SK바이오팜	③ 더존비즈온	③ 펄어비스
④ 포스코케미칼	④ 셀트리온헬스케어	④ 케이엠더블류	④ 컴투스
⑤ SKC	⑤ 유한양행	⑤ NHN한국사이버결제	⑤ NHN
⑥ 에코프로비엠	⑥ 씨젠	⑥ 아프리카TV	⑥ 더블유게임즈
⑦ 일진머티리얼즈	⑦ 알테오젠	⑦ KG이니시스	⑦ 웹젠
⑧ 두산솔루스	⑧ 셀트리온제약	⑧ 서진시스템	⑧ 네오위즈
⑨ 후성	⑨ 한미약품	⑨ 안랩	⑨ 위메이드
⑩ 천보	⑩ 한미사이언스	⑩ 유비쿼스홀딩스	⑩ 골프존

출처: 한국거래소 제공

이것을 삼성자산운용사는 KODEX ETF로, 미래에셋자산운용사는 TIGER ETF로 상품을 만들었다. 그 상품은 다음과 같다.

대한민국 미래, BBIG
신성장 산업에 집중투자하는
TIGER KRX BBIG K-뉴딜 ETF(A364960)

2차전지 TOP 3
LG화학, 삼성SDI, SK이노베이션

바이오 TOP 3
SK바이오팜, 셀트리온, 삼성바이오로직스

인터넷 TOP 3
더존비즈온, 카카오, 네이버

게임 TOP 3
넷마블, 펄어비스
엔씨소프트

ETF명칭	미래에셋 TIGER KRX BBIG K-뉴딜 증권상장지수투자신탁(주식)
규모	417,007,138,613원
종목코드(단축코드)	364960
거래단위	1주
최초상장일	2020-10-07
기초지수	KRX BBIG K-뉴딜 지수
운용목표	한국거래소가 발표하는 "KRX BBIG K-뉴딜 지수"를 기초지수로 하여 1좌당 순자산가치의 변동률을 기초지수의 변동률과 유사하도록 투자신탁재산을 운용함을 목적으로 합니다.
운용방법	한국거래소가 발표하는 "KRX BBIG K-뉴딜 지수"를 기초지수로 하는 상장지수투자신탁으로서, 투자목적 달성을 위해서 국내 주식에 투자신탁 자산총액의 60% 이상을 투자합니다.
환헤지 사항	환헤지를 실시하지 않습니다
설정단위(1CU)	1CU(50,000좌)
총보수	연 0.40% (운용: 0.35%, 지정참가: 0.01%, 신탁: 0.02%, 일반사무: 0.02%)

출처: 금융투자협회

TIGER KRX BBIG K-뉴딜 ETF- 설정/해지현황

2021-02-11

No	종목코드	종목명	수량(주)	평가금액(원)	비중(%)
1	263750	펄어비스	245	88,469,500	12.68
2	096770	SK이노베이션	288	85,392,000	12.24
3	006400	삼성SDI	97	75,951,000	10.89
4	051910	LG화학	60	57,600,000	8.26
5	036570	엔씨소프트	53	54,431,000	7.8
6	035720	카카오	111	54,334,500	7.79
7	012510	더존비즈온	453	51,642,000	7.4
8	068270	셀트리온	151	50,132,000	7.19
9	035420	NAVER	136	49,844,000	7.15
10	207940	삼성바이오로직스	57	45,543,000	6.53
11	326030	SK바이오팜	271	41,327,500	5.92
12	251270	넷마블	296	40,848,000	5.86
13	0	원화예금	2,046,985	1	0.29

2020년 10월 7일 상장된 TIGER, KRX, BBIG, K-뉴딜 ETF는 현재 설정금액(2021년 2월 13일)이 4,170억 원 규모이며, 10월 27일 9,495원에서 46.9% 상승해 13,950원을 기록하는 등 강한 상승 에너지를 보이고 있다.

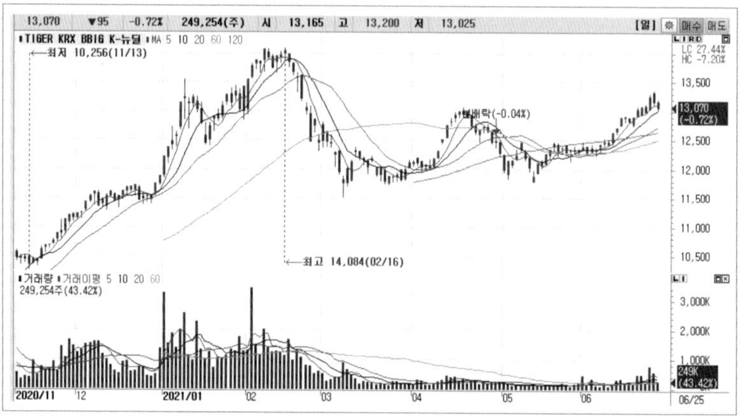

이렇듯 시장을 주도하는 테마형 ETF가 만들어지고 있으며, 그 ETF로 자금이 유입될수록 ETF에 설정된 종목을 중심으로 매수 에너지가 늘어나고 있다.

주식 시장에서는 시장을 주도하는 종목이나 테마를 묶어 특징 있게 브랜드화하는 경향이 높다. 미국 증시 나스닥 시장에는 FAANG 주식이 있다. 'FAANG' 주도주는 Facebook, Apple, Amazon, NETFlix, Google을 지칭한다.

미국 기술주 중심의 나스닥처럼 우리 증시도 변해가고 있으며, 코로나19로 우리 산업의 패러다임도 크게 변화 중이다. 집에서 보내는 시간이 늘어나면서 집 안 곳곳을 꾸미고 텔레비전 앞에서 보내는 시간이 길어지고 게임 시간도 늘어났다는 말은 우스갯소리가 아닌 듯하다. 넷플릭스는 가입자 수가 사상 처음으로 2억 명을 돌파하며 폭풍 성장을 이어가고 있다. 대한민국에서 동학개미 열풍이 분 것도 코로나19가 만들어낸 새로운 풍속이라 할 수 있다.

사회적 거리두기가 강화되면서 자영업자 및 근로자들이 일자리를 잃는 등 생계가 어려워지는 상황에 직면했다. 그 탈출구 중 하나가 주식투자 열풍으로 이어진 것이다. 넷플릭스 가입자 수가 증가했듯이, 주식투자 구좌 수가 증가했고 개인 투자자들은 동학개미, 서학개미로 불리며 비대면 세상에서 돈을 벌기 위한 노력을 보인 것이다. 이런 개인 투자자의 힘으로 코스피 3000 시대가 활짝 열렸다.

삼성전자도 물론 많이 사들였지만 BBIG 종목군을 꾸준히 매수 중이다. 미래산업 성장주의 질주는 코로나19 사태로 급락했던 2020년 증시를 강하게 끌어준 원동력이다. 3년 넘는 시간 동안 시총 2위 자리를 굳건히 지키던 SK하이닉스를 LG화학, NAVER가 위협하고 있을 정도다. 시총 상위부터 BBIG 대표주를 꼽자면 LG화학, NAVER, 삼성SDI, 삼성바이오로직스, 셀트리온, 카카오 등이 있다. 테슬라 관련주로 꼽히는 2차 전지 대표주 LG화학과 삼성SDI는 1년 사이 100% 넘는 급등을 보였다. 언택트 대표주 카카오, NAVER, 엔씨소프트 주가도 높게는 150% 넘는 급등을 보였다. 반응은 미적지근했지만 정부까지 BBIG 성장주에 관심을 보이며 '한국판 뉴딜 펀드', 'K-뉴딜 지수'를 만들어 냈다. 재미

있는 사실은 K-뉴딜 ETF의 대부분이 미래에셋이 주관하는 ETF라는 것이다.

종목코드	ETF 명칭
364960	TIGER KRX BBIG K-뉴딜
364980	TIGER KRX 2차전지 K-뉴딜
292160	TIGER KRX300
364990	TIGER KRX 게임 K-뉴딜
364970	TIGER KRX 바이오 K-뉴딜
365000	TIGER KRX 인터넷 K-뉴딜

한편, 삼성자산운용이 주관하는 K-뉴딜 ETF는 이것 하나다.

KODEX FN K-뉴딜 디지털플러스(368680)

기본정보 기준일: 2021-02-10

순자산 총액	273억원
상장일	2020.11.10
총보수	연 0.090% (지정참가회사 : 0.001%, 집합투자 : 0.069%, 신탁 : 0.010%, 일반사무 : 0.010%)
분배금 지급	지급 (최대 연 5회, 지급 기준일 : 1월, 4월, 7월, 10월 마지막 영업일 및 회계기간 종료일. 영업일이 아닌 경우 그 직전 영업일) 최근 3년 분배금 지급현황 >
사무수탁사	한국예탁결제원
수탁은행	한국씨티은행
설정단위	100,000 좌
최소거래단위	1주

상품 정보

1. Fn 뉴딜 디지털 플러스 지수 기반의 상장지수펀드(ETF)

· 한국판 뉴딜의 수혜 산업에 투자할 수 있는 기회

· 한국 경제를 주도할 업종으로 분류된 BBIG(배터리, 바이오, 인터넷, 게임)에 투자

※ 'KRX BBIG K-뉴딜 지수'와 구별되는 한국판 뉴딜 지수

2. Fn 뉴딜 디지털 플러스 지수의 종목 선정(총 20종목)

· Battery : 종목선정일 기준 Fn가이드 2차전지산업 지수 구성종목 내 시가총액 상위 5종목

· Bio : 종목선정일 기준 Fn가이드 바이오 지수 구성종목 내 시가총액 상위 5종목

· Internet : 종목선정일 기준 Fn가이드 인터넷 지수 구성종목 내 시가총액 상위 5종목

· Game : 종목선정일 기준 Fn가이드 게임산업 지수 구성종목 내 시가총액 상위 5종목

※ 유동시가총액 가중 방식으로 산출. 재조정 시 개별 종목 10% 한도 투자(분산투자 효과)

업종	관련 산업	관련 KODEX 상품 (유사 KODEX 상품)
Battery	2차전지 생산업체, 핵심 4대 소재(양극재, 음극재, 분리막, 전해질)업체 등	KODEX 2차전지산업
Bio	헬스케어 장비 및 서비스, 제약 및 진단키트업체 등	KODEX 바이오
Internet	인터넷 플랫폼, 소프트웨어, 클라우드, 5G 장비 업체 등	(KODEX 미디어&엔터테인먼트, KODEX IT)
Game	인터넷, 모바일 게임 서비스, 가상현실 게임 서비스 업체 등	KODEX 게임산업

삼성자산운용사에서는 기존에도 비슷한 ETF가 많아서였는지, BBIG 브랜드가 들어가 있는 ETF는 따로 만들지 않았다. 대표되는 KODEX FN K-뉴딜 디지털플러스 구성성분을 보면 약간 다르다는 느낌을 구성종목에서 확인할 수 있다.

다음은 동 ETF에 편입된 매수상위 10개 종목 명단이다.

투자종목정보(PDF)

기준일자 2021-06-25 조회 보유종목 전체 다운로드

* 현재가 : 2021.06.25 15:30:00 현재 (20~30분 지연 정보)

NO	종목명	종목코드	수량	비중(%)	평가금액(원)	현재가(원)	등락(원)
1	원화예금	KRD010010001	4,216,274	-	4,216,274		
2	카카오	035720	956	11.05	150,092,000	154,500	▼2,500
3	삼성SDI	006400	209	10.61	144,210,000	688,000	▼2,000
4	NAVER	035420	342	10.56	143,469,000	410,000	▼9,500
5	셀트리온	068270	481	9.86	133,958,500	265,500	▼13,000
6	LG화학	051910	158	9.66	131,298,000	838,000	▲7,000
7	SK이노베이션	096770	424	9.16	124,444,000	290,000	▼3,500
8	엔씨소프트	036570	147	8.98	122,010,000	826,000	▼4,000
9	삼성바이오로직스	207940	135	8.50	115,425,000	849,000	▼6,000
10	셀트리온헬스케어	091990	774	6.97	94,660,200	114,800	▼7,500

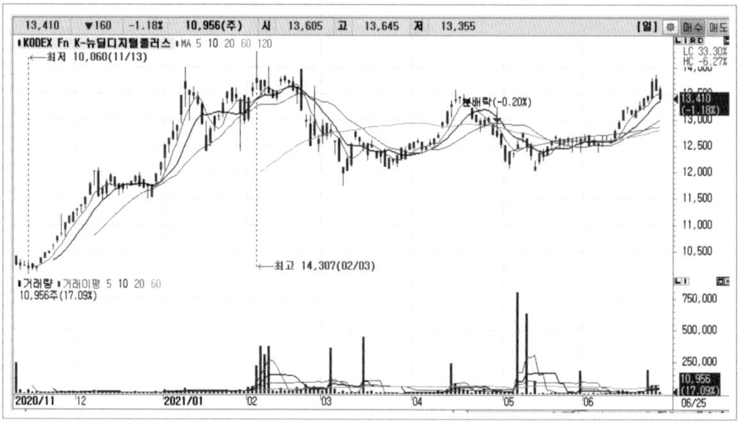

2차 전지에서는 삼성SDI를 1등 편입 종목으로 설정해 놓았고, 플랫폼의 대표주자 NAVER와 카카오를 상위에 편입시켰듯이, 이 ETF를 운용하는 의사 결정권자의 운용전략을 읽어볼 수 있다.

이렇듯 K-뉴딜, BBIG 등이 하나의 브랜드 테마가 되면서 시장을 주도하고 있다. 그렇다면, 주식 시장이 '버블'이라 여기는 전문가들은 BBIG도 '거품'으로 보고 있을까? 2008년 글로벌 금융위기 이후 국내 증시를 주도한 테마는 '차화정(자동차, 화학, 정유)'이었다.

유가 상승과 함께 정유 화학 업체 주가가 크게 올랐고, 중국 경제 성장에 이어 자동차를 비롯한 대형 수출주가 상승했었다. 성장주로 꼽히는 BBIG는 과연 어떨까?

밸류에이션, 가치 면에서는 고평가 분석이 많지만 아직은 목표주가 상향 리포트가 더 많은 상황이다. 'PER Price Earnings Ratio, 주가수익비율'은 주가를 주당 순이익Earning Per Share, EPS으로 나눈 값이다. 즉, 1주당 순이익이 몇 배인지를 계산하는 방법이다. PER이 10배라면 한 해 순이익의 10배가 시가 총액이라는 뜻이다. 삼성바이오로직스, LG화학의 PER은 200배가 넘는 수준이고 삼성SDI도 100배가 넘는다. 통상 12배를 넘어가면 고평가라 칭하기 때문에 최근에는 PER 계산이 무의미하다는 지적도 따른다. 현재 가치보다는 성장 기대감, 잠재력이 큰 기업에 대한 관심이 높아지며 'PDR Price Dream Ratio'이라는 새로운 기준을 탄생시켰다.

'뉴 노멀(새로운 표준)'이 이어지는 경제 상황에서 실질적인 성장이 예상되고 기대감이 동반되는 기업에 대한 관심은 유효해 보인다.

HOT
ISSUE

03-2

BBIG 무극선생의 사례 분석 2

BBIG 중 I와 G

콘텐츠, 넷플릭스 흥행과 K-콘텐츠

HOT ISSUE

03-2

코로나19 백신, 치료제의 개발과 보급 이후에도 오랜 시간 동안 마스크 착용과 손 소독제 사용은 필수가 될 것으로 보인다. 집단 면역이라는 말은 아직까지 희망사항일 뿐, 일반적으로 우리가 아는 일상으로 돌아가기는 쉽지 않을 듯하다. 포스트 코로나19에도 이전과 같은 상태로는 돌아갈 수 없으며 늘 경계하는 상황이 '뉴 노멀'로 자리잡을 것으로 보인다.

코로나19 여파에 삼성의 글로벌 TV 판매량이 역대 최고치를 기록했다. 하지만 집콕 문화의 최대 수혜자는 넷플릭스 아니었을까? 전 세계적으로 사회적 거리두기social distancing가 시행되며 자발적, 비자발적 할 것 없이 너도나도 집에만 머무는 시간이 부쩍 늘었다. 스마트폰을 보고 TV와 컴퓨터 앞에 앉아있는 시간은 늘

수밖에 없었다. 안과에 가서 인공눈물을 처방받는 안구건조증 환자 수도 크게 늘었다고 한다.

미국 온라인 동영상 서비스OTT 업체 넷플릭스의 전 세계 가입자 수가 2억 명을 넘어섰다. 2017년 하반기 1억 명을 넘어선데 이어 3년 만에 두 배로 증가한 것이다. 요즘 시청자들은 지상파 3사나 종편, 케이블 방송만을 찾지 않는다. 웹툰을 원작으로 한 넷플릭스의 '스위트홈'은 공개 후 4주 동안 전 세계 2,200만 가구가 시청한 것으로 알려졌다. 제작사 스튜디오드래곤이 글로벌 드라마 3위를 기록하는 대작을 만들어낸 것이다.

OTT는 Over-the-top의 약자로, 인터넷을 통해 미디어 콘텐츠를 제공하는 서비스를 말한다. 과거에는 TV용으로 사용되던 셋톱 박스set-top box를 통해서만 케이블과 위성방송 서비스를 제공받을 수 있었다. 이제는 TV뿐 아니라 PC 등 스마트 기기에서도 인터넷 연결만 있으면 방송 프로그램과 영화 등 각종 콘텐츠를 즐길 수 있다. 현재 넷플릭스는 전 시장을 거의 독점적으로 선점하고 있다. 글로벌 미디어 강자라는 위치에서 국내 시장도 독식하고 있는 상황이다. 2020년 한 해 동안 우리나라 국민이 넷플릭스에 지불한 구독료는 무려 5,000억 원을 넘어섰다. 해외 콘텐츠만 보는 것이 아니다. 넷플릭스가 자체 제작한 '킹덤', '인간수업', '스위트홈' 등의 K-콘텐츠가 글로벌 시장에서 주목받으며 신작 라인업에 대한 기대감도 높다. 그 상승 에너지는 넷플릭스 주가 흐름을 보면 알 수 있다.

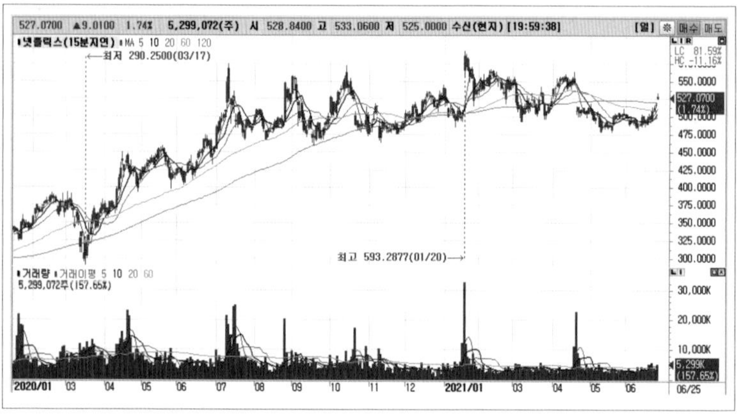

한편, 디즈니플러스는 2019년 출시 첫 날 가입자 수 1000만 명을 달성했다. 2024년 말까지 전 세계 2억 명이 넘는 구독자 확보를 목표로 삼고 있으며, 국내 등 아시아와 유럽 지역에서의 서비스를 앞두고 있다. 디즈니부터 마블, 픽사의 콘텐츠를 독점 공개하는 방식으로 구독자를 모으고 있기 때문에 출시를 손꼽아 기다리는 국내 소비자들도 줄을 서 있다. 드라마의 명가 HBO와 워너브라더스의 콘텐츠를 송출하는 HBO맥스도 한국 진출을 앞두고 있다.

디즈니플러스의 성공 에너지는 어느 정도가 될지 그 미래가 궁금하다. 현재 월트 디즈니 컴퍼니의 주가를 보면 우상향 에너지가 강하게 전개되고 있다.

현재 국내에서 볼 수 있는 넷플릭스만 해도 콘텐츠 수는 어마어마한 수준이다. 나에게 맞는 관심 콘텐츠를 찾아주는 서비스도 있어 소비자들 입장에서는 끊임없는 스트리밍 콘텐츠를 즐길 수

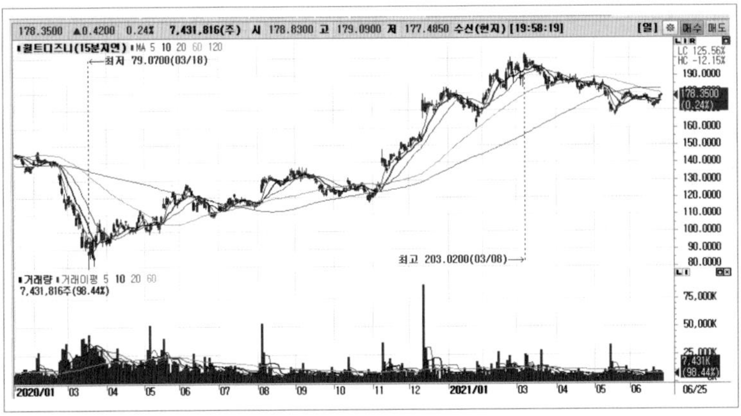

있게 된 것이다. 그런데, 수많은 영상 제작물 사이에서도 정작 보고 싶은 작품을 찾지 못하고 꺼버리는 경우도 발생하기 시작했다.

막상 보고 싶은 작품을 검색해봤더니 아직 국내 출시가 안 된 디즈니플러스에 IP가 있다는 것이다. IPIntellectual Property는 지적 재산권, 고유한 지식재산을 의미한다. 얼마나 많고 다양한 IP를 확보했는지가 OTT 시장을 선점하는 데 가장 큰 역할을 할 것으로 보인다.

국내 OTT 업체들도 IP 확보에 나서고 있다. 해외 OTT보다 제작비용 등 자본이 부족하며 콘텐츠의 양과 질도 부족한 경우가 많기 때문에 예능과 드라마에 주력 중이다. 하지만, 넷플릭스가 이미 드라마와 예능을 직접 제작해 팬 층을 두텁게 만들고 있기 때문에 토종 OTT에게는 충분한 자리가 나지 않을 것이라는 지적이다.

또한, 넷플릭스에서의 K-콘텐츠 위상이 뜨겁다. 정작 한국에서는 인기 없고 평점이 낮은 콘텐츠일지라도, 아시아권에서는 하늘 높은 줄 모르고 인기가 급등하는 콘텐츠도 있다.

다음 통계를 보면 알 수 있다.

넷플릭스 콘텐츠 중 북미, 유럽에서는 '퀸스 갬빗'이 1등을 하고 있지만, 남미에서는 '에스코바르'가, 아시아에서는 '사이코지만 괜찮아'가 1등을 기록 중이다. 아시아권 상위 랭크 대부분을 K-콘텐츠가 차지하면서 새로운 한류 열풍이 넷플릭스 콘텐츠 분야에서도 나타나고 있으며, 이 에너지가 2020~2021년 관련 종목 주가 상승에 기폭제 역할을 하고 있는 것이다.

그래서인지 다수 콘텐츠 제작사가 넷플릭스에 영화와 드라마 등 다양한 콘텐츠를 공급하고 있다. 특수효과 전문 제작사 위지윅스튜디오는 2021년 2월 자회사 메리크리스마스가 제작한 영화 '승리호'를 넷플릭스에서 공개했다. 이 때문에 위지윅스튜디오의 주가는 '승리호'의 방영 시점까지 급등하는 모습을 보였다.

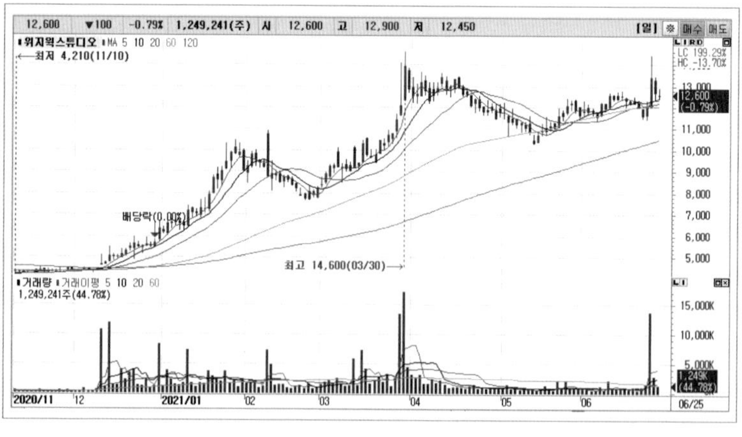

넷플릭스의 히트작 '킹덤 시리즈'를 제작한 에이스토리도 그 관련주다. 에이스토리는 2021년 드라마 '첫사랑은 처음이라서'를 넷플릭스에 공급하기도 했다. 넷플릭스를 포함한 글로벌 OTT에 드라마를 공급할 가능성이 있는 것으로 알려진 키이스트, 지난해 넷플릭스에서 인기를 끈 '쌍갑포차' 제작사 삼화네트웍스, 지난해 '동백꽃 필 무렵'을 넷플릭스에 공급한 팬엔터테인먼트 등도 넷플릭스 관련주로 꼽힌다.

올해 팬엔터테인먼트는 5편 이상의 드라마 제작을 목표로 하고 있다. 먼저 KBS 2TV 주말 드라마로 2021년 3월 방영 시작한 문영남 작가의 '오케이 광자매'는 초록뱀과 공동 제작했다. 정보훈 작가의 '라켓소년단'은 2021년 5월 SBS에 편성 확정되고 넷플릭스를 통해 글로벌 동시 방영됐다. 이렇듯 넷플릭스와 관련된 종목을 미리 찾아 투자하는 패턴도 좋은 투자 아이디어로 자리잡고 있다. 이런 흥행 때문인지 해외 대규모 투자도 이루어지고 있다.

넷플릭스가 2021년 한국 콘텐츠 제작 투자의 일환으로 파주시와 연천군 두 곳에 위치한 콘텐츠 스튜디오와 장기 임대 계약을 체결했다는 소식이다. 넷플릭스 서울 오피스가 임대 계약을 체결한 두 스튜디오는 자체 스테이지를 갖고 있는 콘텐츠 스튜디오로 알려졌다. 해당 스튜디오는 9곳의 스테이지를 아우르는 등 총 16,000 제곱미터(약 4,800평) 규모의 촬영과 지원 시설로 구성되어 있다고 한다.

새로운 스튜디오는 한국 창작자들과의 파트너십을 기반으로 전 세계 시청자들의 관심을 끌 한국 오리지널 콘텐츠를 계속 만들어 나갈 중요한 공간으로 여겨진다. 또, 국내 창작 생태계와 함께하기 위한 넷플릭스의 노력과 투자가 공고해지고 있음을 보여준다.

넷플릭스가 임대 계약을 체결한 두 스튜디오는 'YCDSMC 스튜디오 139'와 '삼성 스튜디오'다. 'YCDSMC 스튜디오 139'는 6곳의 스테이지를 포함한 9,000 제곱미터 규모이며, '삼성 스튜디오'는 3곳의 스테이지를 포함한 총 7,000 제곱미터에 이른다. 현재 '종이의 집' 한국판을 비롯한 다양한 작품의 촬영을 해당 스튜디오에서 진행하는 것에 대한 검토가 진행 중이다. 넷플릭스 콘텐츠 스튜디오의 운영은 2021년 3월부터 시작했다.

넷플릭스의 콘텐츠 스튜디오 임대 계약은 2015년 이후 현재까지 약 7,700억원에 육박하는 K-콘텐츠 투자의 연장선이다. 또한 한국 창작 생태계와의 장기적인 파트너십을 지속한다는 의지의 표현이기도 하다. 새로운 스튜디오는 한국 창작자가 콘텐츠 제작에 더욱 집중할 수 있는 환경을 조성하는 데 큰 도움을 줄 전망이다.

넷플릭스의 투자가 차별화되어 있다. 콘텐츠 제작의 전 과정에 이르는 인프라를 구축해 창작 생태계를 위한 선순환을 만든다는 점 때문이다. 실제 넷플릭스는 스토리 발굴부터 콘텐츠 제작, 현지화에 이르는 모든 단계에서 국내 업계와 지속적인 협력을 이어가고 있다. 한국에서 차세대 주역들을 위한 세미나, 워크

샵을 정기적으로 진행 중이며, 후반 작업 전문가 등 다양한 협력사와의 기술 교류를 통해 동반 성장을 추구한다.

글로벌 대중문화로 새롭게 떠오른 '신한류'는 더욱 빠르게 확산 중이다. '킹덤 시즌 2', '더킹: 영원의 군주', '사이코지만 괜찮아', '스타트업' 등 넷플릭스가 선보인 K-콘텐츠는 홍콩, 태국, 인도, 말레이시아, 필리핀, 일본 등지에서 가장 많이 시청한 콘텐츠 랭킹 상위권에 이름을 올렸다.

최근 보도에 따르면, 2020년 12월 18일 선보인 넷플릭스 한국 오리지널 시리즈 '스위트홈'은 공개와 동시에 한국과 아시아를 넘어 미국, 캐나다, 프랑스, 독일, 호주, 카타르, 아랍에미레이트 등 70개국 이상에서 '오늘의 Top 10'을 기록하며 'K-몬스터' 신드롬을 이끌었다. 이렇듯 세계적인 관심을 받는 K-콘텐츠는 훌륭한 이야기의 저력을 대표하는 사례로 꼽히며, 문화와 국경을 넘어서며 그 영향력과 위상을 강화하고 있다.

넷플릭스는 한국 창작 생태계와의 협력을 바탕으로 장르, 형식을 넘나드는 풍성한 K-콘텐츠를 전 세계에 계속 선보일 예정이다. 2021년 1월 1일 공개한 차인표, 조달환 주연의 '차인표' (감독 김동규), 송중기, 김태리 주연의 '승리호' (감독 조성희) 등 넷플릭스 한국 영화는 물론, '킹덤: 아신전', '무브 투 헤븐', '고요의 바다', '지금 우리 학교는', '지옥', '오징어 게임', 'D.P.' 등 한국 창작자가 빚어낸 다채로운 K-콘텐츠가 넷플릭스를 통해 전 세계 1억 9,500만 팬들을 찾아갈 준비를 하고 있다.

에이미 레인하드Amy Reinhard 넷플릭스 스튜디오 오퍼레이션 부문 부사장은 "영화와 시리즈를 아우르는 K-콘텐츠의 성장에 대한 투자를 할 수 있게 되어 기쁘다."고 밝히며, "새로운 콘텐츠 스튜디오와 함께 보다 다양한 한국 콘텐츠 제작은 물론, 한국 창작업계의 수준 높은 전문가들을 위한 일자리 창출에도 기여할 것으로 기대한다."고 전했다.

넷플릭스의 투자와 콘텐츠 문화 활성화 등은 2021년 주도주 흐름을 신한류, K-콘텐츠가 지배할 것이란 전망을 만들었으며, 이미 K-콘텐츠가 영화와 드라마 산업에서 K-웹툰과 K-웹소설로 확산되고 있는 움직임 또한 돋보인다.

최근 넵튠과 네이버의 주가를 보면 확인해 볼 수 있는 현상이다.

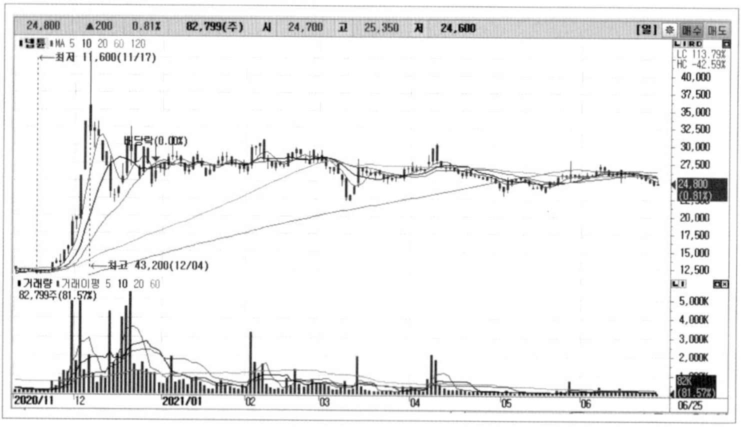

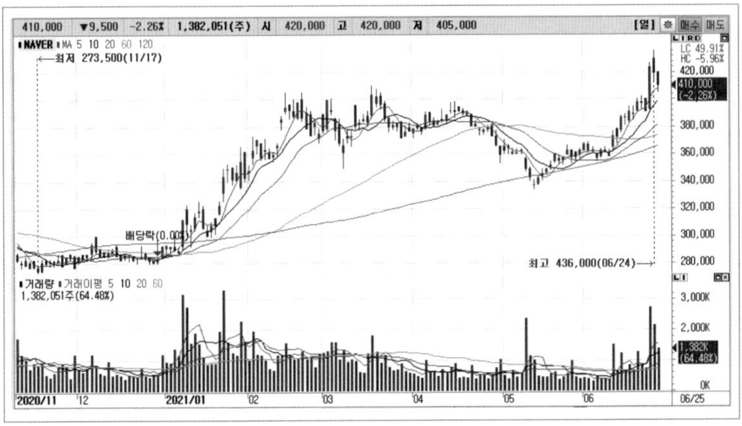

이상헌 하이투자증권 연구원은 "넷플릭스 등 글로벌 OTT뿐 아니라 웨이브, 티빙 등 국내 OTT 기업들도 콘텐츠 투자를 확대하고 있는 중"이라며, "드라마 콘텐츠에 대한 수요 증가로 콘텐츠 가치가 상승하면서 드라마 콘텐츠 업체 수혜가 예상된다."고 전했다.

영화 '기생충'이 아카데미 오스카 상의 4개 부문을 차지하며 한류 콘텐츠의 위상을 높였다. 토종 OTT 플랫폼 자체는 아직 설 자리가 부족하지만 국내 콘텐츠 시장만큼은 포화 상태로 여겨진다. 음원부터 드라마, 영화, 그리고 웹툰과 웹소설 같은 웹 콘텐츠가 포함된다. 세계 최대 음원 서비스인 스포티파이도 국내 서비스 출시를 시작한 상황이다. 국내 그룹 방탄소년단BTS은 전설적인 록 밴드 비틀스, 퀸과 함께 역대 최고 10대 그룹에 선정되었을 정도다. 최근에는 인기 그룹의 콘서트가 비대면 온라인 플랫폼에서 이루어지며 유료 공연까지 성황리에 마치며 주목받았다.

한편, 2021년 초 네이버가 세계 최대 웹소설 유통업체인 캐나다의 '왓패드' 인수를 밝혔다. 6,500억 원이 넘는 금액에 인수하면서 외부 법인에 투자한 규모로는 역대 최대 수준을 기록했다.

카카오도 미국 웹소설 플랫폼 '래디쉬'를 시작으로 IP 콘텐츠 기업 다수의 지분을 확보했다. 네이버웹툰 원작을 바탕으로 제작한 넷플릭스의 독점 콘텐츠 '스위트홈'은 2020년 말 한국과 대만, 싱가포르, 말레이시아 등 세계 여러 국가에서 시청 순위 1위에 오르며 수많은 사람들 입에 오르내렸다. 넷플릭스는 2016년 처음 한국에 진출한 후 국내 콘텐츠 제작에 약 8천억 원을 투자했으며, '킹덤', '스위트홈' 등 70여 편의 자체 제작 콘텐츠를 만들어냈다.

최근 넷플릭스를 비롯한 글로벌 OTT 사업자들은 영화화, 드라마화할 수 있는 스토리를 찾느라 동분서주하고 있다. 플랫폼 자체는 전 세계적으로 늘어나는 추세지만 소비자 입맛에 맞는 콘텐츠를 확보하기가 어려워졌기 때문이다. 네이버와 카카오뿐 아니라 통신사까지 웹툰과 웹소설에 투자하여 영상 콘텐츠를 만들어내고자 하는 이유다.

일부 토종 OTT 업체들은 국내 콘텐츠 업계가 해외 기업 안으로 들어갈 수밖에 없는 구조가 된다며 지적한다. 하지만 넷플릭스 진출 이후 국내 콘텐츠 제작사들의 몸값이 크게 올랐다는 점은 간과할 수 없다. 좋은 콘텐츠를 잘 살려내는 제작사가 부각받고 있다. 글로벌 플랫폼을 거쳐 전 세계에 K-콘텐츠를 알릴 수 있다는 점도 긍정적 요인으로 꼽힌다.

이런 K-콘텐츠의 열풍은 K-게임으로도 확산되고 있다. 핵심 기술 사업으로 불리는 BBIG 중에서 G는 게임을 의미한다.

엔씨소프트는 대장주로 꼽히며 '블소2'의 기대감으로 주가가 꿈의 100만원을 돌파하기도 했다. 언택트주가 가장 강했던 2020년 7월에는 현대차 시총을 넘어 코스피 시총 9위에 올라서기도 했다. 그 기대감을 안고 카카오게임즈는 국내 증권시장 역사상 최대 청약 증거금인 58조원을 기록하며 상장에 성공했다.

게임주는 바이오주처럼 꿈을 먹고 성장하는 종목이다. 신작 기대감과 모멘텀에 상승을 보일 뿐, 막상 신작을 내놓으면 평이 좋아도 떨어지는 경우가 대다수다. 기대감이 선반영되어 미리 올랐다가 출시를 기점으로 차익 매물이 나올 수 있다는 의미다. 제약바이오 업계에는 신약 출시 전 임상이라는 단계가 존재한다면, 게임 업계에는 신작 출시 이전 CBTClosed Beta Test, 비공개 시범 테스트가 실시되며, 사전예약이라는 단계를 거치게 된다. CBT는 게임을 본격적으로 공개하기 전 테스트하는 기간을 의미한다.

제약바이오 업계에서는 임상이 지연되거나 중단되는 등 차질이 발생하면 주가가 요동친다. 게임 업계에서는 신작 출시 일정이 가장 큰 변수로 작용한다. 출시 일정과 정확한 날짜가 정해지고 사전예약이 시작되면 신작 출시에 문제가 없구나, 연기되지 않는구나 라고 인식하며 주가는 신작 모멘텀을 받아 상승한다. 한편, 실적 기대감이 있던 기업이 막상 실적을 발표하면 주가는 차익 매물이 나오곤 한다. 비슷한 의미에서 신작 게임이 실제로 출시되는 날, 주가는 하락하는 경우가 많다. 출시 직전에 매도하는 것이 정답이다 라고 많이들 조언한다. 신작 흥행에 성공하면 주가가 더 오르지 않을까 생각하는 투자자들도 많지만, 흥행 여부는 실제 게임 유저들도 판별하기 어려운 경우가 많다.

콘텐츠를 중심으로 시작된 신한류 열풍에 이어 K-게임주도 향후 2022년 북경동계올림픽 등과 연결지어 보도록 하자. 한한령(한류 제한령) 여파 속에 제약 받았던 게임 산업의 중국 진출 가능성도 부각될 수 있을지 확인해봐야 할 것이다. 현재 동남아에 불고 있는 K-콘텐츠 인기에 편승해 시너지 효과를 함께 발휘할지도 추적해보는 시각이 필요할 것이다.

한편, 중국의 대형 게임회사인 텐센트가 한국 게임사 등에 대규모 투자를 시도 중이라는 소식도 전해진다. 시진핑 주석 방한 등의 내용이 새로운 트리거로 작용할 수 있는지 투자자 입장에서 지속적인 점검이 필요해 보인다.

HOT
ISSUE
04

가치주가 좋을까, 성장주가 좋을까

HOT ISSUE 04

뉴스를 전달하면서 가장 헷갈리는 것이 가치주와 성장주인 것 같다. 아무것도 모를 때에는 단순하게 가치주는 현재 실적 중심으로 생각하면 편했고 성장주는 미래 실적 중심으로 생각하면 편했다. 그러나 투자에 대한 지식과 경험이 많아 지면서 헷갈리기 시작하는 것이다. 어느 종목은 가치주야? 성장주야? 가치성장주는 뭐고, 성장가치주는 뭐야? 엄마가 좋아? 아빠가 좋아? 처럼 대답하기 어려운 질문이지 않을까?

투자의 귀재로 불리는 워런 버핏 버크셔 해서웨이 회장은 자신의 투자철학 중 80%가량은 벤저민 그레이엄(가치투자자), 20% 정도는 필립 피셔(장기 성장 투자자)라고 설명했다. '성장과 가치'라는 두 접근은 붙어있다고 설명한 것이다.

성장주라 하면 일반적으로 매출 증가율이 높으면서 현재는 실적이 부진한 기업, 부채비율이 높고 지속적으로 성장을 위해서 투자해야 하는 기업을 말한다. 그런 기업이 성장하기 위한 투자 환경은 저금리 상황이 좋을 것이다. 고금리 상황에서는 성장을 위한 자금조달 비용이 크기 때문에 성장도 하기 전부터 도태되는 상황도 자주 발생한다.

따라서 성장주 투자는 저금리 시대 혹은 금리가 지속적으로 인하되는 시기에 적절한 투자 전략이다. 최근 몇 년 동안 저금리 시대에서 바이오, 전기차, 수소차, 우주항공주의 흐름이 좋았던 것도 이런 저금리시대에서 성장주투자가 하나의 흐름을 만들어서 전개된 것으로 판단된다.

그렇다면 가치주는 이미 성장을 다 해서 매출 증가율이 둔화되거나 감소되는 상황에서 그동안 벌어들인 수익으로 부채비율이 낮고 자산가치가 높은 기업을 말한다. 따라서 가치주 투자에서는 그 해당기업의 현금창출능력을 봐야 하고 배당을 얼마나 주는지 체크해야 한다.

그런데 실전에서는 무엇이 성장주이고 무엇이 가치주인지 헷갈리는 경우가 많다. 어느 부분에 비중을 더 두는가에 따라 다르게 부를 수 있다. 예를 들어, 삼성전자는 가치주인가 성장주인가? 어느 구간에서는 헷갈리는 경우도 있다.

따라서 실제로 투자를 하는 측면에서는 다른 접근을 필요로 한다. 가치가 마이너스에서 플러스로 전환되는 구간인가, 플러스에서 마이너스로 전환되는 시점인가를 체크해야 한다. 마찬가지로 성장이 플러스에서 마이너스로 전환되는 구간인가, 마이너스에서 플러스로 전환되는 구간인가를 판단한다. 그래서 개인적으로 가치와 성장의 세상을 2×2 매트릭스로 풀어본다.

		성장	
		+	-
가치	+	가치 플러스 성장 플러스	가치 플러스 성장 마이너스
	-	가치 마이너스 성장 플러스	가치 마이너스 성장 마이너스

그렇다면 가치가 플러스에서 마이너스로 변화되는 것은 무엇을 이야기할까?

벤저민 그레이엄에 따르면 가치주는 자산가치가 시장가치보다 저평가된 것을 의미한다. 여기서 등장하는 것이 주당 순자산가치다. 일반적으로 자산이라 하면 부동산을 생각하지만, 회계개념에서의 자산이란 유동자산, 고정자산, 이연자산으로 나뉜다. 유동자산은 1년 이내에 현금화시킬 수 있는 자산으로 당좌자산과 재고자산이 포함된다.

당좌자산은 바로 현금화시킬 수 있는 것으로 현금, 예금, 받을어음, 외상매출금 및 일시적 소유를 목적으로 한 유가증권으로 이루어진다. 재고자산은 제조, 판매 등의 과정을 거쳐 현금화시킬 수 있는 것으로 상품, 원재료, 완제품, 반제품 등으로 구성된다. 고정자산은 기업내부에서 장기간 사용하며 원칙적으로 1년 이내에는 현금화되지 않는, 회전 속도가 느린 자산을 이야기한다.

이 자산의 분류는 다시 구체적인 형태의 유무에 따라 유형고정자산과 무형고정자산으로 나누어진다. 유형고정자산은 토지, 건물, 기계장치, 선박 등으로 이루어지며, 무형고정자산은 영업권, 특허권, 지상권, 상표권 등을 일컫는다.

이연자산은 창립비, 개발지, 신주발행지, 사채할인발행차금, 개발비, 건설이자 등이 있다. 일정한 상각방법에 의해 수년간에 걸쳐 상각하게 되며, 그 동안의 미상각 잔액이 이연자산으로 분류된다.

주당순자산이란 기업의 총자산에서 총부채를 뺀 것이 자기자본이다. 여기서 무형자산, 이연자산 및 사외유출분(배당금, 임원상여금)을 제외한 것을 순자산이라고 하며, 순자산을 발행주식총수로 나눈 것이 주당순자산 BPS라고 한다.

이렇게 주당순자산이 구해지면 현재 주가를 주당순자산으로 나눈 PBR 지표를 구한다. 일반적으로 1 이하를 가치주라 하며, 1 이상을 성장주라 한다. 그런데 워런 버핏이 등장하면서 벤자민 그레이엄의 가치주 개념을 확장한다. 수익가치를 포함시켜 수익가치가 저평가된 종목을 가치주로 포함시킨 것이다. 기준이 되는 것은 주당순이익 EPS 개념으로 기업이 벌어들인 당기순이익을 그 기업이 발행한 총 주식수로 나눈 값이다. EPS가 높을수록 주식의 투자가치가 높다 평가하고, 현재가를 주당순이익을 나눈 값을 PER로 표현하여 PER가 낮은 종목을 투자가치가 높은 종목으로 보며, 향후 주식가격이 상승할 가능성이 크다고 판단한 것이다.

생각을 확장해보자. 주당순익과 주당순자산의 2×2매트릭스를 설정하여 4가지 세상을 그려보자.

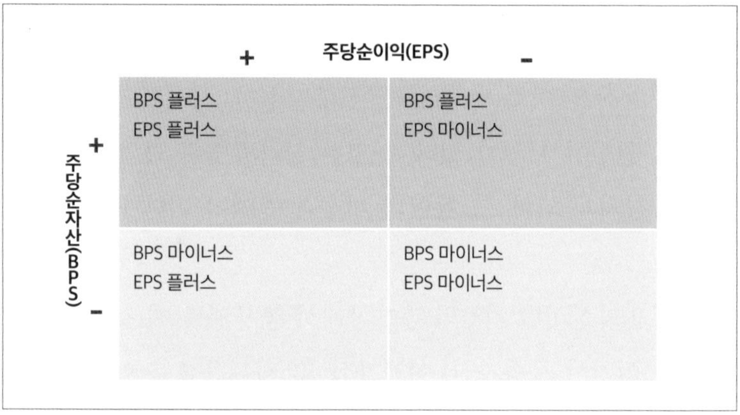

상장되어 있는 2000개 이상의 종목을 위 4가지 세상으로 구분해보고 그 흐름을 동태적으로 추적해보자. 주당순자산이 증가 추세인지, 증가했다가 감소 추세인지 체크해보는 것이며, 주당순이익도 증가 추세인지, 증가했다가 감소하는지, 감소했다가 증가하는지 그 변화의 흐름을 추적하자. 실전투자에서는 그 변곡점에서 매수와 매도 타이밍을 결정해야 한다.

성장주 투자, 가치주 투자 이러한 이원적 사고로 투자대상을 찾기보다 성장을 측정하거나 판단하는 기준이 마이너스에서 플러스로 전환되는 시점에 매수를 결정하는 것이 중요하며, 플러스에서 마이너스로 전환되는 시점에 매도를 결정하는 것이 실전에서 더 중요하지 않을까 생각한다.

여기에 다음 축을 하나씩 직관적으로 투입하여 변화의 흐름을 찾아보도록 하자. 그 축은 매크로 변수를 중심으로 두는 축이다. 10년 국고채 금리, 유가, 금, 원자재 등의 변화와 가치와 성장의 변화가 어떻게 전개되는지 구분하는 것이다. 그 흐름에 우상향 에너지가 작용하는 종목을 찾고, 우하향 에너지로 전개될 가능성이 높은 종목은 투자대상에서 제거하는 훈련을 해야 한다고 생각한다.

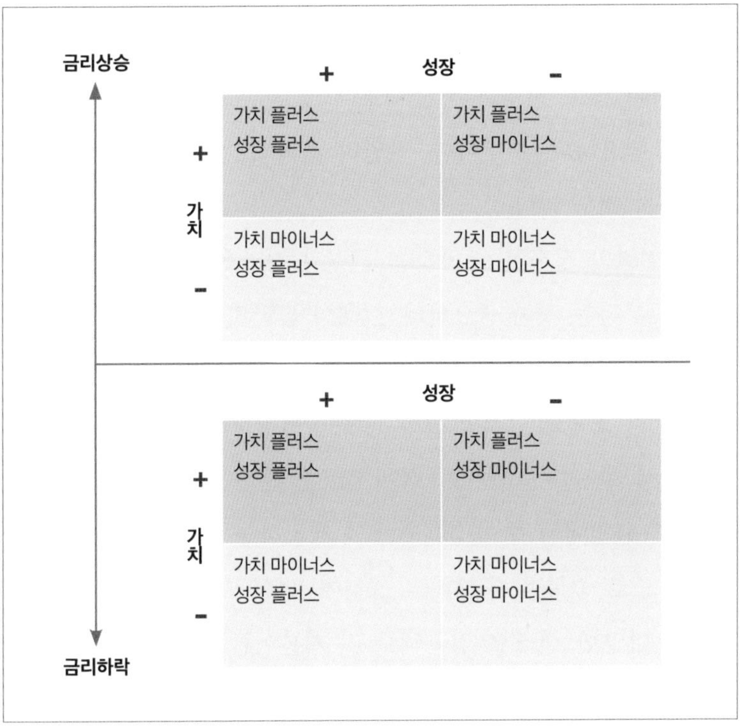

투자경력 37년 차인 무극선생님도 아직 이것이 가치주인지 성장주인지 헷갈리는 경우가 생긴다. 어느 구간에서 가치주가 어느 구간에서는 성장주로 변화되기도 하고 실전투자에서 이 기준이 자신의 투자성향과 자금의 성격에 따라 변화되기도 한다.

결국 기준은 나다. 그래서 요즘은 상승종목과 하락종목으로 단순화시키는 작업을 한다. 그러면서 상승종목이 어느 구간에 극점이 형성될 것인가 생각하고 어느 구간부터는 아무리 좋다고 해도 매매대상에서 제외시키는 기준을 설정한다.

마치 이론으로 무장한 투자자는 실전에서 한 방에 날라갈 수 있는 현실을 명심해보자는 것이다. 도장에서 몇 단의 고수가 실전 길거리 싸움꾼에게 한방에 날라가는 경우가 비슷하다. 실전은 변형이 많고 정형화된 근력보다 물 흐르듯이 변화가 가능한 근력이 필요하다는 것이다. 영원히 하락하는 것도 없고 영원히 상승하는 것도 없다.

그 변화의 징후를 포착하는 근력과 직관을 키우는 훈련을 지속적으로 하는 것이 중요하다. 그래서 급락하는 종목 중 싸게 매수해서 비싸게 파는 훈련을 하는 것이다. 비싸게 사서 더 비싸게 파는 투자 호흡도 있지만 그럴 경우 철저히 기계적 시스템 사고를 작동해서 실패하는 확률을 적게 만드는 훈련을 하는 것이 좋다.

이런 과정에서 주류경제학에서 제공하는 가치주와 성장주의 단순렌즈로 종목을 구분하고 그것에 맞춘 투자전략을 수립하는 것보다 다양한 렌즈로 접근해보고, 기본이론으로는 가치주와 성장주를 구분하지만 이것을 정형화시키지 않고 언제든지 가치주가 성장주로, 성장주가 가치주로 변화될 수 있고 어느 공간에서는 다르게 작동할 수 있다는 마인드로 물 흐르듯이 실전 대응하는 감각을 키우는 것이 좋다.

그래서 시장을 이론적으로 설명하고 분석하는 것보다 시장을 직관적으로 느끼고 대응하는 오감 혹은 육감을 키우는데 집중한다. 어떤 상황에서도 위험을 감지하는 능력을 키우는 것이 필요하다. 투자의 세상에서는 생존전략이 가장 중요하다는 것이다.

무극선생의 TIP

2021년부터 2030년까지 시장을 주도할 성장주는 반도체주가 아닌 건설주 및 재생의학 원격진료 연결고리 종목이라고 판단한다.

HOT ISSUE 05

부동산은 '요지경'…
틈새시장 투자전략은?

HOT
ISSUE
05

20~30대가 영끌하면서 아파트 주택을 매수한다. 전통적인 구매층인 40대, 50대가 가장 많이 사들였지만 치솟는 부동산 가격을 본 젊은 층도 주택 시장의 큰 수요자로 자리매김 중이다. 물론 서울보다는 지방 광역시에서의 20~30대 아파트 매입 증가가 두드러진 것이다. 서울 지역은 2020년 하반기 들어 20~30대의 아파트 매수가 잠잠해졌다는 분석이다.

부동산 정책과 함께 듣지도 보지도 못한 신조어가 생겼다. '마용성(마포, 용산, 성동)', '수용성(수원, 용인, 성남)' 같이 지역을 묶어 부르기 시작했다. 부동산블루가 코로나블루보다 무섭다는 말까지 나온다. 심지어, 갑자기 거지 신세가 된 무주택자를 '벼락거지'라 부르기 시작했다. 무주택자가 많은 것이 어쩌면 당연한 20대, 30

대가 부모님의 도움과 대출 등을 모두 끌어 모아 집을 사고 있다. 주식과 부동산 폭등에서 소외되는 '벼락거지' 신세를 면하고자 하는 것이다. 집값은 걷잡을 수 없이 비싸지고 주식도 하루하루 오르면서 월급으로 열심히 살아가는 사람들이 거지 신세로 불리는 이상한 세상이다.

주식 시장에 주린이가 있다면 부동산 시장에는 '부린이'가 등장했다. 천정부지로 오르는 집값뿐 아니라 청약시장에서 배제되어 있는 20대, 30대가 부동산 공부에 나선 것이다. 청약가점 부족과 현금 부족으로 청약 당첨을 포기한 젊은 세대도 많아졌다. 재건축, 재개발을 기대하고 낡고 외풍 심한 오래된 집에서 살겠다는 재테크 전략도 선보인다. 지금 사지 않으면 영영 못 살 것이다라는 불안감에 집값은 더욱 치솟고 있는 상황이다. 부동산을 잡고 말겠다는 정부 약속이 무심하게 폭등한 집값으로 수많은 청년들이 상대적 박탈감을 느끼는 요즘이다. 이런 상황은 통계치에서 확인할 수 있다.

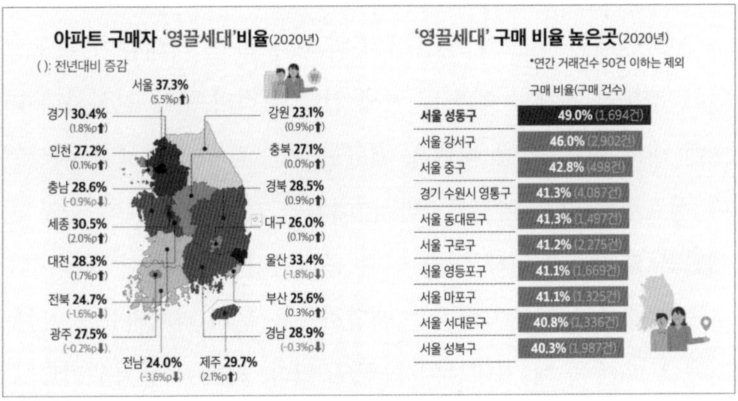

부동산과 함께 '리츠'라는 단어를 여러 번 들어봤을 것이다. REITs(Real Estate Investment Trusts, 부동산투자신탁)는 비싼 주택을 매입하는 것과 달리, 소액으로 부동산에 간접투자를 할 수 있는 방법이다. 부동산의 지분, 자본에 투자하고, 수익은 투자자에게 배당하는 것이다. 리츠는 배당 가능 이익의 상당 부분(90%)을 의무적으로 배당한다는 점에서 배당주로도 꼽히고, 부동산 임대료를 통해 수익이 발생한다는 점에서 안정적이라는 평가를 받는다. 국토교통부 리츠정보시스템에서 (http://reits.molit.go.kr) 주식 시장에 상장된 리츠 주식에 대한 자세한 정보를 볼 수 있다. 롯데리츠, 모두투어리츠, 신한알파리츠, 코람코에너지플러스리츠 등 12개 종목이 상장되어 있다.

리츠는 2001년 국내에 처음 도입되었고 2020년에는 연간 기준 많은 수, 총 6개의 공모리츠가 주식 시장에 입성했다. 첫 해외부동산 공모리츠 제이알글로벌리츠, 주유소 기반의 코람코에너지플러스, 첫 아파트 기반 이지스레지던스리츠 등 모두 아쉽게도 공모 경쟁률, 수익률 면에서 기대 이하의 성적을 거뒀다.

2021년에는 리츠가 성장하지 않을까 하는 기대감이 나오고 있다. 정부가 전세난 해소를 위해 임대 목적의 주택 건설사나 리츠에 대해 각종 세제 혜택을 제공한다는 점에서 수혜가 예상된다. 실효성 논란은 여전하지만, 임대차법 개정 이후 지속 중인 전세난을 해소하기 위해 민간 임대 공급을 늘리고자 한 방침이다. 또 공모형 리츠 투자자에게는 배당소득을 분리 과세하는 등 정부 정책에 따른 수혜 기대감이 꼽히고 있다. 리츠 상장지수펀드(ETF)

도 주목받고 있다. 거래소 측에선 현재 상장을 준비 중인 리츠 주식을 포함한 16개의 상장 리츠로 '리츠 지수'를 신설할 계획이다. 하지만, 일각에서는 경기 여건에 따라 리츠 상품의 수익률 변동성이 높아질 수 있음을 우려한다.

개인적으로 리츠 상품에서 성장성을 유망하게 보는 2개 종목이 있다. 롯데쇼핑-롯데백화점 자산을 임대관리하면서 수익성을 확보하는 롯데리츠, 그리고 주유소 기반의 코람코에너지플러스. 이 두 종목을 금리인상 시기의 효과적인 투자 대상으로 선정해 본다.

2020년은 부동산 정책이 가장 크게 여러 번 바뀌고 수정되었던 해다. 정부는 공공재개발, 역세권 개발 등으로 기대 이상의 공급을 '특단의 대책'으로 내놓겠다고 밝혀오고 있다. 주목하며 지켜봐야 할 주요 정치권 이벤트로는 2022년 3월 대선이 있는 만큼 'SOCSocial Overhead Capital, 사회간접자본에 대한 투자'는 다소 중장기적으로 볼 수 있는 아이디어가 아닐까 싶다.

대형 건설주, 중소형 건설주가 함께 움직이고 있다. 시멘트, 레미콘, 인테리어와 리모델링 업체들도 함께 움직이는 테마에 속한다. 정부의 주택 공급책뿐 아니라 가덕도 신공항 건설 등 각종 정치권 발언과 함께 상승과 하락을 보이는 것이다. 건설사들은 수주와 실적 기대감에 상승을, 시멘트 업체들은 가격 인상에 따른 실적 개선 전망이 꼽힌다.

무거운 대형 건설주가 너도나도 신고가를 돌파해가는 흐름을 보이던 시기, 대림산업 주가 흐름은 비교적 주춤했다. 2021년부터 대림은 지주사 체제로 공식 출범하며 그룹 명칭을 'DL'(디엘)로 변경했다. 건설 사업과 석유화학 사업을 분할해 주주이익을 극대화하겠다는 계획이다. 디엘과 디엘이앤씨(건설 담당)로 인적분할을, 디엘에서 디엘케미칼(석유화학 담당)을 물적분할했다. 분할 상장 이후부터 그 동안 거래정지로 오르지 못했던 만큼 주가는 '키 맞추기'를 하며 주도주 역할을 하지 않겠냐는 분석도 나오고 있다.

정부는 SOC 투자 예산도 상당히 높은 수준으로 잡고 있다. 건설 경기 회복, 개선 기대감에 관련 정책 수혜주도 함께 움직이는 흐름을 보인다. 주식 방송을 보면 건설과 함께 건자재 업체가 여럿 거론된다. 건자재는 소재와 자재로 크게 분류되며, 소재로는 시멘트(쌍용양회, 삼표시멘트, 성신양회, 아세아시멘트, 한일현대시멘트), 레미콘, 아스팔트, 석재 업체들이 있다. 자재 업체는 도료(또 다른 페인트주-삼화페인트, 노루페인트), 내외장재(KCC, LG하우시스, 이건산업, 한솔홈데코), 설비와 자재(대림B&Co, 경동나비엔, 하츠) 등으로 분류된다.

대형 건설주에 비해 중소형 건설주의 급등폭이 훨씬 더 큰 편이며, 가벼운 시총만큼 등락폭과 불확실성도 크다. 건자재 업체들 역시 실적 자체보다 정책 모멘텀에 움직이는 테마주가 더 많은 편이다. 오를 만큼 오른 종목에 대해서는 경계하며 모두가 흥분해서 투자하는 시점에는 같은 모멘텀이라 할지라도 실적주, 저평가주를 중심으로 눈을 돌려야 할 것이다. 개인적으로 경제방송 아나운서를 하면서 전달자 입장에서 수많은 뉴스와 재료를 보면서 깨달은 내용이다. 재료에 따른 주가의 변동성에 투자호흡을 맞추다 보면 실전투자 결과가 그리 좋지 않다는 것을 수없이 봐왔다.

특정 시기에 증권사 전문분석가들이 어느 섹터를 좋게 이야기하는 경우를 보면, 대부분 주가가 우상향 중이거나 이미 상당한 주가 상승을 보인 섹터의 종목을 설명해주는 경우가 많았다. 그 시점에 실제로 매수를 해보면 어느 정도는 더 상승하는 경우도 있었지만, 어떤 종목은 급락하는 경우도 많았다. 호재가 일반화되고 주가에 선 반영된 경우 투자결정을 하면 결과가 좋지 않다는 것을 느끼게 되었다.

따라서 가장 중요하게 보게 된 부분은 정책의 지속 가능성이다. 주가의 변동성보다 해당 정책이 아직 실현되지 않았을 때 매수하여 실제 시행되고 해당 종목의 실적에 우상향 에너지를 실어주는 시점까지 기다리는 방법이 최고의 결과물을 낸다는 것을 깨달았다.

정부의 SOC 정책은 코로나19 여파로 침체된 대한민국의 경제에 활력을 불어넣고 경제성장률을 회복시키고 일자리 창출이라는 정책을 성공시키고자 하는 의지를 담고 있다. 그 정책 의지가 향후 10년간 대한민국의 경제지도를 변화시킬 것이라 판단하기 때문에 단기적인 투자 호흡보다 중 장기적인 투자 호흡으로 대응해야 하는 섹터가 아닐까 하는 생각이다.

무극선생의 TIP

개인적으로 가장 중요하게 생각하는 것이 시장 근본주의 시각으로 접근해 인간의 합리적 사고에 20~30% 비중을 두고, 나머지는 시장이 실제 움직이는 데이터가 실제로 반응하는 속도와 강도를 기준으로 보는 부분에 집중한다. 시장이 정답이고 시장이 실제로 움직이는 것에 반응한다는 것이다.

2020년 말 시장은 코로나 19 백신관련 재료로 그것을 개발하는 바이오 종목이 성장주 대표주자로 녹십자, 셀트리온, 삼성바이오로직스 등의 종목에 대한 인기가 매우 높았다. 또, 반도체 슈퍼 랠리 논리 속 삼성전자, SK하이닉스 및 반도체 장비주 투자에 집중하는 분석이 많았다. 실제로 그렇게 투자한 분들의 성과는 그 이후 6개월 정도 지난 상황에서 상대 비교해보면 참담한 수준으로 수치가 나온 것이 많다.

다음 데이터가 그것을 설명해준다.

코스피200 종목 상승률 상위 (1월 4일~4월 30일)

종목	2021/01/04	2021/04/30	기간내	기간내	현재			
	종가	현재가	대비	등락	현재가	대비	등락률	거래량
동국제강	8,680	23,950	▲ 15,270	175.92	23,950	▼ 2,050	-7.88	5,051,958
HMM	16,550	39,200	▲ 22,650	136.86	39,200	▼ 750	-1.88	11,054,067
!한전기술	18,100	38,400	▲ 20,300	112.15	38,400	▲ 1,550	4.21	798,119
XF&F	86,700	180,000	▲ 93,300	107.61	180,000	0	0.00	0
삼양홀딩스	73,800	140,000	▲ 66,200	89.70	140,000	▲ 7,000	5.26	79,323
현대미포조선	48,250	85,800	▲ 37,550	77.82	85,800	▲ 7,300	9.30	1,963,381
금호석유	151,000	260,000	▲ 109,000	72.19	260,000	▲ 2,500	0.97	420,181
KG동부제철	12,150	20,000	▲ 7,850	64.61	20,000	▼ 900	-4.31	1,377,732
KCC	199,000	313,000	▲ 114,000	57.29	313,000	▼ 12,000	-3.69	62,516
하이브	156,420	243,000	▲ 86,580	55.35	243,000	▼ 500	-0.21	183,616
두산밥캣	29,400	45,650	▲ 16,250	55.27	45,650	▼ 600	-1.30	249,944
락앤락	10,100	15,350	▲ 5,250	51.98	15,350	▼ 250	-1.60	166,376
한화생명	2,340	3,495	▲ 1,155	49.36	3,495	▲ 35	1.01	4,374,112
코오롱인더	41,350	60,500	▲ 19,150	46.31	60,500	▼ 2,200	-3.51	344,725
한세실업	16,750	24,400	▲ 7,650	45.67	24,400	▲ 1,500	6.55	948,183

종목	2021/01/04	2021/04/30	기간내	기간내	현재			
	종가	현재가	대비	등락	현재가	대비	등락률	거래량
포스코인터내셔	14,550	21,000	▲ 6,450	44.33	21,000	▼ 1,250	-5.62	1,644,079
보령제약	18,500	26,700	▲ 8,200	44.32	26,700	▲ 2,300	9.43	15,290,897
넥센타이어	6,100	8,780	▲ 2,680	43.93	8,780	▼ 220	-2.44	361,797
대우건설	5,150	7,390	▲ 2,240	43.50	7,390	▼ 300	-3.90	10,263,174
쿠쿠홀딩스	98,300	140,500	▲ 42,200	42.93	140,500	▼ 3,000	-2.09	5,466
카카오	79,484	113,500	▲ 34,016	42.80	113,500	▼ 3,500	-2.99	4,405,688
한섬	30,550	43,450	▲ 12,900	42.23	43,450	▼ 650	-1.47	141,284
영원무역	31,100	43,900	▲ 12,800	41.16	43,900	▲ 1,250	2.93	266,212
한일현대시멘트	29,550	41,250	▲ 11,700	39.59	41,250	▲ 150	0.36	34,698
한국조선해양	110,000	153,500	▲ 43,500	39.55	153,500	▲ 3,000	1.99	1,338,154
BNK금융지주	5,560	7,670	▲ 2,110	37.95	7,670	▲ 350	4.78	5,125,163
팬오션	5,370	7,340	▲ 1,970	36.69	7,340	▲ 130	1.80	17,761,219
두산인프라코어	7,910	10,800	▲ 2,890	36.54	10,800	▼ 100	-0.92	4,193,138
하나금융지주	33,450	45,650	▲ 12,200	36.47	45,650	▲ 850	1.90	2,208,796
오리온홀딩스	12,900	17,600	▲ 4,700	36.43	17,600	0	0.00	259,560

상승 종목의 속성을 체크해보면 동국제강, KG동부제철, KCC, 대우건설, 한일현대시멘트 등 철강, 건자재, 건설 종목이 보이며, 이것이 상승률 상위종목 명단에 왜 등장하는지 그 에너지의 근원은 무엇인지 추적해가는 것이 중요하다. 상대상승률을 비교하면서 건설, 철강, 시멘트, 페인트 등 건자재 관련주 중 주도주는 무엇이고 순환대상은 어떤 것이 나타날 확률이 높은지 판단하면서 실전투자에 응용해보는 것이다.

상승률 상위명단에 HMM, 현대미포조선, 포스코인터내셔널, 한국조선해양, 팬오션의 데이터를 통해 물류, 조선 업황의 주도적 흐름이 왜 나타나는지 그 기준은 무엇인지 추적하고 지속가능성에 대해서 분석해 보는 것이다.

또한 F&F, 한세실업, 한섬, 영원무역 등의 종목 명단을 통해 코로나19가 만든 세상 속 실생활에 필요한 제품이 어떻게 수요를 창출해냈는지를 파악하는 것이다. 또, 국제적 질서의 변화가 미국이 TPP에서 탈퇴하고 중국 주도의 RCEP가 강한 에너지를 분출하면서 그것과 연관된 종목이 시장을 주도하는 흐름을 파악해내는 것이다.

이렇듯 빅데이터를 통해 상승에너지 종목의 군집현상과 경로의존성에 중요한 원동력을 주는 끌개는 무엇인지 체크하고, 그 끌개가 어느 정도 에너지와 지속가능성을 갖고 있는지 체크해 보는 것이다. 또한 한전기술 급등을 통해 정부 탈원전 정책의 변화가능성이 만들어 내는 세상도 실제 한전기술의 상승에너지에서 체크해내고, 그것과 연결된 종목도 찾아내서 실제 투자에 응용해보는 것이다.

코스피200 종목 하락률 상위 (1월 4일~4월 30일)

전체 | KOSPI | KOSDAQ | ✓KOSPI200 기간 2021/01/04 ~ 2021/04/30 ○상승률 순 ●하락률 순

업종 101 KOSPI 200 가격 0 ~ 0 거래량 0 이

종목	2021/01/04 종가	2021/04/30 현재가		기간내 대비	기간내 등락	현재 현재가		대비	등락률	거래량
신풍제약	122,000	69,800	▼	52,200	-42.79	69,800	▼	4,400	-5.93	3,267,387
종근당	232,500	139,000	▼	93,500	-40.22	139,000	▼	1,000	-0.71	270,555
일양약품	63,400	38,250	▼	25,150	-39.67	38,250	▼	1,400	-3.53	387,666
한올바이오파마	37,550	23,000	▼	14,550	-38.75	23,000		0	0.00	204,847
SK케미칼	396,000	266,500	▼	129,500	-32.70	266,500	▼	1,500	-0.56	77,215
대웅	53,200	36,300	▼	16,900	-31.77	36,300	▼	1,850	-4.85	634,894
녹십자홀딩스	53,600	36,600	▼	17,000	-31.72	36,600	▼	450	-1.21	478,688
SK바이오팜	154,500	109,000	▼	45,500	-29.45	109,000	▼	2,500	-2.24	264,892
녹십자	475,000	338,500	▼	136,500	-28.74	338,500	▼	6,500	-1.88	188,860
부광약품	28,950	21,650	▼	7,300	-25.22	21,650	▼	250	-1.14	536,652
셀트리온	347,500	266,000	▼	81,500	-23.45	266,000	▼	2,500	-0.93	698,855
대웅제약	172,000	133,500	▼	38,500	-22.38	133,500	▼	7,000	-4.98	125,749
두산퓨얼셀	56,300	45,100	▼	11,200	-19.89	45,100	▲	550	1.23	827,653
JW중외제약	36,200	29,150	▼	7,050	-19.48	29,150	▼	200	-0.68	78,847
유한양행	79,200	64,300	▼	14,900	-18.81	64,300	▼	100	-0.16	189,676
휴켐스	26,600	21,750	▼	4,850	-18.23	21,750	▼	100	-0.46	196,963
영진약품	7,910	6,480	▼	1,430	-18.08	6,480	▲	20	0.31	1,084,515
아시아나항공	18,000	14,950	▼	3,050	-16.94	14,950	▲	50	0.34	858,218
효성	12,350	10,300	▼	2,050	-16.60	10,300	▼	50	-0.48	720,650
엔씨소프트	978,000	830,000	▼	148,000	-15.13	830,000	▼	7,000	-0.84	79,050
남선알미늄	4,530	3,890	▼	640	-14.13	3,890	▼	40	-1.02	1,075,421
씨에스윈드	88,302	77,000	▼	11,302	-12.80	77,000	▲	3,700	5.05	627,250
LS ELECTRIC	65,000	56,900	▼	8,100	-12.46	56,900	▼	300	-0.52	117,942
SK디스커버리	66,100	57,900	▼	8,200	-12.41	57,900	▼	700	-1.19	52,561
한국전력	26,900	23,650	▼	3,250	-12.08	23,650	▼	300	-1.25	3,035,926
한진칼	62,300	55,500	▼	6,800	-10.91	55,500		0	0.00	132,644
지누스	91,690	83,300	▼	8,390	-9.15	83,300	▲	700	0.85	89,278
한미사이언스	76,000	69,200	▼	6,800	-8.95	69,200	▼	1,900	-2.67	162,344
코웨이	73,200	66,900	▼	6,300	-8.61	66,900	▼	100	-0.15	316,021

하락종목의 빅데이터를 보면 2019년부터 2020년 말까지 시장을 주도해온 성장주로는 바이오 종목과 제약주가 대부분을 차지하는데, 이 부분도 성장주에 가장 치명적인 유동성 공급이 줄어든다는 등 실적이 뒷받침이 안 되는 상황에서 주가만 너무 급등한 상황이 나타나면 시장은 급격한 조정을 보인다는 것을 명심해야 한다.

따라서 어느 시기부터 성장주와 가치주 접근보다 어느 이벤트가 시장에 진입했을 때 그것에 의해 상승 하락으로 배열되는 종목의 클러스터에 더 집중하고 반응하는 능력을 키우는 것이 필요하다는 것을 절감했다.

여기서 기준은 논리적 사고와 비논리적 사고의 영역도 포함하면서 불확실성을 인정하고 인간의 한계를 생각하지 않고 대응하는 감각으로 실전에 접목시키는 훈련을 해보는 것이다. 그냥 감으로 투자하는 것을 착각하실 수 있는데, 전혀 다른 접근방법이다.

사전에 2000개 종목의 연결고리를 빅데이터로 철저히 조사하고 이벤트가 발생할 가능성과 경로 의존성을 동태적으로 추적하는 노력이 반드시 필요하다. 예를 들어 삼성그룹 상속관련 이슈가 시장에 진입되었을 때 초기조건이 어떻게 형성되고 그 대상종목이 어떻게 배열되는지 8개의 각도로 구분해서 설정하고 시간이 움직일 때마다 경로가 어떻게 변화되는지 추적해가는 것이다.

다음 이미지에서 직관을 얻기 바란다.

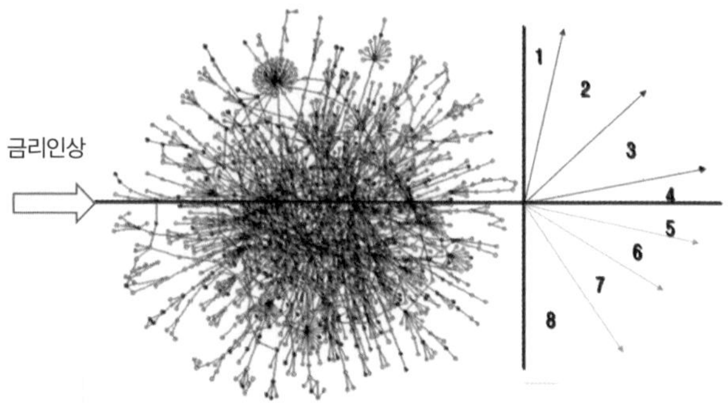

실전 투자 TIP

2020년 6월 15일 2000P부터 2021년 6월 25일까지 시장을 주도한 코스피 200 상승률 상위 종목이다.

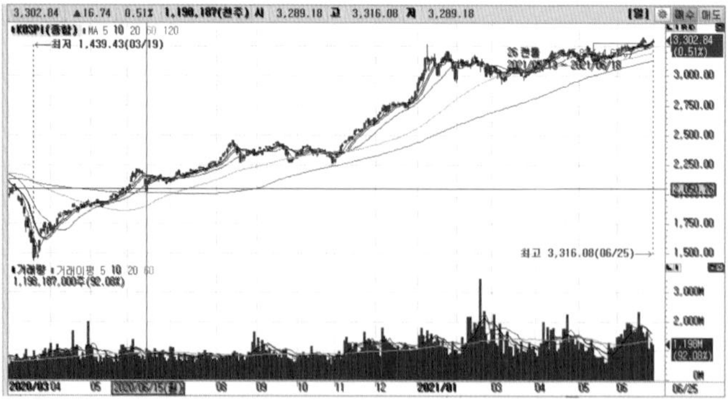

전체 | KOSPI | KOSDAQ | ✓KOSPI200 | 기간 2020/06/15 ~ 2021/06/25 | ◉ 상승률 순 ○ 하락률 순

업종 101 KOSPI 200 | 가격 0 ~ 0 | 거래량 0 이

종목	2020/06/15 종가	2021/06/25 현재가	기간내 대비	기간내 등락	현재 현재가	현재 대비	현재 등락률	현재 거래량
HMM	4,750	43,050 ▲	38,300	806.32	43,050 ▲	1,450	3.49	8,404,200
효성티앤씨	121,500	852,000 ▲	730,500	601.23	852,000 ▲	2,000	0.24	82,265
두산중공업	4,285	24,750 ▲	20,465	477.60	24,750 ▲	100	0.41	8,665,468
씨에스윈드	16,607	78,100 ▲	61,493	370.28	78,100 ▼	900	-1.14	317,596
대한전선	675	3,135 ▲	2,460	364.44	3,135 ▲	75	2.45	76,075,943
효성첨단소재	100,000	429,000 ▲	329,000	329.00	429,000 ▲	18,500	4.51	192,556
동국제강	5,840	22,550 ▲	16,710	286.13	22,550 ▼	300	-1.31	3,162,943
한전기술	15,400	50,600 ▲	35,200	228.57	50,600 ▲	1,550	3.16	444,472
OCI	36,200	117,000 ▲	80,800	223.20	117,000 ▲	3,000	2.63	292,808
세방전지	30,600	98,500 ▲	67,900	221.90	98,500 ▼	1,200	-1.20	90,355
현대위아	34,200	107,500 ▲	73,300	214.33	107,500 ▲	500	0.47	436,597
금호석유	69,000	216,000 ▲	147,000	213.04	216,000 ▲	3,000	1.41	283,605
카카오	50,681	154,500 ▲	103,819	204.85	154,500 ▼	2,500	-1.59	12,271,446
SKC	53,200	155,000 ▲	101,800	191.35	155,000 ▲	3,500	2.31	435,100
만도	23,200	65,600 ▲	42,400	182.76	65,600 ▼	500	-0.76	542,512
기아	32,200	90,700 ▲	58,500	181.68	90,700 ▲	100	0.11	1,821,258
현대미포조선	31,500	87,700 ▲	56,200	178.41	87,700 ▲	1,800	2.10	497,160
두산인프라코어	5,760	15,850 ▲	10,090	175.17	15,850 ▲	300	1.93	13,695,765
한화솔루션	16,721	45,950 ▲	29,229	174.80	45,950 ▲	250	0.55	856,133
한화생명	1,400	3,840 ▲	2,440	174.29	3,840 ▲	125	3.36	6,654,673
SK이노베이션	106,500	290,000 ▲	183,500	172.30	290,000 ▼	3,500	-1.19	729,986
SK케미칼	96,100	261,000 ▲	164,900	171.59	261,000 ▼	2,000	-0.76	78,917
신풍제약	34,300	91,300 ▲	57,000	166.18	91,300 ▲	11,400	14.27	14,879,291
현대제철	20,750	54,500 ▲	33,750	162.65	54,500 ▼	600	-1.09	1,672,211
LG전자	62,900	163,500 ▲	100,600	159.94	163,500 ▼	500	-0.30	1,132,098
포스코케미칼	57,162	146,500 ▲	89,338	156.29	146,500	0	0.00	199,630
현대차	97,000	243,000 ▲	146,000	150.52	243,000 ▲	500	0.21	537,893
대우건설	3,480	8,660 ▲	5,180	148.85	8,660 ▲	40	0.46	8,556,194
KCC	134,500	333,000 ▲	198,500	147.58	333,000 ▲	22,500	7.25	107,511
팬오션	3,370	8,270 ▲	4,900	145.40	8,270 ▲	770	10.27	86,891,610
금호타이어	3,065	7,440 ▲	4,375	142.74	7,440 ▼	320	-4.12	2,037,818
코오롱인더	30,550	73,200 ▲	42,650	139.61	73,200 ▲	1,000	1.39	1,052,756
두산퓨얼셀	20,409	48,700 ▲	28,291	138.62	48,700 ▲	400	0.83	459,973
한국타이어앤테	22,500	53,000 ▲	30,500	135.56	53,000 ▲	800	1.53	438,175
LG상사	13,400	31,100 ▲	17,700	132.09	31,100 ▲	1,100	3.67	400,051
두산	40,000	91,200 ▲	51,200	128.00	91,200 ▲	1,200	1.33	71,039
한솔케미칼	109,500	249,000 ▲	139,500	127.40	249,000 ▲	1,500	0.61	34,658
대한유화	106,500	241,500 ▲	135,000	126.76	241,500 ▲	2,000	0.84	47,632
DB하이텍	27,000	60,100 ▲	33,100	122.59	60,100 ▲	500	0.84	1,711,300
한국금융지주	48,650	107,500 ▲	58,850	120.97	107,500 ▲	5,000	4.88	392,306
LG디스플레이	11,000	24,250 ▲	13,250	120.45	24,250 ▲	300	1.25	2,855,183
한미사이언스	33,154	72,600 ▲	39,446	118.98	72,600 ▲	700	0.97	363,285
삼성엔지니어링	11,500	25,000 ▲	13,500	117.39	25,000 ▼	2,350	-8.59	10,019,916

위 종목군에서 미리 인연이 되었다면 HMM, 씨에스윈드, 한전기술, 현대위아, 만도, 기아, 두산인프라코어, KCC, 팬오션, LG상사, 삼성엔지니어링의 수익을 각자의 것으로 얻으셨을 것이다. 그렇다면 2021년 6월 25일 기준으로 앞으로 투자하기 효과적인 종목 10선을 선택하면

다음과 같다. 보수적 관점을 기반으로 설정해서 선택한 종목군들이다.

현대건설

GS건설

현대로템

현대엘리베이터

롯데지주

롯데쇼핑

KT

농심

DL이앤씨

차바이오텍

HOT
ISSUE
06

여행업계 지각변동

아시아나 자본잠식 탈출과 빅딜

HOT ISSUE

06

앵커의 시각으로 2020년 가장 기억에 남는 뉴스는 코로나19 여파로 항공업계의 구조조정이었다고 생각된다. 2020년 코로나19 여파로 항공 여행주가 큰 타격을 받았다.

국가 간 이동 금지로 항공 수요는 '제로'로 추락했고, 기내 좌석을 뜯고 그 자리에 화물을 실어 수송을 늘리고자 하는 등 눈물겨운 노력도 계속됐다. 대한항공은 빠른 대처로 2020년 3분기 흑자를 기록했지만 대부분 저가항공사들은 적자를 면치 못했다. 그 가운데 갈 곳 없던 기업은 아시아나항공이었다. 실적 면에서는 흑자를 냈지만 매각 딜이 무산되면서 구조조정 대란까지 우려됐다. 산업은행은 HDC현대산업개발에 아시아나항공을 매각하려 했지만 코로나19 여파로 무산됐다. 각종 난항이 이어졌지만, 산은은 결국 아시아나항공과 대한항공을 통합하는 초대형 국적항공사 출범을 추진키로 했다.

한진과 금호그룹의 주력 계열사인 대한항공과 아시아나항공의 인수합병 작업이 본격화됐다. 대한항공이 아시아나항공을 인수하면 세계 7위의 초대형 국적항공사가 탄생하게 된다. 합병을 통해 아시아나항공의 부채 비율은 큰 빚더미 수준으로부터 크게 줄어들 것으로 예상된다.

2020년 11월, 아시아나항공은 3대 1의 무상감자를 결정했다. 감자, 회사의 자본금을 줄인다는 의미다. 아시아나항공의 자산은 12조 원에 육박했으나 부채가 11조 원을 넘는 수준으로 자본금은 미미한 수준이라고 볼 수 있다. 물론, 항공사이기 때문에 리스제도를 통해 항공기를 구매하는 등의 방식을 사용하여 부채가 나쁜 의미만은 아니었다. 하지만 코로나19 팬데믹과 함께 항공업계에 올스톱이 걸리며 문제는 시작됐다. 아시아나항공은 각종 적자로 인한 부분 자본잠식 상태, 즉 자본의 총합보다 자본금이 더 많은 상황이 되어버린 것이다. 자본잠식은 모든 투자자들이 가장 두려워하는 상장폐지의 사유가 된다. 전액 자본잠식 상태가 발생하면 해당 종목은 상장폐지 요건에 해당돼 심사를 받게 된다. 상장폐지 이전에도 자본금의 50% 이상이 잠식되면 관리종목으로 지정되며, 지속적으로 적자를 내면 상폐의 위기를 맞게 되는 것이다. 아시아나항공은 2020년 3분기 기준 자본잠식률은 56%로 기준인 50%를 훌쩍 넘어섰다.

*잠식(蠶食, 누에가 뽕잎을 먹는다, 회계 장부에 누에가 먹은 뽕잎처럼 구멍이 숭숭 생기는 것.)

주식을 추가적으로 발행하면 자본 전체 금액이 늘면서 자본 잠식률은 낮아질 수 있다. 하지만 주식이 늘어나는 것은 기존 주주들의 가치가 떨어진다는 말이 되므로 또 다른 리스크가 된다. 아시아나항공의 경우, 액면가가 5,000원이며 감자 결정 이전 주가는 3천원선이었다. 액면가보다 주가가 낮은 주식 발행은 불가하며, 실제로 액면가보다 싼 주식을 사지 누가 5천원을 내겠는가. 따라서, 아시아나항공은 자본금을 줄이는 '감자' 방식으로 자기 자본을 줄이고 다른 자본 항목을 늘려 자본잠식에서 벗어나는 방법을 택한 것이다. 주식 수는 줄어들지만 시총은 변하지 않는 감자 방식을 택했고, 1주당 가격은 3대 1의 비율에 맞춰 3배로 뛰었다. 이제 주식 가격은 액면가를 웃돌게 된 것이다.

2대주주인 금호석유화학과 소액주주의 반발은 컸지만 무상 감자는 무사히 진행됐고, 대한항공의 아시아나항공 인수 작업을 위한 기업결합 신고서까지 제출된 상황이다. 반대에 대한 우려는 여전하지만 인수대금 마련을 위한 유상증자를 위한 정관 변경안이 통과됐다. 이로써 대한항공은 발행주식 총수를 큰 폭으로 늘릴 수 있게 되었다. 대한항공은 이를 위해 2021년 3월, 2.5조 원 규모의 주주배정 유상증자에 나서며, 대금 일부를 아시아나항공에 중도금으로 납부할 예정이다. 이후, 6월 아시아나항공의 1.5조 원 유상증자 중 일부를 납입해 아시아나항공 지분 60% 이상을 갖는 최대주주에 올라설 수 있게 된다.

각종 반대에도 불구하고 대한항공의 아시아나항공 인수합병 소식이 순항 중이라는 소식이 들려온다. 이와 함께 저비용항공사 LCC 구조개편 논의도 떠오르고 있다. 두 항공사의 자매사인 진에어와 에어부산, 에어서울의 통합으로 초대형 LCC 기대감도 급물살을 탔다. 그 외에도 제주항공과 티웨이항공까지 LCC업체 간의 인수합병 가능성도 제기된 상황이다. 현재 국내 LCC 업계는 총 9개사가 존재한다. 국토 면적 대비 항공사 수는 많다. 우리에게 익숙한 상장사 외에도 플라이강원, 에어서울, 이스타항공까지 다양한 항공사가 난립해 있다. 통합 LCC가 출범하게 되면 경쟁구도도 훨씬 줄어들 전망이다.

해외 여행길이 막힌 소비자들이 명품으로 보복소비revenge spending에 나섰다는 소식이 들려온다. 명품은 오늘 사는 것이 가장 싸다는 말이 있을 정도로 해외 명품 브랜드가 나날이 가격 인상에 나서고 있다. 그럼에도 보복소비 경향이 짙어진 탓일까. 해외 여행, 해외 쇼핑 기회가 줄고 여유 자금이 생긴 소비자들은 고가제품 소비에 나서며 백화점 명품 매출은 쑥쑥 늘고 있는 추세다.

코로나19 대표 피해주는 단연 여행 항공주다. 항공사들은 무착륙 국제관광 비행과 코로나19 백신 운송을 통해 수익을 개선하고자 노력 중이다. 무착륙 관광비행을 직접 경험해보지는 않았으나 주변 후기를 들어보면 이러하다. 차 타고 드라이브 가듯이 비행기 타고 드라이브하고 오는 느낌이란다. 국내와 해외 무착륙의 가장 큰 차이점은 '면세점'이다. 해외 비행은 1인당 최대 면세 혜택 한도가 600달러까지 가능해서 많은 사람들이 택한다고 한다. 면세 화장품만 사도 비행기 티켓 값을 뽑을 수 있을 정도라 한다.

코로나19로 국제선 여객은 90% 넘게 급감했지만 국제화물 운송은 사상 최고치를 경신 중이다. 코로나19 변이 바이러스 확산으로 더욱 위축된 국제선 수요지만, 화물 운송은 항공사 실적을 든든하게 받쳐주는 역할을 해주고 있다. 업계에서는 반도체를 포함한 IT 제품과 바이오헬스 관련 품목의 수출이 견조했으며, 자동차 부품을 비롯한 기존 화물 수요도 지속 중이라고 한다. 대한항공과 아시아나항공 등 대형 항공사들은 여행객은 줄었지만 화물운송 부문 호조와 함께 4분기 흑자를 달성했다. 하지만, 국제선 화물 운송 비중이 미미한 저비용 항공사들은 대규모 손실에서 벗어나지 못하는 분위기다.

현재 항공사들의 희망은 코로나19 백신 수송이다. 백신에 따른 기준 온도를 맞추기 위해 특수컨테이너 계약 등 콜드체인(저온 유통) 망을 구축하며 백신 수송에 적극적으로 대응 중이다. 제품에 따른 특성, -60℃ 이하의 극저온, -20℃ 이하의 냉동, 2~8℃의 냉장 등 다양한 콜드체인 구축이 필요하다. 대한항공은 이미 백신원료를 수송했고, 아시아나항공도 백신 완제품 수송에 성공하면서 유리한 위치를 점하게 됐다.

코로나19가 만든 세상에서 가장 큰 타격을 받은 항공과 여행사는 구조조정이라는 위기 속에 있지만, 그 연결고리 사이로 소비 유통주의 흐름과 백화점, 면세점 종목의 흐름, 이어서 코로나19 진단키트 관련 종목과 백신치료제 관련 종목의 흐름이 나타나며, 역의 상관관계를 만들어냈다.

코로나19 진단키트 주도주로 유명한 씨젠, 수젠텍, 피씨엘 주가의 흐름이 하나투어, 대한항공, 롯데쇼핑 및 호텔신라와 정반대 흐름을 보이기 시작했다. 코로나19의 직접적인 수혜주는 2020년 7월~9월을 기점으로 고점을 형성하였고 급락 패턴으로 전환했다. 반대로, 코로나19 피해주로 분류되던 여행, 항공, 백화점 관련주들이 바닥을 형성했고 상승으로 전환하여 새로운 시장의 흐름을 나타내기 시작한 것이다.

코로나19 수혜주인 언택트 종목군의 상승파동이 마무리되면서 코로나19 피해주인 컨택트 종목군이 다시 시장을 주도하는 세상이 되었다. 이는 여행, 항공, 진단키트 등 관련주의 주가 흐름으로도 판단할 수 있는 부분이다.

무극선생의 TIP

산이 높으면 골이 깊다.

작용이 있으면 그것에 대한 반작용도 있다.

아함경의 문구에 다음과 같은 내용도 있다.

이것이 있으면 저것이 있다.

이것이 생기면 저것이 생기고 이것이 멸하면 저것이 멸한다.

시장이 이것이 주도하고 급등하는 과정에서 이것에 집중하기 보다, 이것 다음에 저것이 무엇일까 생각하고 그 대상을 찾는 것이 실전투자에서 가장 효과적인 성과를 준 것 같다.

코로나19가 극성을 부리면서 시장은 진단키트 관련주에 집중했고 주가는 천정부지의 급등을 보이고 있던 시기, 그 반대편 세상에서 지속적으로 하락하고 있는 여행주, 백화점주 등을 보았다. 씨젠이 30만 원을 돌파하고 랩지노믹스, 피씨엘, 수젠텍 등 관련 진단키트 종목군이 군집현상을 보이면서 시장을 주도할 때, 저것의 중심이 되는 하나투어, 현대백화점, 롯데쇼핑, 이마트, 신세계 등의 종목을 보면서 이것이 있으면 저것이 있다라는 문구를 생각하였다. 시장이 이구동성으로 이것인 진단키트 관련주를 이야기할 때, 코로나19가 물러가고 코로나 이후의 세상을 생각하면서 저것이 주도하는 세상이 올 것이니, 가장 어두울 때 저것에 관련된 종목인 하나투어, 현대백화점, 이마트 등의 주가에 실전투자 에너지를 집중해드렸다.

그 시기는 2020년 7~9월이었는데, 그 이후 코로나19 백신이 개발되고 아직도 코로나19가 물러나지 않고 세상을 지배하고 있지만, 앞으로 대부분의 사람들이 백신을 맞으면서 정상적인 여행과 활동이 재개되는 세상이 다가온다는 믿음이 생겨나고 있다. 그러면서 자연스럽게 코로나19 피해주였던 여행, 카지노, 백화점 관련주가 시세를 주도하는 현상이 나타나고 있다.

씨젠 (100% 무상증자)

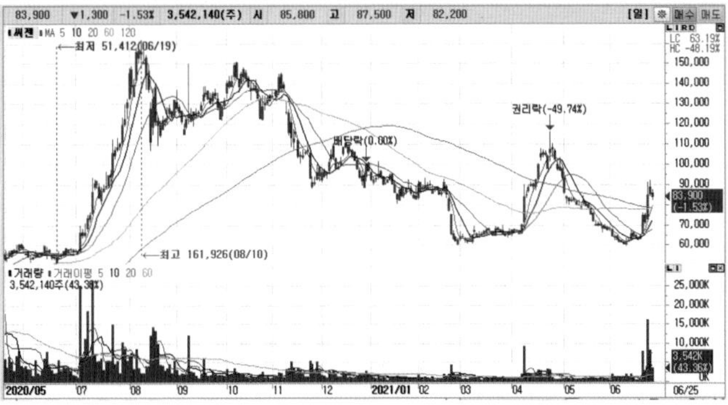

하나투어

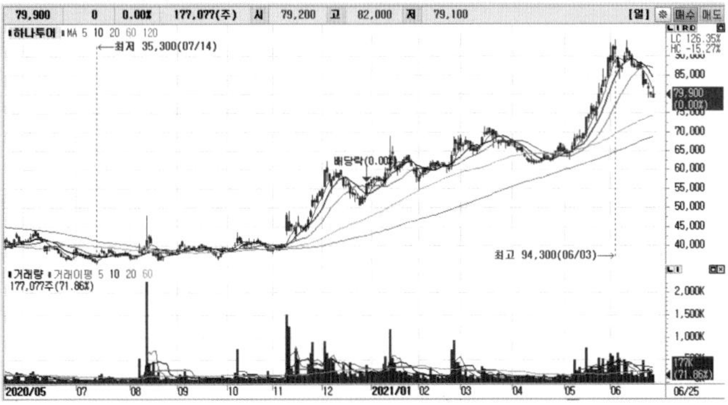

따라서 주도주 분출과정의 끝물에서는 그 반대되는 세상인 피해주의 에너지가 바닥에서 꿈틀거리면서 새로운 주도주로 부상하기 위한 초기조건이 형성된다. 실전투자에서 싸게 사서 비싸게 파는 투자행위를

실천하려면 시장이 이구동성으로 이것을 떠들 때 저것이 무엇일까 생각하고, 그 대상종목을 샘플링하여 동태적으로 추적해가는 노력이 중요하다.

HOT
ISSUE
07

코로나19로 알아보는 제약 바이오 업계

HOT ISSUE 07

100년 전 스페인 독감과 코로나19를 자주 비교한다. 당시에도 마스크 착용을 권장하고 의무화했었다. 과거에는 종식까지 2년의 시간이 걸렸지만 이번 팬데믹은 쉽사리 종식되지 않을 것이란 전망도 나온다. 변이 바이러스까지 새롭게 나타나 또 다른 불확실성으로 자리했지만, 확실한 것은 과거보다 백신, 치료제 개발에 속도가 붙었다는 점이다. 국내 업체를 필두로 진단키트의 정확성과 신속성이 높아져 국내와 해외 곳곳에서 쓰인다. 코로나19 이전에도 '진단키트'라는 제품은 존재했지만, 요즘처럼 자주 거론되고 널리 쓰일 것이라곤 예상하지 못했다.

코로나19의 직접적인 수혜주는 치료제, 백신의 임상과 개발 업체, 진단키트와 음압병실 등 의료기기, 그리고 유통 업체다.

2020년 국내 바이오헬스 산업, K-바이오 업계는 선도적인 모습을 보이며 건재했다. 수출액은 사상 첫 100억 달러를 돌파하며 전년보다 50% 넘는 성장을 보였다. 코로나19 관련 의료기기, 특히 국산 진단키트 수요가 그 성장을 견인했다. 3, 4월 진단키트 매출은 800% 이상 급증한 성과를 보였고, 9월부터 연말까지는 수출 최고치를 연달아 경신했다. 한 해 동안 신규 상장된 제약바이오 기업은 총 24개였으며, 신규 상장주의 이상 급등 현상을 끌어주는 역할을 했다.

코로나19가 발생한 이후부터 기업들은 정확하고 빠른 결과 확인을 위한 진단키트Rapid diagnostics test 개발에 박차를 가했다. 역학조사를 통해 코로나19는 무증상, 경증상일 때도 높은 감염률을 보인다는 사실이 밝혀졌으며, 진단검사가 중요한 역할로 떠올랐다. 최대한 많은 사람들을 빠르게 정확하게 검사해야 감염자를 격리해 감염을 차단할 수 있기 때문이다. 우리나라는 신속 진단키트보다는 RT-PCR을 이용한 분자진단법을 중심으로 활용하고 있다.

'면역검사 기반Immunoassay-based'은 신속 진단키트에 적용되는 방법이다. 항원검사와 항체검사 두 가지 방법으로 나뉜다. 항체검사는 바이러스 감염으로 체내에서 생성된 항체를 검사하는 방식이고, 항원검사는 항원(바이러스 단백질) 자체, 코로나19 바이러스 자체를 검출해내는 방식이다. 다른 하나는 '실시간 유전 증폭검사Real-time, RT-PCR' 분자진단법이다. 진단 시약을 주입하고 유전자 증폭 장비에 돌려 양성 여부를 판정하는 방법이다. PCR 검사법은

'면역검사 기반'보다 오래 걸리는 단점이 있지만, 감염 초기에도 감염 여부를 정확하게 진단할 수 있다는 장점을 지닌다.

긴급하다는 이유로 코로나19 치료제와 백신의 임상 연구 단계는 기존에 비해 훨씬 단축됐지만, 정확성과 안전성 면에서도 뛰어나다는 평가를 받는다. 인류의 사활이 걸린 만큼 긴급 허가와 긴급 심사 방식으로 진행됐다. 그 때문이었을까. 우리에게 익숙하지 않은 이름의 다양한 바이오 제약 기업들이 여럿 주목받으며 강한 상승을 보였다.

2020년에 상장한 박셀바이오, 피플바이오, 고바이오랩, 인바이오, 서울바이오시스, 한국파마, 에스씨엠생명과학, 이오플로우 등은 얼마나 코로나19와 관련이 있었는지, 그리고 상승 탄력을 받았던 기대감은 현 시점에서도 유효할까?

그런데 실제는 상장 후 단기 상승에너지를 마감하고 급락으로 전환된 종목이 대부분이다. 기대감으로 상승했는데 실제 매출로 이어지지 않는 상황이 현실화되자 주가는 급락패턴으로 전환된 것이다.

앞으로 가장 중요하게 봐야 하는 부분이 꿈의 지표 PDR보다 실제 매출이 일어나는 기업인지 파악하는 PSR지표를 중요하게 생각해야 할 것 같다.

코로나19 백신 접종을 고대하는 사람들이 많다. 하루빨리 백신 여권을 들고 해외 여행도 가고, 이전처럼 문화활동을 즐기는 꿈도 꾼다. 과거만 해도, 건강한 사람에게 병원균을 주사하는 일은 있을 수 없는 방식이었다. 전 세계 첫 '백신'은 16세기 유럽에서 천연두를 퇴치하기 위해 소牛의 천연두를 채취해 사람에게 접종하며 탄생했다.

코로나19 백신을 접종 받으면 인체 내 백신 항원성분들이 우리의 면역세포를 자극시킨다. 자극받은 면역세포에서 바이러스를 제거할 수 있는 중화항체를 만들어 우리 몸에 보관하고, 추후 칩입한 바이러스를 제거하게 되는 원리다. 바이러스 백터 백신, mRNA 백신이 대표적인 코로나19 백신의 종류다.

바이러스 백터 백신Adenovirus vector vaccines은 바이러스의 항원 유전자를 감기 등을 일으키는 다른 바이러스에 넣어 투여하는 방법이며, 아스트라제네카, 얀센에서도 이 백신을 개발했다. mRNAmessenger-RNA 백신은 모더나, 화이자에서 제조한 백신의 종류다. 아직까지는 인류에 실제 접종된 적이 없는 새로운 방식의 백신이다. 코로나19 바이러스의 유전정보를 지닌 mRNA를 주사하여, 우리 몸의 면역 체계가 바이러스의 mRNA로 인해 생성된 단백질을 인식해 항체를 만들도록 하는 방식이다. 한편, mRNA 백신은 유통과 운반 시 -70℃의 극저온 보관이 필요하다는 특징을 지닌다.

국내에서 찾아볼 수 있는 코로나19 치료제의 종류는 크게 항체 치료제, 혈장 치료제, 약물 재창출로 나뉜다. 항체 치료제는 완치한 개인의 항체를 선별해 치료제로 쓰는 방식이다. 미국의 일라이릴리, 리제네론에 이어 셀트리온도 항체 치료제를 개발 중이다. '렉키로나주'로 불리는 셀트리온의 치료제는 국내 식약처, 미국 FDA와 유럽 EMA를 대상으로 각종 절차를 추진 중이다.

혈장 치료제는 완치자의 혈액에서 혈장을 추출해 치료제를 개발하는 방식이다. 녹십자가 관련 치료제 'GC5131A'도 각종 임상 ESKRP를 거쳐 허가 승인 신청 계획을 앞두고 있다. 그런데 실제 주가는 2020년 12월~2021년 1월, 호재성 뉴스가 넘치던 구간에 고점이 형성되었고, 그 이후에는 다양한 호재성 뉴스가 나와도 주가는 하락추세를 보이고 있다.

뉴스를 전달하는 입장에서 항상 느꼈던 부분이지만 호재성 뉴스라 하여 호재를 붙잡고 투자결정을 급히 하면 할수록 결과는 정반대로 나타나는 경우가 상당했다. 해당 종목 주가가 D-3개월, D-5개월 전의 수준과 비교하여 아주 크게 급등한 상황이었다면, 호재성 뉴스가 나왔을 때 오히려 '뉴스에 팔아라'라는 격언이 실전 투자에서 적합한 결과물을 나타냈다. 해당 뉴스가 발표되기 이전에도 그 정보를 알고 있는 사람은 언제나 존재한다. 정보의 비대칭 에너지를 체크하며 투자 결정을 내리는 것이 중요하다.

또한, 코로나19 치료제 개발의 일환으로 약물 재창출이라는 방식이 자주 활용된다. 판매 중이거나 임상 단계에서 안전성이 아닌 다른 이유로 상업화에 실패한 약물에 대해 새로운 적응증을 찾아내는 신약 개발 방법이다. 다시 말해, 새로운 약을 처음부터 개발하는 방식이 아닌 것이다.

종근당, 대웅제약, 신풍제약 등 국내 여러 기업들이 이 방식을 택하고 있다. 부광약품의 레보비르는 기존 B형간염 적응증이었으며, 신풍제약의 피라맥스는 말라리아 치료제였다. 종근당은 나파벨탄, 대웅제약은 호이스타를 활용 중이다. 나파모스타트 관련 주로는 종근당, 카모스타트 관련주는 대웅제약, 렘데시비르 관련 주는 신풍제약, 덱사메타손 관련주는 부광약품, 한국파마 등이 있다. 대웅제약을 중심으로 경구 치료제에 대한 관심이 높은 상황이며 승인 여부를 기다리는 투자자들이 많다.

제약바이오 업계의 CMO 전략도 눈에 띈다. SK바이오사이언스가 영국 아스트라제네카와 코로나19 백신 생산 계약을 맺으면서 CMO, 의약품위탁생산에 관심이 모아졌다. 현재 CMO 1위 기업인 삼성바이오로직스는 4공장을 증설하는 계획을 밝히며 CMO 성장 의지를 굳혔다. 4공장 완공과 함께 62만 리터의 규모로 CMO, CRO임상시험수탁, CDO위탁개발를 고르게 확보할 계획이다. 녹십자는 혈장 치료제 개발 외에도 백신 CMO 사업으로 성장 기대감이 강한 기업이다. 한미약품도 백신 CMO 가능성이 불거지며 주가가 움직이기도 했다.

한편, 국내 정부는 해외 주요국과 다른 전략을 갖고 있는 듯하다. 해외 주요국들은 빠른 시일 내에 많은 종류의 백신을 확보하여 접종한다는 전략을 내세웠지만, 한국은 다국적 제약사와 백신 계약을 맺는 동시에 국내 기업들의 치료제 개발을 기다리는 전략을 펼치고 있다. 다국적 제약사의 백신을 구매해도 실제 사용까지는 4개월이라는 시간이 추가적으로 필요하다는 지적이 나온다. 미국을 비롯한 해외 국가들이 백신 접종을 시작한 반면 국내는 아직도 치료제 개발에만 의지하고 있는 상황이다. 치료제의 임상 단계가 순항을 밟고 있다지만, 백신을 충분히 확보할 수 있을지 여부도 불확실한 상황에서 백신 부작용에 대한 우려도 여전히 높아 아직 갈 길은 멀어 보인다.

또한 최근에는 코로나 델타변이가 확산되면서 새로운 국면으로 전개되는 것 같은데 코로나19의 새로운 변이에 대한 불확실성과 백신접종이 확산되면서 전개되는 새로운 거리제한제도에 대한 변화가 동시에 전개되면서 주식시장에서도 관련주에 대한 새로운 변화가 초래하고 있다. 기존 백신 진단관련주의 조정양상과 델타변이에 강한 관련주의 상승이 겹쳐서 전개되는데 총체적으로 보면 차별화와 변동성이 확대되어 실제로 투자하기 어려워지는 시장이 전개되고 있다.

제약바이오 업계의 주요 연간 이벤트로는 개별 임상 및 계약 외에 학회 일정이 꼽힌다. 연초 제약바이오의 가장 큰 행사로 불리는 JP모건 헬스케어 콘퍼런스에는 다국적 제약사와 바이오텍이 여럿 참석한다. 여름으로 넘어가기 전, 미국 암학회 'AACR American Association for Cancer Research', 세계 최대 암 학회 'ASCO American Society of Clinical Oncology, 미국 임상종양학회', 바이오 최대 전시 콘퍼런스 '바이오 인터내셔널 컨벤션' 등이 열린다. 가을부터는 유럽 종양학회 'ESMO European Society for Medical Oncology', 알츠하이머 임상 학회 'CTAD Clinical Trials on Alzheimer's Disease', 면역항암학회 'SITC Society for Immunotherapy of Cancer' 등이 개최된다. 제약바이오 업계, 그 중에서도 벤처 업계는 각종 임상 단계를 거쳐 기술수출이라는 꿈을 향해 달리고 있다. 2020년 한 해 동안 국내 제약바이오 기업의 기술수출 계약 금액은 10조 원을 웃돌았다. 보건복지부와 한국보건산업진흥원의 지원을 받은 기술수출 건수는 6건으로, 알테오젠, 유한양행, SK바이오팜, 레고켐바이오사이언스 등의 제품이 포함된다.

하지만 실전 투자에서는 연초 JP모건 콘퍼런스 개최 이전부터 주가는 대부분 고점을 형성한다. JP모건 콘퍼런스에서 실적 증가를 장담하는 새로운 이벤트가 없는 한, 오히려 재료 노출로 주가는 하락하는 경우가 대부분이었으며, 2021년 들어 바이오 제약주는 주도적인 하락 패턴을 보이고 있다.

코로나19로 인해 2020년 급등한 부분도 있고, 백신 개발과 함께 언택트에서 컨택트 세상으로 이동하는 과정에서 제약, 바이오주보다 여행, 유통, 소비주로 시장의 주도주가 움직이는 현상도 영향을 미치는 듯하다. 또한 제약 바이오의 최대 약점은 미래의 성장성에 방점을 둔다는 점이다. 성장성이 훼손되고 실질적인 실적이 보이지 않고 있다. 현 시장은 성장보다 실적이라는 화두에 주목하고 있는 상황이다. 따라서 제약 바이오주의 가격 변동성이 매우 커지고 있다는 점이 투자자 입장에서는 큰 약점이 될 수 있다.

제약 바이오 종목 중에서도 컨택트 시대에 부합하는 스마트 헬스케어, 플랫폼, 호텔과 병원의 접목이 가능해 보이는 대상을 찾는 것은 어떨까 생각된다.

무극선생의 TIP

2020년 12월~2021년 1월을 기준으로 셀트리온, 녹십자 및 바이오주에 대한 EXIT 경고를 페이스북에 올렸었다. 그 당시 셀트리온은 38~39만원에 100% 매도하고 옆에도 가지말라 했다가 셀트리온을 좋게 보는 분들로부터 메일 폭탄을 맞은 적이 있다. 개인적으로 싸우자고 하시는 분도 계시고, 내기하자는 분도 계시고…

그냥 제 개인적 생각을 올린 것이니 참고하실 분은 그렇게 하시고, 다르게 생각하시면 더 투자하시면 된다고 해드렸다.

개인적으로 인연 있는 분들은 고가에 다 EXIT해서 요새 그 분들에게 저녁을 얻어먹고 있다. 셀트리온, 녹십자 주가를 보면 어디까지 하락할 것인지 가늠이 안되지만 셀트리온은 25~26만원, 녹십자는 30만 원은 지지하지 않을까 조심스럽게 예측해본다. 그렇다고 아직 매수하고 싶지는 않다. 셀트리온은 합병한 후 판단해볼 생각인데 과연 언제 합병할까?

셀트리온은 셀트리온 하나만 독립적으로 판단하지 않고 셀트리온, 셀트리온헬스케어, 셀트리온제약을 같이 보면서 데이터를 추적해 볼 생각이고 공매도 재개 이후 공매도 에너지를 시장이 받아내는지도 확인해볼 생각이다. 또한 가장 중요한 포인트인 셀트리온 사업구조의 변화가 나오는지 체크하고, 헝가리 재고 공장의 실사가 이루어지는지도 체크해 볼 생각이다. 합병하면 그 동안 공매도 세력의 타깃이 된 사업구조의 불확실성과 재고제품의 상태가 어떠한지 확인하지 않을까 생각되며, 새로운 사업구조가 생기는지도 체크해 볼 예정이다.

녹십자도 녹십자 자체의 사업구조와 지배구조에서 전개될 불확실성을 앞으로 지속적으로 추적해볼 생각이다. 2020년도 녹십자그룹은 거버넌스 에너지로 크게 급등한 종목군 중 하나다.

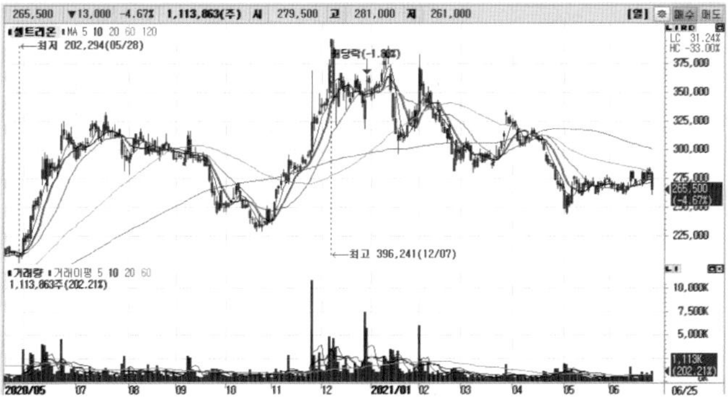

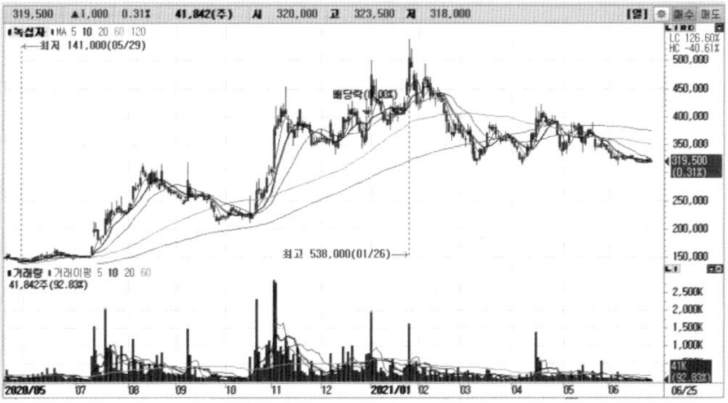

바이오섹터는 금리인상 시기에는 투자를 자제할 생각이다. 원격진료 및 의료민영화의 정부정책 변화가능성과 연결된 종목 및 스마트시티 스마트헬스케어의 연결고리에서 병원, 약국 플랫폼 관련 종목, 데이터 수집 및 분석 관련주 중심으로 투자전략을 수립하기 바란다.

HOT ISSUE

08

차화전 시대일까

feat. 화학주와 경기민감주

HOT ISSUE 08

경기민감주시클리컬 업종, Cyclicals는 다른 종목보다 경기의 영향을 많이 받는 기업이다. 경기 변동과 밀접하게 연동되어 움직이는 기업들이 이에 해당된다.

자동차, 철강, 석유화학, 건설, 조선, 해운 등이 포함되는데 경기가 좋아지면 판매와 이익이 크게 증가하지만, 불황일 때는 판매량이 크게 줄어든다. 반대 개념은 경기방어주이며, 대표 업종은 전력, 가스, 식료품이다. 방어주는 경기에 영향을 크게 받지 않는 기업들이 포함된다.

글로벌 금융위기 이후 2009년 국내 주식 시장에는 '차화정(자동차, 화학, 정유)' 랠리가 이어졌다. 그로부터 2011년 상반기까지 2년 반이라는 시간 동안 차화정 주도의 랠리가 이어지며 투자심리를 자극했다. 2011년 1월에는 국내 증시가 역사적 고점을 돌파하면서 금융위기 이후 차화정 기업의 성장이 돋보였다.

2020년 코로나19 영향을 받은 국내 증시는 '차화전(자동차, 화학, 전자-반도체)' 중심의 실적 개선이 예상되며 빠르게 주가가 상승 중이다. 특히 반도체 산업의 호황기, 빅사이클이 기대되면서 고부가가치 산업에 대한 투자심리가 강하게 나오고 있다.

화학 업체라 하면, 전통적 의미의 석유화학과 전기차 등에 들어가는 2차 전지 둘로 나뉜다. 2021년은 두 산업 모두 성장이 기대되고 있다. 석유화학 면에서는 국내 NCC 경쟁력도 향상되고 있는 분위기며, 바이든 관련 친환경 정책 모멘텀에 따라 전기차 2차 전지 수요도 크게 늘어날 것으로 보인다.

우리가 만지고 사용하는 수많은 제품들, 의류와 신발, 필기구, 스마트폰 등은 대다수 화학 소재로 이루어져 있다. 화학과 정유, 철강 등을 아우르는 소재 산업은 재료, 원료가 들어가는 산업을 의미한다. 석유가 플라스틱으로 바뀌어 안경이 되고, 합성섬유가 바뀌어 옷이 만들어지는 것이다.

그렇다면 석유화학 산업은 어떤 과정을 거쳐 우리에게 제품으로 전달되는 걸까?

석유화학 산업은 나프타naphtha, 때로는 '납사'라고도 불리지만 나프타가 맞는 말 혹은 천연가스를 원료로 합성수지, 합성섬유, 합성고무 등 기초 화학 제품을 생산하는 산업이다. 국내와 아시아 많은 기업들은 나프타를 이용한다. 육지, 바다에서 끌어낸 석유(원유)는 탄소, 수소와 각종 불순물 등이 섞여 있다. 원유를 끓는점(온도)에 따라

증류하면 가솔린, 나프타, 경유 등의 구성성분으로 분리가 된다. 중질 가솔린으로도 불리는 나프타를 활용하여 기초 화학제품을 생산하는 것이고, 추후 가공을 거쳐 소비자를 위한 제품이 완성된다. 이 생산 공정을 NCCNaphtha Cracking Center, 나프타 분해 설비 공정이라 부른다.

한편, 석유 자원의 고갈 및 고유가 시대가 도래하며 대체 원료가 주목을 받았다. 미국은 셰일가스(천연가스) 생산을 확대했고, 중국은 석탄 기반의 화학제품 생산CTO, Coal to Olefin 공정, 석탄 분해 설비을 늘렸다. 많은 미국 기업들은 ECCEthane Cracking Center, 에탄 분해 설비 공정을 사용한다. 천연가스를 액체로 변환하여 공정을 거치면 에탄가스라는 부산물이 나온다. 미국은 저가 셰일가스를 활용하는 방식의 ECC 공정을 택하고 있다.

NCC와 ECC 공정 방식은 석유화학 산업의 주요 축으로 불린다. NCC 공정은 원유 정제 과정에서 추출되는 원료를 사용하기 때문에 석유화학 제품의 가격은 국제유가에 연동된다. 저유가일수록 NCC 공정 석유화학 산업은 경쟁력이 높아지는 것이다. 한편, 원가 자체는 비싼 편이지만 다양한 제품에 사용된다는 장점이 있다. ECC 공정은 원가 경쟁력은 높지만 생산 다양성 면에서는 제한적인 편이다.

코로나19 여파로 석유화학 업황에 대한 장기적인 우려가 대두되기도 했었지만, 각종 수요와 공장 가동률 개선에 힘입어 2021년 '성장'의 기대감이 높아졌다. 소재산업은 업황과 함께 움직이는 산업이기 때문에 수요와 공급에 따라 제품의 스프레드가 결정된다. 스프레드란 원재료와 제품가격 사이의 마진을 의미하며, 기업의 이익을 가늠케 하는 핵심 지표다. 코로나19로 위생용품, 포장재, 가전제품 등 화학 제품 수요가 늘어나며 스프레드는 상승세를 기록 중이다. 2021년 플라스틱 합성수지인 ABS와 폴리염화비닐인 PVC 등의 스프레드는 30% 넘는 성장이 전망되고 있다. 또, 해외 경쟁 ECC 업체들이 부진한 가운데 국내 NCC 업체들의 경쟁력이 부각 받고 있다는 점에서 긍정적이다.

한편, 화학 업체가 저유가 수혜주로 꼽히는 이유는 원재료(석유) 가격이 줄어 마진이 올라가기 때문이다. 하지만, 중장기적으로는 호재가 아니라는 분석이다. 단기적으로는 저유가 때문에 나프타 가격이 급락해 이익이지만, 중장기적으로는 제품 가격까지 하락하기 때문에 정답은 아니라는 뜻이다. 실제로 유가의 등락과 화학 업체의 ROE자기자본이익률를 분석해봐도 큰 연관성은 없다.

코로나19 백신 보급 시작과 함께 경기 회복 기대감이 기지개를 켜면서 상품시장도 뜨거워졌다. 바이든 중심의 미국 블루웨이브로 인프라 투자 확대 기대감도 작용하며 철광석, 구리, 알루미늄 등 원자재 가격이 전고점 혹은 최고치를 경신했다. 철강 대표주도 원자재 가격 상승 국면과 함께 전고점을 돌파해내는 흐름을 보였다. 서부텍사스원유 WTI, 브렌트유, 두바이유 등 국제 유가도 모두 코로나19 이전의 가격을 회복했다. 백신 상용화와 경기부양책 본격화가 이어진다면 원자재 가격은 추가적으로 상승할 것으로 기대되고 있다.

경기민감 업종 내에서 조선과 해운주의 상승도 두드러졌다.

국내 코로나19 확진자 수가 크게 늘어났던 3차 대유행 단계에서도 조선, 해운주는 강한 상승을 보였다. 조선은 LNG선, 화물선 등의 선박을 제조, 수리하는 업체로, 빅3는 한국조선해양, 삼성중공업, 대우조선해양이다. 해상 물동량 확대에 수주 실적 개선이 기대되며 주가가 움직인 것이다. 다만, 선반 가격 하락에 대한 우려와 인수합병(현대중공업-대우조선해양) 지연에 따른 불확실성은 변수로 남아있다. 해운은 해상여객, 해상화물 운송사업을 관리하는 산업이고, 여객선이나 화물선을 운항한다. 해운주는 운임 지수와 연동하여 움직이는 편이다. 컨테이너 운임지수인 SCFIShanghai Containerized Freight Index, 상하이 컨테이너 운임지수, 벌크선 운임지수인 BDIBaltic Dry Index, 발틱 운임지수가 대표적인 지수다. HMM(옛 현대상선)은 컨테이너선사이며, 팬오션과 대한해운은 벌크선(석탄, 원유 등 벌크로 운반하는 선박)사에 해당된다. 한편, 저유가 기조 속에서는 조선업 발주가 어려워져 업황은 힘들어지지만, 해운업에는 저유가로 인해 비용이 줄어들어 유리한 환경이 조성된다.

한편, 전달자의 시각으로 봤을 때 유가는 60~70달러 선에서 강한 저항대를 형성하는지 돌파하는지를 중요하게 생각한다. 그 사이 구리, 옥수수, 밀, 희귀 금속류 등의 가격 모두 대부분 급등했다가 탄력이 둔화되거나 조정으로 전환되고 있다.

미국 10년물 국채금리 급등, 금리인상, 인플레이션의 빅데이터가 시장을 지배하고 있으며, 미 10년물 금리 급등 시에는 기술주 중심의 급락이 연출되면서 변동성은 확대된 상황이다. 이미 주가는 석유화학 관련주, 셰일가스 관련주를 중심으로 상승했으며,

코로나19 백신이 본격적으로 보급되기 시작하면서 컨택트 관련 주가 급등하고 있는 것이다.

여행, 카지노, 물류 관련주는 시장에서 급등주로 떠오른 상황이다. 문제는 지속가능성이다. 추가 상승 에너지가 이어질지 여부는 미국의 재정부양책이 통과되고 실제 일자리 창출과 SOC 및 건설이 실현되면서 경제성장률이 우상향하는지를 확인해야 알 수 있을 것이다. 국내 증시도 이미 금호석유화학, 대한유화, 롯데케미칼의 주가가 급등했으며 물류 대표주자인 HMM 주가는 3,000~4,000원대 수준에서 22,000원까지 돌파하는 기염을 토하고 있다. 팬오션, 대한항공 등 같은 업황 내의 종목들이 우상향 에너지를 보이고 있는 것이다. 다만 먼저 급등했던 자동차, 2차전지, 배터리 관련주가 노이즈 증가와 함께 조정양상을 보이고 있으며, 전자, 반도체 종목도 미국 기술주 하락 영향에 이어 조정 받고 있다.

반도체 대표주자인 삼성전자는 2021년 3월 11일부터 다시 이재용 부회장의 불법승계 재판이 시작되면서 법률 리스크가 재작동 중이며, 미국 투자의 걸림돌로 작용하지 않을까 하는 시장의 우려가 나오고 있다. 1월 11일 96,000원대였던 주가는 3월 들어 81,000원대까지 하락하는 모습을 보였다.

대부분 동학개미 투자자들은 지난해 10월말부터 코스피 지수가 2,250대에서 3,200대까지 상승하는 사이 무려 16조 원 규모를 매수하고 있으며, 그 사이 외국인은 8조 원 이상 매도, 연기금은 4조원 이상 매도를 하는 극단적인 양극화 현상을 보였다. 반도체 관련 애널리스트들은 슈퍼사이클이라며 장미빛 청사진을 여전히 내놓고 있지만, 뉴스를 전달하는 입장에서 보면 주가는 외국인, 기관의 매도 흐름에 따라 떨어지는 것이 사실이다. 또한 그렇게까지 미래 전망이 밝다는 삼성전자를 왜 외국인은 8조 원 넘게 매도하고 있는지 의문이 든다.

실전투자에서는 애널리스트들의 전망보다는 시장의 실질적 대표종목이 우상향 혹은 우하향 에너지를 그리고 있는지를 체크해야 하며, 시장이 정답이라고 생각한 흐름에 따라 주식 시장의 움직임이 이어진다는 것이다.

내가 모르는 정보의 비대칭성을 간과해서는 안 된다. 또한 그 정보가 향후 발표될 때 주가의 위치를 보고 투자를 선택할 것인지 관망을 이어갈 것인지는 시장에 물어봐야 할 문제다.

무극선생의 TIP

앵커의 시각은 뉴스를 전달하는 전달자의 시각으로 이 내용을 얼마나 정확하고 신속하게 전달할 수 있는지 집중하는 한편, 애널리스트는 분석자의 시각으로 이 변수가 시장에 어떻게 작동하고 전개될 것인지에 집중한다.

그러나, 실전투자가는 하나의 시각을 갖고 시장에 대응하면 안 된다. 군대에서 사주경계라는 말이 있다. 사방 팔방 다 경계해야 한다는 이야기인데, 실전투자가는 여기 저기 다 들여다보고 심지어는 위로도 보고 아래에서도 보고 뒤집어서 보고 반대로도 보면서 판단이 서면, 그 때 단순하게 매수하는가 매도하는가를 결정해야 한다.

매도 결정이었으나 반대로 상승하면 바로 반응하지 말고 어느 정도 시간이 지난 다음(개인적으로는 3개월 정도 지난 후) 그 시점에 나오는 투자정보 주가 흐름을 보고 다시 분석해본다. 매수 결정이 반대로 가면 이에 대해서는 바로 반응한다.

손절 단가를 정해놓고 진입하는데, 매수한 것이 생각대로 상승하면 1차 목표, 2차 목표, 3차 목표까지 설정하자. 1~2차에서는 보유물량의 30~50%만으로 조절하면서 대응을 하고, 3차 목표까지 오면 일단 다 매도 후 이것도 일정시간이 지난 뒤 다시 판단해본다. 시장에서 이슈화가 되는 이벤트를 체크하고 그 이벤트에 연결되는 종목을 군집화시켜서 시간단위로 끊어서 각도가 생기는지 보는 것이다.

종목은 관성의 법칙이 있다. 하락하는 방향으로 추세선을 잡은 종목은 지속적으로 하락하는 경향이 있고, 상승하는 방향으로 추세선을 잡은 종목은 지속적으로 상승하는 경향이 있다. 그 추세선을 결정해주는 중심 이벤트가 무엇인지 체크하는 것이 중요하다. 가장 강력한 에너지는 실적인데 때에 따라서는 수급, 테마, 이해당사자의 탐욕 등 다양한 변수들이 영향을 미친다.

위에서 앵커의 시각으로 전달한 내용을 갖고 체크해보면 다음과 같다.

발틱운임지수와 물동량이 증가하면 컨테이너선과 LNG선의 수요가 증가할 것이고, 경제성장 위주의 시장이 펼쳐지면 철강, 건자재, 구리의 수요가 증가해 가격이 상승할 것이고 그런 상황에서 수익성이 좋아지는 종목을 찾는 것이다.

미국 10년 국채와 금리인상 시기를 기준으로, 그 동안의 저금리시대에서 정부 정책 지원과 유동성 공급으로 인한 기술주의 상승에너지가 금리인상 시기가 앞당겨지면서 작용 반작용의 흐름으로 상품연결고리 종목이 상승할 때 기술주 종목은 하락하는지 추척해 보자는 것이다.

다음은 중심끌개가 되는 발틱운임지수와 미국 10년 국채금리 동향이다. 여기서 관련주의 에너지를 판단해 보는 것이다.

발틱운임지수

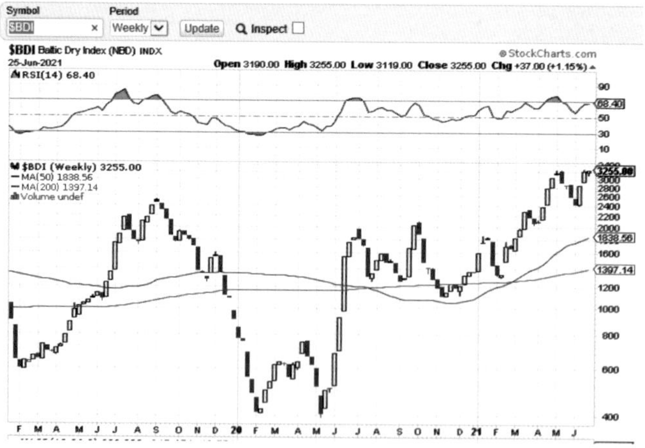

미국 10년물 국채 수익률

여기서 얻어지는 직관은 2020~2030년 향후 10년은 물류의 시대로 북극해항로의 새로운 개척이 전개되는지 추적하고 그 중심에 부산이 거점이 되는지 체크하자. 중국의 육상 일대일로정책과 해양 일대일로정책이 동남아시아와 대한민국의 미래지도에 큰 변화를 주는 트리거가 되는지 추적하자. 또한 금리인상의 시대를 준비하는 자산배분전략을 수립하는데 금리인상보다 더 크게 성장하는 성장주에너지와 인플레이션 시대에 헷지가 가능한 종목을 찾자. 음식료 리츠관련 종목을 투자대상으로 선정하고 대한민국의 뉼류정책이 대한민국 개조론과 북방 철도 물류정책과 연결되면서 건설과 조선주의 큰 물줄기가 형성되는지 동태적으로 추적하기 바란다.

HOT ISSUE

09

반도체 이해하기

半도체의 두 축

HOT ISSUE

09

삼성전자는 종합 반도체 회사다. 메모리 반도체의 성공 덕분에 인텔 다음으로 시장 점유율 2위를 기록 중이지만, 시스템 반도체 시장에서는 아직 뒤처져 있다. 앞서 삼성전자는 '반도체 비전 2030'을 발표하며 시스템반도체 글로벌 1위 달성을 위해 총 133조 원을 투자하겠다고 밝혔다. 자체 제작 AP '엑시노스' 기술력을 강화하고, 파운드리 분야에서는 TSMC를 따라잡기 위한 투자를 늘리겠다고 밝혔다. 삼성전자의 다양한 투자 소식과 인수합병, 연구개발, 증설과 수주 소식을 접하지만 자세한 내용까지 공부하고 투자 전략을 짜는 사람들은 많이 보지 못했다. 삼성전자의 계획 중 AP 엑시노스는 무엇이며, 파운드리 투자는 무엇을 의미할까?

반도체는 반 반半이라는 한자를 쓴다. 도체(전기가 통하는)와 부도체(전기가 안 통하는)의 중간 단계 물질인 셈이다. 평소에는 전기가 흐르지 않지만 전원을 켜면 전기가 흐르는 등 신호를 제어하는 물질이다.

반도체는 메모리 반도체, 시스템 반도체(비메모리 반도체) 둘로 나뉜다. 메모리 반도체는 정보 저장 역할(기억 장치 역할)을 하며, 디램과 낸드 플래시 메모리 둘로 나뉜다. 디램DRAM은 휘발성 메모리, 전원이 켜져 있는 동안에만 저장되는 정보를 담당하며 연산처리를 돕기 때문에 정보 접근 속도가 빠르다. 반면, 낸드 플래시NAND Flash는 비휘발성 메모리다. USB는 전원을 꺼도 모든 정보가 남아 있다는 점을 떠올리면 이해하기 쉽다. 낸드 플래시가 대표적으로 쓰이는 제품은 기존 하드디스크의 차세대 버전인 SSD다. 메모리 반도체 점유율 면에서 우리나라는 '강국'이다. 업계 1위는 삼성전자, 2위는 SK하이닉스로 꼽힌다.

한편, 시스템 반도체(비메모리 반도체)는 '두뇌' 역할을 한다. 저장된 정보를 처리하고 연산하는 역할을 하며, 컴퓨터의 CPU중앙처리장치, 스마트폰의 APApplication Processor, 애플리케이션 프로세서 등이 해당된다. 그 외에도 자율주행 기술의 필수 기술인 이미지 센서와 라이다 센서, 5세대 5G 통신칩 등이 모두 시스템 반도체의 종류에 해당한다.

국내 업체들은 아쉽게도 시스템 반도체 시장 점유율의 30% 가량 밖에 차지하지 못하고 있는 상황이다. 메모리 반도체보다 시스템 반도체의 전망이 더 밝다. 5G 기술부터 AI, 자율주행 등

4차 산업혁명의 핵심을 담당하게 될 것이라는 전망이다. 메모리 반도체는 대량 생산하는 기술이기 때문에 수요에 민감하며 경기에 따른 변동성이 큰 편이다.

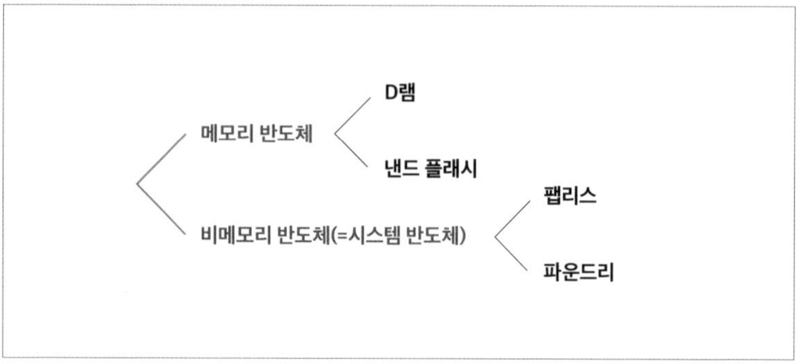

메모리 반도체보다는 비메모리 반도체(시스템 반도체)의 종류와 개념이 조금 더 많고 헷갈린다. 메모리처럼 하나의 회사가 설계부터 제조까지 모든 과정을 담당하기는 어렵다. 따라서 팹리스 fabless, fabrication생산+less와 파운드리foundry로 크게 나뉜다. 팹리스는 반도체 설계만 담당하는 업체고, 파운드리는 생산만 하는 회사다. 팹리스와 파운드리 둘을 합친 업체, 즉 설계부터 완제품 생산까지 모든 단계를 자체 운영하는 종합반도체IDM, Integrated Device Manufacturer 회사도 존재한다. 삼성전자의 IDM이 이에 해당된다.

비메모리 반도체는 메모리 반도체 이외의 모든 반도체를 의미한다. 모든 전자기기에는 두뇌 역할을 하는 비메모리 반도체가 들어가며, 대표적으로는 PC의 중앙처리장치 CPU와 스마트폰의 AP가 있다. 스마트폰, 모바일의 성능을 결정하는 AP애플리케이션 프로세서는 전 세계 다양한 제조사, 퀄컴부터 삼성전자, 애플, 화웨이 등이 만들고 있다.

퀄컴은 스냅드래곤, 삼성전자는 엑시노스, 애플은 A 시리즈, 화웨이는 기린이라는 이름의 AP를 제조한다. 전 세계적으로 가장 많이 쓰이는 AP는 퀄컴의 스냅드래곤이다. 삼성 안드로이드폰에는 스냅드래곤이거나 엑시노스가 탑재되어 있을 가능성이 높고, 아이폰과 아이패드에는 애플의 A 시리즈가 탑재된다.

4차 산업혁명의 눈으로 불리는 이미지센서는 스마트폰 카메라, 보안기기, 자율주행차, 게임 등으로 시장이 확대되고 있다. 5G 상용화에 이어 코로나19로 언택트 경제가 활성화되면서 비메모리 반도체 시장의 전망은 한층 더 밝아졌다. 5G 통신 외에도 인공지능, 사물인터넷에 이어 자율주행차 개발 기대감도 높아지며 비메모리 반도체 시장의 규모는 더욱 커지고 있다.

SK하이닉스는 2020년 상반기 기준만 해도 전 세계 낸드 플래시 메모리 점유율 4위로 11.7%를 차지했다. 이후 하반기에 점유율 11.5%를 차지하던 인텔의 낸드 플래시 사업부를 인수하면서, 결국 하이닉스는 단숨에 낸드 플래시 2위까지 뛰어올랐다. 기존 인텔은 CPU 등 비메모리 반도체 시장 선두주자로 꼽혔지만 후발주자 영국 AMD가 점유율을 빠르게 높이자, SK하이닉스에 메모리 사업을 매각하고 시스템 반도체(비메모리) 사업에 주력하겠다는 의지를 밝힌 것이다. 하이닉스의 결정에 대한 분석은 다소 엇갈리지만, 이로써 메모리 시장에서 국내 반도체 업계는 강자 위치를 더 견고하게 꿰찰 수 있게 되었다.

한편, 메모리 반도체 시장 규모는 시스템 반도체의 절반이라고 한다. 국내 반도체 업계는 시스템 반도체 칩 설계에서 인텔, AMD, 엔비디아 등에 밀리고 있으며, 생산 공정에서도 TSMC에 뒤처지고 있다. 메모리 반도체는 생산을 먼저 한 뒤 판매하는 방식의 상품이고, 시스템 반도체는 주문에 맞춰 수요가 발생하고 생산하는 방식이다. 가장 큰 차이점은 가격 변동성 면에서 시스템 반도체가 훨씬 더 안정적이라는 것이다. 파운드리 시장은 2020년 20% 넘는 깜짝 성장을 보이며 사상 최대의 매출을 기록했고 올해도 6% 가까운 추가 성장이 기대되고 있다. 코로나19에 따른 언택트 경제의 확산으로 네트워크 제품 수요가 증가하고 스마트폰부터 서버, TV, 자동차 시장이 추가적으로 확장될 것으로 예상되고 있다.

삼성전자는 팹리스와 파운드리가 합쳐진 IDM, 종합반도체 회사다. 기존에는 TSMC 같은 파운드리 회사를 자체적으로 설계할 수 없이 위탁생산 하는 하청업체로 인식했을지 모른다. 하지만 판도는 달라졌다. 클라우드 기술과 인공지능, 자율주행 등이 등장하며 세상이 바뀌었고, 설계 회사는 넘쳐나는 반면 생산업체는 제한적인 구조가 되어버렸다. 기존 메모리 반도체의 우위를 지키면서 시스템 반도체의 역량을 높여 균형 있는 반도체 성장이 이뤄져야 할 것이다.

디지털 환경으로의 전환이 강제적으로 이뤄지고 있다. 2020년 하반기 노트북 물량은 동이 났었다. 매장에 전화를 걸어보면 모두 품절, 물량이 없다고 했다. 비대면 수업의 증가로 각종 디지털 제품 수요가 늘었으며, 5G부터 자율주행차 등 기술이 발전하면서 반도체 전반 수요도 증가 추세를 그리고 있다. 국내 코스피 시장 대비 반도체 산업의 ROE Return on Equity, 자기자본이익률는 절대적으로 높은 수준에 위치한다. ROE는 기업의 이익 창출 능력을 확인하는 지표다. 국내 반도체의 평균 ROE는 코스피 ROE 대비 2배 이상의 능력을 보여준다. 국내 증시 시총의 가장 많은 부분을 차지하는 반도체 산업 덕분에 코스피의 질적 개선도 예상되고 있다.

무극선생의 TIP

최근 1년 동안 귀에 못이 박히도록 들었던 내용은 반도체 슈퍼 랠리다. 하지만, 삼성전자 4~5만 원 당시에 투자실행을 하게 만들었어야지, 삼성전자 8.5~9.6만 원 영역에서 매수하게 만드는데 결정적 역할을 했다면 투자에 실패한 결과물과 다름없다. 적어도 이 글을 쓰는 2021년 6월 현재까지 지속되는 시장 상황이다. 삼성전자에 대한 외국인의 지속적인 매도에너지가 외국인 보유지분 53%에서 51%대까지 축소되는지 추적하고 그 부분이 어디로 중심이동하는지 체크해야 할 것이다.

외국인이 삼성전자를 지속적으로 매도하는 그 사이 삼성전자와 SK하이닉스를 매수하지 않고 물류 유통 및 조선, 건설, 철강, 건자재의 대표종목을 매수했다면 엄청난 수익률을 거두었을 테니 말이다.

기술주는 주가 면에서는 2021년부터 이상한 모습을 보이고 있는 듯하다. 시장 내용을 전달하는 입장에서는 호재성 뉴스 자체보다 소식이 난무할 때 실제 주가가 어떻게 움직이는지에 더 중점을 둔다.

대표적인 종목 삼성전자, SK하이닉스, DB하이텍, 실리콘웍스 이 4개 종목의 주가를 보면 다음과 같다.

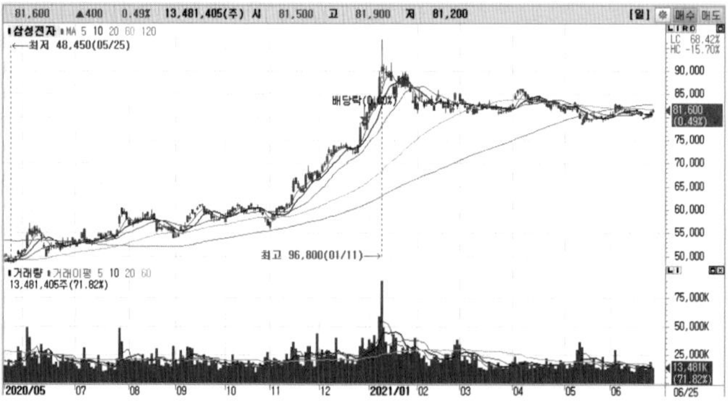

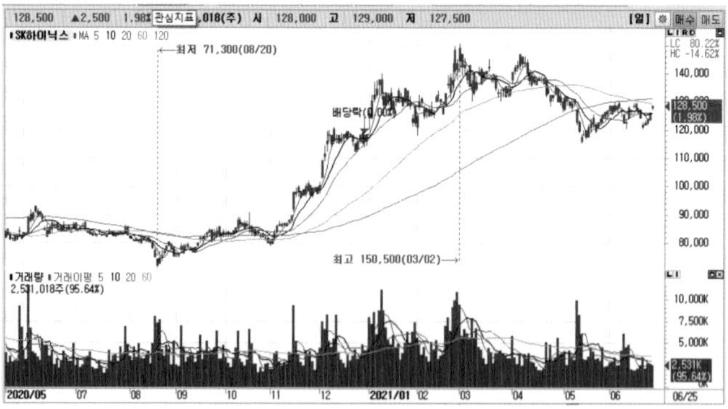

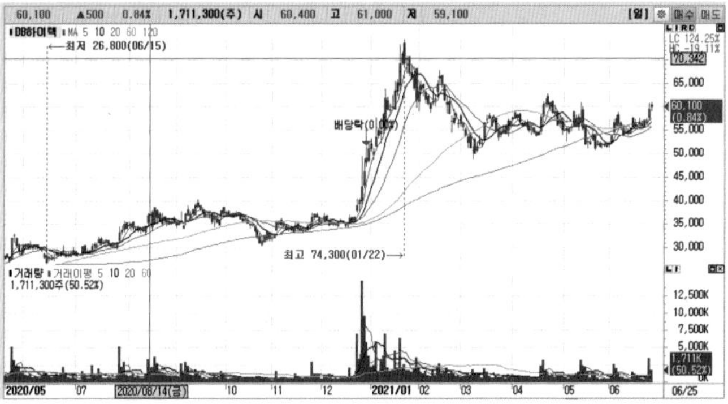

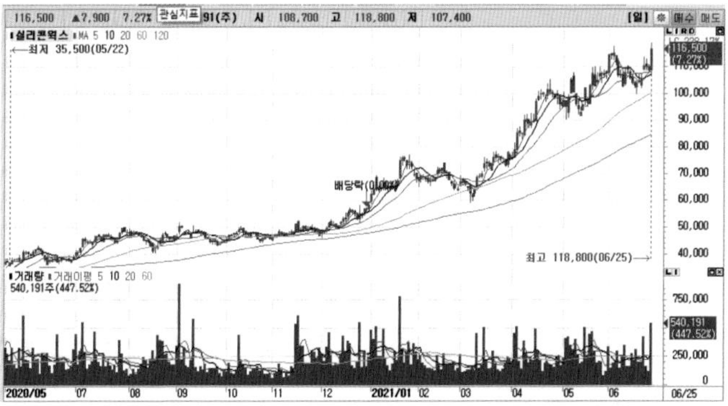

4개의 그림에서 유독 다른 모습을 보이고 있는 종목은 실리콘웍스다. '시장이 정답이다'라는 의미가 위 그래프를 통해서도 확인할 수 있다. 실리콘웍스는 현재 큰 문제가 되고 있는 차량용 반도체와 구본준 거버넌스의 연결고리가 초기조건이 되어 다른 IT부품주와 다른 모습을 보이고 있다.

차량용 반도체 부족현상으로 발생한 현대차, 기아차의 하락 에너지와는 정반대로 실리콘웍스의 급등 파동이 실제 시장에서 전개되는 것이다. 다른 에너지 하나는 5월 1일부터 LG그룹에서 계열 분리되는 LX홀딩스의 핵심기업인 것이다.

실리콘웍스의 실적 호조 이유 중 하나는 전 세계적인 반도체 공급부족 현상이다. 특히 실리콘웍스가 설계하는 주력 반도체 디스플레이구동칩DDI은 연말까지 부족할 것으로 전망된다. 실리콘웍스가 DDI 공급부족으로 인한 판매 가격 상승에 대한 수혜를 받을 것이라는 얘기다.

DDI는 액정표시장치LCD를 구동하는 반도체로 화면 데이터를 디지털로 받아 사람이 보기 쉽게 아날로그 신호로 전환해준다. 디스플레이 패널이 들어가는 가전제품에 DDI가 필수로 탑재된다. 실리콘웍스는 DDI 외 타이밍컨트롤러와 전력관리칩도 설계하고 있다.

5월 1일부터 LG그룹에서 계열 분리된 LX홀딩스가 반도체 관련 기업인 실리콘웍스를 중심 축 중 하나로 육성될 것이라는 점도 한몫하고 있다. 실리콘웍스는 LG상사, LG하우시스, LG 엠엠에이, 판토스 4개 기업과 함께 LX홀딩스에 편입될 예정이다.

실리콘웍스는 LX홀딩스로 계열 분리된 후 반도체 설계 관련 제품군을 늘릴 것으로 예측된다. 실리콘웍스는 실리콘카바이드SiC 전력반도체와 마이크로컨트롤러유닛MCU 등 신사업 진출을 추진할 전망이다.

SiC는 반도체분야 신소재로 기존 소재 실리콘보다 더 높은 전압과 온도를 버틸 수 있는 것이 특징이다. 부품 내구성이 필요한 전기자동차 쪽에서 SiC기반 전력반도체가 점점 더 많이 채택될 것으로 예상된다.

MCU는 최근 전 세계적으로 공급이 부족한 반도체로 가전제품과 자동차 등 다양한 전자제품의 동작을 제어하는 데 쓰인다.

이런 초기조건이 형성되는 다른 종목을 찾는 것이다. 현재 생산구조에서 손쉽게 차량용 반도체와 가전용 반도체로 전환이 가능한 종목을 찾아보고, 실리콘웍스 다음으로 DB하이텍의 흐름을 추적해보는 것이다.

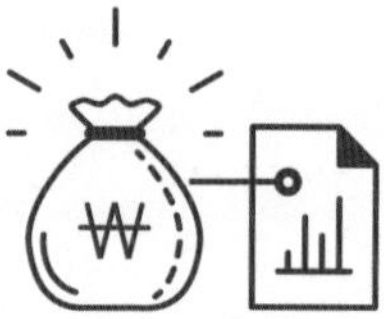

HOT ISSUE

10

반도체 공급 부족 현상

슈퍼사이클 도래

HOT ISSUE

10

자동차에도 반도체가 들어간다. 심지어 2000개가 넘는 반도체 부품이 필요하다고 한다. 안전운행을 위한 운전보조장치 ADAS(Advanced Driver Assistance System, 첨단 운전자 지원 시스템)가 필요하며, 스마트폰용 기술이 자동차용으로 만들어진 인공지능 칩, 자율주행 칩 등이 필요하다. ADAS는 첨단 기술이 필요하지 않아 여러 공장에서 생산이 가능하지만, 후자는 EUV 생산라인을 갖춘 삼성전자, TSMC 두 곳만 양산할 수 있다. 내연기관차에 쓰이는 차량용 반도체는 300개 내외지만 전기차, 자율주행차에는 열 배 더 많은 양이 필요하다. 수요는 늘었지만 공급이 부족하며, 대다수 차량용 반도체를 수입에 의존하고 있어 품귀 현상이 발생했다.

비메모리, 시스템반도체 중 하나인 차량용 반도체는 파운드리 업체의 핵심 사업이 아니다. TSMC의 매출 3%에 불과한 수준이며, 차량용 반도체 시장 규모는 전체 반도체 시장의 10%이다. 대부분의 차량용 반도체를 수입하는 국내 완성차 업체들은 아직 재고가 있다지만, 가격 협상 경쟁 등 원가 상승에 대한 우려를 내놓고 있다. 아직까지 전장 부품이 차지하는 비중은 30% 수준이지만, 향후 전기차, 자율주행차 시대에는 70%까지 늘어나게 될 전망이다. 문제는 대한민국이 시스템반도체 부분에서는 아직 약하고 차량용반도체 시장에서는 첫걸음마 걷는 수준이라 할까.

시스템 반도체를 생산하는 파운드리 업체 1위는 대만 TSMC이며, 설계하는 팹리스 업체 1위는 미국 퀄컴이다. 팹리스는 4차 산업혁명 시대에 맞춰 수요가 늘어나는 영역으로 설계를 확장하는 구조고, 파운드리는 얼마나 높은 집적도를 지닌 회로를 개발하느냐에 따라 경쟁력이 결정된다.

삼성은 파운드리 2위 업체지만 TSMC에 비해서는 훨씬 뒤처져 있다. 최근 삼성전자는 7나노 EUV 공정 도입 소식을 전했다. '나노nm, 나노미터'는 10억 분의 1m이고, 'EUVExtreme Ultra-Violet'는 극자외선을 의미한다. 나노 앞에 붙는 숫자는 반도체 회로의 선 폭을 의미한다. 즉, 나노 수준의 EUV 공정은 아주 작고 미세한 수준의 공정인 셈이다. 아주 비싸고 높은 기술력을 요하는 설비 기술이다. 미세한 EUV가 필요한 이유는 세밀한 EUV 레이저일수록 회로를 더욱 미세하게 그려낼 수 있어 회로 크기가 작아지고 소비전력이 줄어들며 열이 덜 발생한다. 미세할수록 높은 집적도를 만들어내 경쟁력은 높아진다는 뜻이다. 삼성은 기존 10나노짜리 EUV 펜을 사용해왔는데 1위 업체 TSMC가 사용 중인 7나노에 도전장을 내민 것이다. 현재 중국 최대 파운드리 업체인 SMIC는 12나노와 16나노를 생산 중인 수준이지만, 삼성전자와 TSMC는 이미 7나노를 넘어 5나노 공정까지 양산 중이라고 한다.

한편, EUV 공정의 관건은 네덜란드의 ASML이라는 기업이다. 10나노 이하의 미세회로 공정의 핵심장비인 EUV 노광기를 생산하는 업체다. EUV 장비를 처음 상용화한 곳도 ASML이며 현재까지도 독점 공급사로 알려져 있다. 장비를 개발하고 상용화하기 위해 걸린 시간은 무려 20년이었으며, 한 해에 생산할 수 있는 대수도 많지 않다. 한 대의 가격은 무려 2,000억 원이 넘는 수준이지만 물량이 없어서 못 팔고 있다. 주요 고객사는 TSMC와 삼성전자, 인텔로 알려져 있다. 공정 단계가 발전할수록 EUV 장비 투입 규모가 늘어나 ASML에 대한 의존도도 높아질 수밖에 없는 구조다.

1995년 마이크로소프트가 첫 PC 운영체제 Window를 출시하며 반도체 산업은 호황기를 누렸다. 이후 2001년 IT 거품이 붕괴되면서 불황을 겪었고, 2007년 애플의 아이폰 등장과 함께 다시 상승구간에 접어들었다. 지나친 메모리 반도체 경쟁과 함께 오랜 시간 부진했던 반도체 산업은 2018년 역대급 초호황기를 누리게 되었다. 2018년에는 국내 연간 반도체 수출액이 사상 첫 1000억 달러를 넘어서며 새 역사를 썼다. 삼성전자와 SK하이닉스는 나란히 역대 최대 실적을 기록하며 역대급 초호황, 슈퍼사이클을 누렸다. 당시에는 출혈경쟁에 따른 공급 부족 현상이 발생해 메모리 반도체 가격이 뛰었고, 이로 인해 슈퍼사이클이 시작된 것이다.

그런데 3년 만에 그 기대감이 다시 한번 빛을 발휘하고 있다. 2021년, 또다시 슈퍼사이클이 도래할 것이라는 전망에 무게가 실린 것이다. 지난 2020년, 반도체 수출액은 코로나19 여파에도 불구하고 1000억 달러를 조금 밑도는 수준을 기록했고, 메모리 반도체의 고정거래가격(기업 간 거래가격) 선행지표인 현물 가격은 연말부터 상승으로 돌아서며 가격 반등에 대한 기대로 이어지고 있다. 2021년에는 5G, 인공지능, 자율주행차가 핵심 수요로 꼽힌다. 코로나19 이후로 늘어난 비대면 문화가 지속될 가능성이 높아져 수요는 더욱 확산될 것으로 전망된다. 콘텐츠 소비량 증가와 함께 서버(데이터센터) 수요가 늘어나 5G 시대 반도체 수요도 급증할 것으로 보인다.

반도체 품귀 현상부터 반도체 전쟁까지. 공급이 수요에 못 미치는 현상이 발생한 것이다. 칩을 아무리 멋지게 개발해도 만들어줄 공장이 부족하게 됐다. 낸드 플래시와 디램은 공급이 수요에 못 미치게 됐다. 5G 통신기술은 기존 LTE보다 20배 넘게 빠른 속도를 자랑하는데, 이에 따라 서버용 디램 수요도 크게 늘어나게 됐다. 자율주행차는 단계에 따라 천 개, 이천 개에 달하는 반도체가 필요하다.

과거에는 인텔이 펜티엄, 듀얼-쿼드코어 등 표준 CPU 칩을 개발하고 생산해 독보적인 위치를 차지했다. 하지만 이제는 '맞춤형 칩'이 필요해졌다. 미국 반도체 시총 1위 기업인 엔비디아

NVIDIA는 칩 설계업체 ARM까지 인수한다고 밝히며 인공지능 선두기업으로 변신을 꾀하고 있다. CPU 중심의 인텔 체계를 벗어나 GPU를 중심으로 새로운 표준을 구축하려 하고 있다. 기업들이 각자 필요에 따른 칩을 직접 설계해서 쓰게 된 것이다.

미국의 화웨이 제재를 시작으로 주요국의 반도체 기술 패권 전쟁이 한창이다. 바이든 행정부에서도 반도체 등 첨단기술을 둘러싼 패권 전쟁은 심화될 것으로 전망된다. 중국 파운드리 SMIC는 네덜란드 ASML에서 EUV 노광 장비를 수입하지 못하고 있고, 중국 화웨이는 모바일 AP를 TSMC에서 생산하지 못하고 있다. 글로벌 공급망에서 중국을 배제시키는 전략은 계속 이어질 것이라는 전망이다. 한편, 미국 내 반도체 공장을 짓는 기업에는 대규모 보조금을 지급하는 방안에 합의했고, 같은 선상에서 TSMC는 미국에 5나노 공장을 짓기로 결정했다.

최근 TSMC는 2021년 3나노 반도체의 위험생산RISK production, 자체적으로 시험양산하는 단계에 들어간 뒤, 2022년 하반기부터는 대량생산에 나설 계획임을 밝혔다. 삼성과 TSMC 간의 경쟁은 지속될 전망이다. 삼성전자도 비슷한 시기에 3나노 반도체를 대량 양산한다고 밝혔다. 이번에는 삼성 측에서 더욱 발전된 'GAAGate-All-Around' FET 공정기술을 도입해 반도체 소자의 구조 변화를 시도할 계획이다. 삼성이 4나노 반도체까지는 EUV 공정과 핀펫FinFET 구조를 사용했다면, 이번에는 GAA를 통해 전류의 흐름을 높여 TSMC를 뛰어넘을 수 있는 계기가 될 가능성도 부각되고 있다.

미국 필라델피아 반도체 지수는 2019년 60%, 2020년 51%

상승을 보였고 2021년 초에도 상승 추세를 그리고 있다. 대만 TSMC도 급성장하며 전 세계 시가총액 상위 10위권 안으로 진입했다. 현 시점에서는 서버용 반도체 가격이 상승 중이라는 점에서 메모리 가격의 상승 가능성도 높아졌다. 더욱 규모가 큰 비메모리 시장에서는 차량용 반도체 품귀 현상이 현재는 완성차 업체의 난항으로만 보이겠지만, 향후에는 특수 반도체 시장 전반의 가격 상승, 즉 글로벌 전체 반도체 시장의 슈퍼사이클로 이어질 것이라는 전망으로 해석되고 있다

무극선생의 TIP

전달자 시각에서 보면 미래 성장성은 장밋빛 전망이 더 많고, 나쁜 스토리보다는 좋은 스토리가 많다. 피터 린치에 따르면 멋진 스토리가 시장에서 생산되어 관련 기업들의 주가가 급등하는 구간에서는 실적에 중심을 두고 실적이 유지 혹은 증가하는 종목으로 압축해야 한다. 반대로 그렇지 못한 종목은 도태되거나 가격 변동성이 커진다고 한 것이다. 무척 공감 가는 내용이었다.

관련 종목의 현재 주가와 향후 전개될 에너지를 동태적으로 추적하면서 시장에 질문을 던져야 할 것이다. 상승 각도가 무너지는 것은 과감히 버리고, 상승 각도가 살아있는 종목에 더 집중하는 전략을 수립해야 할 것이다.

퀄컴

퀄컴이 우상향 각도가 지속되고 구글, 마이크로소프트가 더불어 상승해준다면 시스템반도체 연결고리 종목군을 중심으로 형성된 우상향 지속가능성이 시장에서 확보된 것으로 판단한다.

엔비디아

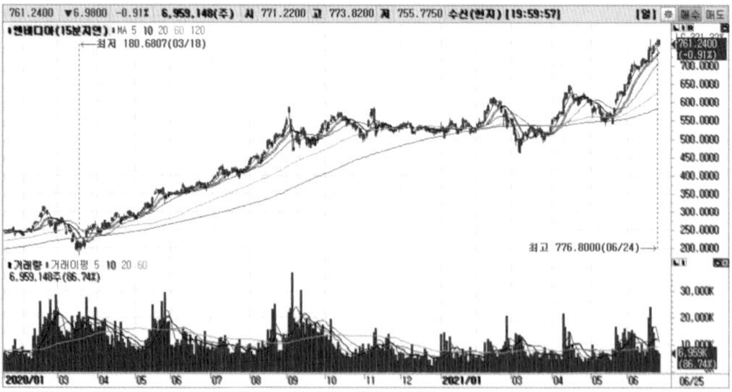

엔비디아 AMD 관련주가 중심이 되어 우상향을 유지되는지 추적하는 것이 중요하다. 미국과 중국의 기술전쟁 과정 중 애플과 테슬라의 에너지가 감소하는 구간에서 그 대체에너지로 시스템 반도체의 우상향 각도가 유지되어야 국내에서도 시스템 반도체와 연결되는 종목의 흐름이 그나마 우상향 가능성을 이어갈 수 있다.

TSMC

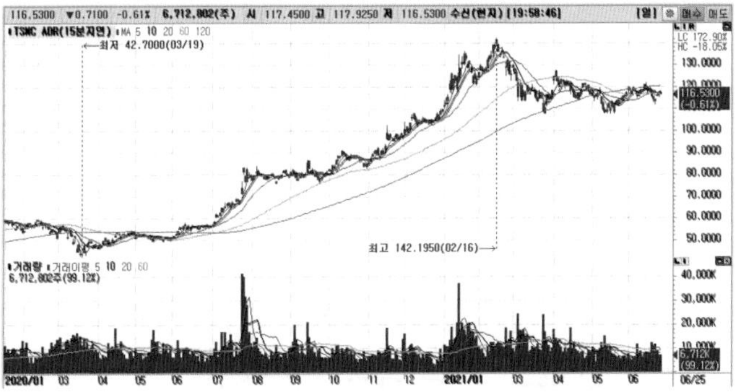

TSMC는 현재 조정 중인데 삼성전자, SK하이닉스와 비슷한 모습을 보이고 있다. 미국과 중국의 패권전쟁에서 대만 카드가 사용되었고, 경제적 렌즈보다 정치, 경제, 군사적 에너지가 개입하면서 불확실성이 증가했다. 이럴 경우 매매대상에서 제외해야 하는 구간이 형성될 수 있다는 점을 동태적으로 체크해야 할 것이다. 실적 렌즈를 통한 접근보다 정치 및 군사적 렌즈가 작동할 가능성이 높아지는 시점이다.

SMIC

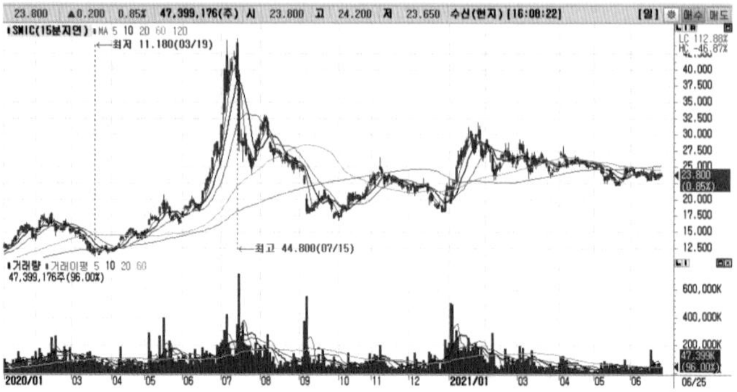

미국과 중국의 기술패권 전쟁 사이 작용, 반작용으로 그 동안 지속적으로 약세를 보인 SMIC가 바닥권임을 확인하고, 우상향 에너지가 전개되는지를 체크해야 할 시점이다. 그 부분은 현재 120일 이평선 위치에 딱 걸려있는데, 반드시 이 부분을 지지하고 상승 전환하는지, 혹은 120일 이평선이 붕괴되면서 새로운 하락추세를 보이는지가 중국의 반도체 에너지를 파악하는 기준이 된다. 이 부분이 우리에게는 반사이익으로 전개되는지, 아니면 같은 방향으로 전개되는지 동태적으로 추적하고 시장이 전개되는 흐름대로 실전 투자전략을 수립해야 한다.

HOT
ISSUE
11

반도체 제조 과정 & 국산화 필요성

HOT
ISSUE
11

반도체는 메모리와 비메모리, 파운드리와 팹리스 이렇게만 나뉘는 것이 아니다. 반도체 제조 공정을 위한 소부장(소재, 부품, 장비) 관련 기업으로도 나뉜다. 한 가지 사업만이 아닌 여러 공정을 함께 하는 기업도 있기 때문에, 이 기업이 소재 기업인지 부품업체인지 장비업체인지 잘 파악해야 한다.

메모리 반도체 회사 중 디램 상위 기업은 삼성전자, SK하이닉스, 마이크론이다. 플래시 회사는 삼성전자, 키옥시아, WDC, SK하이닉스, 마이크론, 인텔 등이 상위 기업이다. 비메모리 회사 중 팹리스 업체는 퀄컴, 브로드컴, 엔비디아, 미디어텍, AMD가 있다. 국내의 가장 큰 약점으로 꼽히는 분야다. 파운드리 회사는 TSMC, 삼성전자, 글로벌파운드리, UMC, SMIC 등이 상위권이다. 팹리스와 파운드리 분야를 모두 진행하는 종합반도체 회사로는 인텔, 삼성전자, SK하이닉스, 마이크론이 가장 높은 매출을 내는 기업이다.

종합반도체 회사인 삼성전자를 예로 들자면, 그룹 내 DS부문에는 메모리 사업부, LSI 사업부, 파운드리 사업부가 있다. 메모리 사업부의 대표 제품은 전 세계 1위 점유율을 기록 중인 디램, 낸드 플래시가 있다. LSI 사업부는 전자기기의 두뇌 역할을 하는 엑시노스(AP, 모바일 어플리케이션 프로세서)를 설계하는 사업부다. 파운드리 사업부는 고객사의 설계도면을 받아 제품을 양산해주는 부서다.

반도체 칩은 수백 번, 수천 번의 과정을 거쳐 만들어지겠지만 크게 정리해보면 '8대 공정'을 거쳐 생산된다. 여러 번 들어도 정리가 어렵고 무슨 말인지 통 이해하기 어려운 공정이지만, 반도체 관련주를 투자하고자 하는 사람이라면 한 번쯤은 짚어보고 알아야 할 과정이다.

웨이퍼 제조→산화→포토→식각→박막→금속배선→EDS→패키징

반도체 집적회로Integrated circuit는 여러 소자를 하나의 칩 안에 집적한 전자부품이다. 웨이퍼라는 얇은 기판에 수많은 회로를 만들어 반도체 집적회로가 된다. 반도체의 기반인 웨이퍼wafer는 실리콘으로 만들어 낸 아주 얇게 썬 원판을 의미한다. 웨이퍼 표면을 보호하기 위해 열산화 방법을 사용하여 산화막을 만들어내

는 과정이 산화 공정이다. 준비된 웨이퍼 위에 반도체 회로를 그려 넣는 과정을 포토photo 공정이라 부른다. 흑백사진을 인화하듯이 패턴그림 상을 비춰 회로를 그리는 방법이다. 포토공정을 마치면 회로 패턴을 제외한 불필요한 부분을 제거하는 식각Etching 공정을 거치게 된다. 그 다음에는 반도체에 필요한 전기적 특성을 갖추도록 얇은 막을 씌우는 공정이 필요하다. 엄청나게 얇은 박막thin film을 옷처럼 웨이퍼에 입히는 과정이 증착 공정이고, 반도체가 전기적 성질을 갖도록 이온 주입 공정을 거치게 된다. 외부에서 전기적 신호를 보낼 때 회로에 신호가 잘 전달되도록 길을 만들어주는 과정이 금속배선 공정이다. 하나의 반도체를 만들기 위해 웨이퍼를 만들고 회로 패턴을 설계하고 가공하는 모든 과정을 반도체 전공정 단계라 부른다.

결함 없는 반도체 제품을 만들기 위해서는 테스트와 패키징이라는 후공정 단계를 거치게 된다. 웨이퍼 완성 단계에서는 EDSElectrical Die Sorting, 낱개의 칩: bare chip 혹은 die라는 공정을 거쳐 품질 수준을 확인해 반도체 수율을 높인다. 조립공정을 거친 패키지 상태에서는 완성된 반도체를 외부환경으로부터 보호하고 전기적으로 연결해주는 패키징 공정이 진행된다.

반도체 국산화가 큰 주목을 받기 시작한 것은 2019년 여름 일본의 수출규제부터였다. 우리나라는 반도체, 디스플레이 시장에서 주도적 역할을 하고 있지만 핵심 소재는 일본에 의존해왔다. 수출 규제 대상에 오른 포토레지스트와 플루오린 폴리이미드는 일본이 전 세계 90% 생산량을 차지하고 있으며, 불화수소도 70%를 일본이 차지해 타격이 예상됐다. 포토레지스트와 불화수소(에칭가스)는 노광과 식각 공정이라는 전공정 단계에서 필수적으로 있어야 하는 소재다. 또한 후공정 단계에서는 패키징 공정에서 일본 제품이 여럿 쓰였기 때문에 비상이 걸렸다. 플렉서블 OLED용 패널 제조의 핵심 소재로 꼽히는 플루오린 폴리이미드가 반도체 패키징에도 쓰이기 때문이다. 하나의 핵심 소재만 빠져도 전체 생산라인이 중단될 수 있기 때문에 국내 기업들은 핵심 소재 국산화에 속도를 올려야만 했다.

20여 년 전부터 소재부품 국산화는 거론됐지만 생산 공정에만 집중해온 탓에 영향을 받을 수밖에 없었다. 수출규제로부터 1년 넘는 시간이 지났고 기업들은 하나 둘 기술 개발 성과를 발표 중이다. 반도체 미세공정에 들어갈 수 있는 고순도의 불화수소 가스 국산화 성공 소식, 일본 의존도가 90%에 육박했던 에폭시 소재의 국산화, 반도체용 블랭크마스크의 양산 소식도 들려왔다. 일본의 수출규제를 계기로 시작된 정부의 소부장 경쟁력 강화 대책과 함께 핵심 품목의 공급도 안정화됐고 소재의 수입처가 유럽과 미국 등으로 다변화됐다는 기쁜 소식이다. 하지만, 국산화 기술이 당장 개발됐다 할지라도 상용화와 보급까지는 시간이 걸리기 마련이다. 일본 수출규제 사태를 계기로 그 동안 핵심 소재를 놓치고 있었다는 점이 부각된 것이며, 이제서야 반도체 산업의 기초 체력 중요성을 깨달은 것일지도 모른다.

반도체 품귀현상은 차량용 반도체를 중점으로 나타나고 있다. 우리나라는 전 세계 5위 완성차 업체이자 메모리 반도체 1, 2

위 업체를 보유하고 있음에도 차량용 반도체 품귀현상에 대응하지 못하고 있다. 세계 반도체 시장에서 메모리 부문의 점유율은 60%에 달하지만 시스템 반도체 점유율은 3%에 불과하다. 특히 차량용 반도체를 다루는 업체는 삼성전자 하나뿐이며 점유율은 1%도 되지 않는다. 현대차 그룹은 최근 분산됐던 차량용 반도체 사업을 현대오트론으로 통합하는 결정을 내렸지만 이제 시작일 뿐이다. 일본 수출규제에 이어 이번 차량용 반도체 품귀현상을 계기로 국산화를 위한 환경을 마련해야 할 것이다.

무극선생의 TIP

차량용 반도체 종목과 관련하여 아직 시장을 주도하고 있는 종목은 뚜렷하게 없는 편이다. 과거 일본이 한국에 불화수소 금지정책을 실행하면서 보였던 현상이 차량용 반도체 부족현상에서도 전개되는지 체크하는 것이 필요하다.

마치 2020년 7~8월 사이 큰 이슈가 되었던 일본 불매운동과 불화수소 국산화 가능성이 있는 종목을 찾았던 시기에 동진쎄미켐, 솔브레인, 디엔에프 등의 주가가 급등했듯이 현재도 차량용 반도체와 가전용 반도체의 부족현상으로 이 부분의 생산에 참여할 가능성이 높은 종목을 선정해서 클러스터를 만들고 그 대상종목 중 우상향 에너지가 전개되는 것에 실제 투자해 보는 것이다.

선정된 종목은 한미반도체, 실리콘웍스, 해성디에스, DB하이텍, 칩스앤미디어, 아모텍, 에이디테크놀로지, 에스앤에스텍 정도이지만, 이미 한미반도체와 실리콘웍스는 너무 급등해서 매매대상에서 제외시켰고, 그 다음 타자로 DB하이텍과 에스앤에스텍 에이디테크놀로지 칩스앤미디어 주가 동향을 추적해보고 위 대상을 관찰대상에 넣어 동태적으로 체크해보고자 한다.

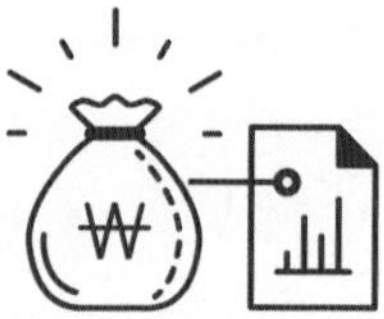

HOT ISSUE 12

통신기술 전쟁

인공위성 우주항공 사업

HOT ISSUE 12

통신 기술의 역사를 거슬러 올라가보면 1980년대 아날로그 통신에 이어 1990년대부터 휴대폰이 보급되며 2G 시대가 열렸다. 2000년대부터 3G 기술이 도입되었고, 2010년대부터 스마트폰 4G LTE 시대, 그리고 2020년대에는 4G보다 최대 20배 이상 빠른 5G 기술이 도입됐다. 국내 2G 서비스는 25년 만에 완전히 막을 내렸고 3G 서비스 종료도 거론되고 있다. 5G나 LTE에 비해 요금도 낮고 기지국, 장비 유지보수 비용이 발생하기 때문에 기존 서비스가 발목을 잡고 있다고 평가하기 때문이다. LTE 지원에 필요한 주파수 대역을 사용하고 있기 때문에 글로벌 통신 시장에서도 3G 철수가 진행 중이다.

5G라 불리는 5세대 이동통신 시대가 열린 지 1년이 조금 지난 지금, 벌써 6G 경쟁에 불이 붙었다. 아직 5G 관련주 상승장을 충분히 즐기지 못한 것 같지만, 벌써 다음 단계로 넘어서려는 모습이다. 그 동안 5G 관련주의 상승은 인프라 투자에 따른 실적 개선 기대감이 주가를 끌어올렸지만 실질적인 실적 면에서 아쉬운 결과를 여러 번 발표했다. 양치기 소년의 거짓말처럼 여러 번 속았다고 생각해서일까? 과거만큼의 투자심리는 찾아보기 힘들어졌다.

이동통신사들이 5G폰 고객 유치에 열을 올리며 2020년 가입자 수는 1200만 명에 육박했다. 하반기 들어 5G 트래픽의 상승세가 두드러지자 조만간 4G 트래픽을 넘어설 것이란 전망도 나오고 있다. 한편, 실제 속도는 4G의 두 배 혹은 네 배에 불과하자 기존 기술과 별 차이가 없다는 소비자 불만도 제기되고 있다. 지금도 충분히 빠르다고 생각되지만 기술은 경쟁하듯 발전을 거듭 중이다. 우리는 단순히 더 빠른 인터넷 속도를 원하는 걸까? 대체 얼마나 더 빠른 기술이 필요한 걸까?

4G 기술을 보완하고 발전시키기 위해 5G 이동통신 기술이 만들어졌다. 최대 전송속도는 4G보다 20배 증가했고 지연시간은 4G보다 10배 줄었으며 최대 연결기기 수도 4G보다 10배 증가했다. 자율주행 서비스와 사물인터넷IoT, 가상현실과 증강현실 등의 기술을 안정적 서비스로 만들 수 있다는 점에서 주목받았다.

우리나라는 세계 최초 5G 상용화 국가다. 국내 이동통신사들은 3.5GHz 중저대역과 29GHz 고주파 대역을 할당 받았고

3.5GHz 전국망 구축을 우선 진행했다. LTE보다 20배 빠르다고 알려진 28GHz 고주파 대역은 3.5GHz 중저대역 5G보다 속도가 훨씬 빠르지만 전파 도달 거리도 짧고 장애물을 마주하면 넘어가지 못해 무선통신에 그 동안 사용되지 않았다. 한편, 3.5GHz는 고주파 대역보다 기지국 비용이 덜 든다는 측면도 존재한다. 3.5GHz는 가짜 5G 기술이고 28GHz는 진짜 5G 기술이라는 논란도 거세다. 2021년 초 정부는 28GHz 5G 서비스를 트래픽이 집중되는 핫스팟 지역이나 B2B 기업간의 거래에서 우선 활용할 계획임을 밝혔다. 한국보다 늦게 5G 서비스를 시작한 미국과 일본은 이미 5G 28GHz 밀리미터파mmWave라 불리는 고주파 대역에서 스마트폰이 상용화되고 있다. 고주파 대역에서 기술을 안정적으로 상용화하기 위해서는 작고 많은 기지국을 촘촘히 설치하는 방법, 기지국과 단말기의 안테나를 늘리는 방법(다중입출력장치, Massive MIMO) 등이 사용되어야 한다.

6G 기술은 '비욘드 5Gbeyond 5G'라는 말로 불리기도 했다. 6G 기술 구현의 핵심은 테라헤르츠THz 주파수다. 현재 5G 스마트폰이 사용되는 주파수 대역이 3.5GHz이며, 아직 상용화되지 않은 28GHz 주파수(밀리미터파)에 대한 개발도 이뤄지고 있다. 고주파수 대역보다 더 빠른 이동통신 속도를 구현할 수 있는 6G는 GHz기가헤르츠를 넘어 THz테라헤르츠라는 주파수 대역을 활용할 수 있는 기술이 있어야 한다. 고주파와 저주파 특성을 살펴보면, 고주파 대역에서는 속도가 빠른 대신 도달거리가 짧아진다. 테라헤르츠 주파수 연구를 통해 6G 기술을 구현하고자 각국이 앞다퉈 기술

개발에 나서고 있다.

통신 기술은 '승자독식Winner takes all'이라는 표현도 사용될 정도로, 처음 표준을 획득한 기업이 해당 산업을 모두 차지할 가능성이 높아지는 구조다. 모든 표준을 한 국가, 한 기업이 독점할 수는 없지만 시장 선점 가능성은 높아질 수밖에 없다. 한편, 전 세계 5G 표준특허 중 20% 이상을 중국 통신장비 스마트폰 업체 화웨이와 통신업체 ZTE가 기록 중이다. 화웨이를 배제하고는 5G 표준을 만들기 힘들어진 것이 현실이다.

기술 패권 다툼에서 시작된 미중 갈등 이슈는 조 바이든 미국 대통령 정권 하에서도 여전할 것으로 예상된다. 2020년 말, 미국 의회는 '위험한 5G 또는 6G를 쓰는 국가에 미국 병력 주둔 재검토' 조항을 넣었다. 미군 주둔 동맹국은 5G뿐 아니라 6G도 쓰지 말라는 압박을 전한 것이다. 6G 기술에 대해서는 중국과 협력도 하지 말라는 협박으로 해석된다.

삼성전자는 차세대통신연구센터를 통해 6G 선행 기술을 연구 중이며, 통신장비 업체 중 가장 먼저 6G 백서를 내놓았다. 5G보다 전송속도가 50배 빨라지고 무선 지연 속도는 10분의 1로 줄인 기술이 6G라고 밝혔다.

연구는 5G에서 6G로 달리고 있는데, 주가는 5G를 시작도 하지 못한 듯하다. 5G 관련주를 보면 하락추세를 보이고 있다. 모든 자율자동차, 인공지능 AI와 연결된 스마트시티, 스마트보안, 스마트헬스케어의 중심에는 5G 네트워크와 플랫폼이 형성되어야 한다. 다만, 코로나19 사태가 5G를 가능하게 만드는 기지국

설치와 통신 인프라 구축을 막고 있다는 점이 문제로 꼽힌다.

무극선생의 TIP

5G 관련주도 코로나19 피해주에 속하며, 언택트 세상보다 컨택트 세상에서 시세 움직임이 나타나지 않을까 생각한다.

5G 관련 종목을 보면 그 흐름을 확인할 수 있다. 대표 종목 중 케이엠더블유, 오이솔루션, 서진시스템, RFHIC 등의 종목이 있다는 것을 먼저 조사하는 작업이 필요하다. 그 후에 종목 하나 하나 기업의 실적, 수급동향과 최근에 나온 뉴스를 뒤지고 사업보고서를 보면서 전환사채는 있는지 유 무상증자는 했는지 등 사전조사 작업을 해보는 것이다.

개인적으로 구글과 네이버 사이트를 통해서 조사한다고 해서 구글링 혹은 네이버링이라고 부른다.

또한 5G와 6G 연결고리로 우주항공, 인공위성 사업이 미래 세상을 바꾸는 사업으로 각광을 받고 있다.

테슬라의 일론 머스크, 아마존의 제프 베이조스, 버진갤럭틱의 리차드 브랜슨, 그리고 우주항공 ETF를 선보인 캐시우드 등 영향력이 큰 인물들이 우주항공 사업에 열을 올리고 있다. 2020년 말, 중국은 세계 최초로 6G 인공위성(텐옌:하늘의 눈-5호)을 쏘아 올렸다. 이 위성은 우주 공간에서 6G의 주파수로 유력한 테라헤르츠 대역 실험을 진행하기 위해 개발된 것으로 알려져 있다. 미국이 강력하게 제재를 가한 화웨이를 대체하기 위해 샤오미, 오포를 비롯한 다른 중국 업체들도 6G 개발에 나서고 있다.

최근 들어 우주항공과 인공위성 산업이 새로운 테마로 떠오르며 관련주가 부각 받고 있다. 한화그룹에서 인공위성 기업의 지분을 사들이며 관련주의 급등이 이어진 뒤로 순환매가 나오고 있다. 뉴스에서만 들어보던 인공위성과 우주 개발은 정부 주도에서 민간 주도로 변모했다.

우주산업의 주요 포인트는 '우주 인터넷'이라는 저궤도 위성통신 사업이다. 지상에서 위성을 쏘아 5G 혹은 6G 통신망을 구축함으로써 오지 지역뿐 아니라 바다와 하늘에서도 빠른 속도의 인터넷을 이용할 수 있도록 하는 신기술이다. 위성통신 안테나 시장 규모는 2020년대 중반 50조 원에 달할 것으로 추정되고 있다.

한화 그룹하면 63빌딩 불꽃놀이 때문일까, 방위산업이 떠오른다. 그런데 이제는 탈석탄 시대를 앞장세우며 친환경 포트폴리오, 태양광부터 수소, 위성 사업에 발을 내딛고 있다. 태양광을 중심으로 신성장 산업에 투자 중인 한화솔루션은 세계 최고 수준의 기술력을 갖춘 미국 고압탱크 업체 시마론을 인수했다. 시마론은 테슬라가 만든 우주선 스페이스X, 스페이스X팰콘9 로켓 등에 고압탱크를 공급한 업체이기도 하다. 한화에어로스페이스는 국내 최초의 인공위성 전문업체 쎄트렉아이의 지분을 확보하는 등 한화 그룹이 우주, 위성 사업분야를 주도하는 기업으로 바뀌어 가고 있다.

통신기술은 단순히 전화 통화 품질, 인터넷 검색 속도만 올려주는 걸까? CES 2021에서 버라이즌은 28개 미식축구 경기장에 28GHz 5G망을 구축하여 앱을 통해 7가지 종류의 카메라 앵글로 경기를 시청할 수 있도록 만들 계획을 밝혔다. 미국 전역의 15개 공연장의 공연을 즐길 수 있도록 하는 망을 구축한다고 한다. 속도만 엄청나게 빠른 기술이 아니라, 제대로 된 통신기술 구현을 위해 망을 설계하고 소비자가 필요로 하는 서비스 개발에 나서고 있는 것이다. 한편, 6G 혹은 그 이상 진전된 통신 기술은 더 빠른 속도만 지닌 기술이 아니라, 아직 상상해보지 못한 다른 형태의 망 기술일 수도 있다. 1만2천 개의 인공위성을 쏘아 올려 전 세계 인터넷 망을 구축하려는 테슬라의 목표도 해당 기술이 될 수 있는 것이다.

이제 시장은 우주를 바라보고 있다. 화성으로 인간이 이동하고 그곳에서 사는 세상을 꿈꾸고 있는 것이다. 영화에서만의 내용이 아닌 실제 세상에서의 실현 가능성까지 대두되면서 선도주들이 부상 중이다. 인간이 달나라로 관광 여행가는 것이 실현될지, 달 혹은 다른 행성에 인간이 거주하게 될지 등은 예측하기 어렵다. 하지만 기술력, 자본력이 뒷받침되어 선도하는 기업들이 등장하면서 공상과학 영화 속에서만 볼 수 있는 것이 아니라 실제로도 실현 가능한 사업영역으로 도약하고 있다.

2021년 10월~12월경, 한국항공우주의 누리호 발사가 예정되어 있다. 대한민국도 우주항공 사업에 발을 담고 있다. 한화그룹은 한화그룹 지배구조 관련 일환으로 한화종합화학을 상장해야 하며, 쎄트렉아이와 미국 시마론을 인수하면서 우주항공 사업에 조금씩 다가서고 있다. 이

에너지를 활용하여 한화그룹 지배구조 재편과 삼성으로부터 인수한 한화종합화학의 지분 인수문제를 매듭지을 것으로 보인다.

우주항공사업과 통신 5G사업은 단기적 시각으로 접근하다가는 낭패보기 마련이다. 대한민국의 미래지도, 즉 2050년까지의 큰 그림을 그리는 섹터라고 생각된다. SK텔레콤, KT, LG유플러스 3대 통신업체 중심으로 우주항공과 5G 부품을 개발하거나 연계하여 사업을 영위하는 종목을 선별함으로써 장기 투자전략을 수립해야 한다.

최근에 SK텔레콤의 인적분할과 KT의 구조조정작업이 진행되면서 새로운 주가 모습을 보이고 있다. 통신주는 기본적으로 단기투자 호흡보다는 10년 이상의 장기투자에 적합한 종목으로 시간여행 대상으로 투자적합한 종목이다. 개인적으로도 KT를 시간여행 대상 종목 1순위로 두며, 2030년 이후에나 시세를 확인해 볼 생각이다.

HOT
ISSUE
13

사상 첫 '마이너스 유가'
코로나19와 에너지 산업

HOT ISSUE 13

1983년 이전에는 OPEC의 공식 판매가격에 의해 원유 가격이 정해졌다. 1980년을 전후로 미국 레이건 행정부 주도의 '레이거노믹스'는 자유방임적 시장 경제를 추진했고, 영국은 자유 시장 경제를 따르던 마가렛 대처가 총리로 선출됐다. WTI 원유선물거래는 1983년부터 뉴욕상업거래소NYMEX, New York Mercantile Exchange에서 거래가 시작됐으며, 영국 브렌트유는 1988년부터 런던국제석유거래소(IPE, 현 ICE)에서 선물거래를 시작했다. 석유가 금융 상품이 되자, 실물이 필요하지 않아도 원유 선물거래에 참여하는 범위는 넓어졌고 목적도 다양해졌다.

서부텍사스산 원유 WTIWest Texas Intermediate, 영국 북해산 브렌트유, 그리고 중동산 두바이유가 세계 3대 원유로 꼽힌다. 기준 유가로 쓰이는 WTI 가격이 1983년 이후 최저 수준, 사상 첫 마이너스를 기록했다. 2020년 4월, 미국 뉴욕상업거래소에서 5월 인도분 WTI 거래가격이 배럴당 -37.63달러를 기록하며 마감했다. 수요 자체가 아예 사라졌다는 뜻이다. 짧은 순간이었지만 장중에는 무려 -40.32달러라는 기록을 남겼다. 1배럴의 원유를 그 시점에 매수했다면 40.32달러는 오히려 받을 수 있었다는 의미다. 실물거래가 이뤄지지는 않았겠지만 마이너스 유가가 사상 처음으로 현실화됐다는 점이 충격적이었다.

코로나19로 전 세계적인 경기침체가 이어지며 원유 수요가 급감했다는 이유만으로는 설명할 수 없는 마이너스 유가였다. 선물거래에서 나타나는 '콘탱고contango' 현상이 원인이었다. WTI 5월물 거래에서 콘탱고 현상이 극단적으로 심화되는 일이 발생했다. 센트 단위부터 몇 달러 단위 정도로 나타나던 콘탱고가 60달러까지 벌어진 것이다. 선물과 현물 가격의 차이를 비교했을 때 선물이 현물보다 높은 상태를 콘탱고, 반대로 현물이 선물보다 높은 상태를 백워데이션backwardation이라 한다. 5월물(5월 인도분)보다는 6월물(6월 인도분)이 더 높은 가격에서 거래되는 것이 보통이다.

WTI 5월물의 극단적 콘탱고 현상은 6월물 원유 선물매입이 늘어나며 5월물 가격이 폭락했기 때문에 발생했다. 코로나19 여파로 줄어든 원유 수요로 재고가 쌓여 원유 저장시설 자리가 부족해진 상황이었다. 전 세계적으로 급감한 원유 수요량에 비해 OPEC+의 감산 규모는 현저히 적은 수준이기도 했다. 결국 원유를 실물로 가져가는 것이 사실상 불가능해졌고, 투자자들은 5월물 대신 6월물 원유 선물을 사들인 것이다.

한편, 마이너스 유가가 발생한 날짜는 5월물 만기일 하루 전이었다. 유가 선물은 만기가 되면 선물계약을 이행해야 한다. 즉, 매입자는 만기일이 지나면 실물을 인도하고 대금을 내야 한다는 의미다. 원유 저장장소가 가득 차 있기 때문에 당장 5월물 원유를 택하지 않고 6월물로 갈아타는 방법으로 인수 시점을 늦춘 것이다. 즉, 6월물로 갈아타는 방식, '롤오버Roll-over'를 선택하여 가격이 큰 변동성을 보인 것이다. 롤오버는 계약 연장이라는 뜻이다. 만기일을 앞둔 계약에 대한 만기를 연장하기 위해 사용되는 방법이며, 선물시장에서는 이월하는 방식으로 이뤄진다.

당시 6월물과 7월물 가격이 배럴당 20달러 이상을 유지했다는 점에서 마이너스 유가 사태는 수요 급감과 부족 영향이라기보다 일시적인 해프닝이었다는 분석이 주를 이룬다. 그럼에도 오랜 시간 세계 경기가 침체를 이어간다면, 소비가 줄고 공급이 초과되는 상태에서 유가의 추락 '마이너스 유가'는 언제든지 다시 발생할 수 있다는 의견도 나온다.

코로나19 팬데믹으로 석유 수요가 급감할 것이라는 전망이 나오자 국제 유가는 급락했다. 수요와 공급을 맞춰 가격을 안정적으로 조절하고자 OPEC+는 감산 회의를 열었다. OPECOrganization of the Petroleum Exporting Countries 석유수출국기구는 1960년 원유가격 하락을 방지하기 위해 참여한 석유 생산, 수출국 대표가 모여 결성한 단체다. OPEC에서 한발 더 나아가 주요 산유국을 더 포함시킨 단체는 OPEC+OPEC플러스다. 주요 비석유수출국 기구 산유국들, 러시아, 미국, 멕시코 등이 포함된다.

감산을 논하고자 개최된 OPEC+회의에서 2위 산유국 사우디아라비아와 3위 산유국 러시아가 갈등을 보이며 합의는 무산됐다. 러시아는 산유국의 감산 물량을 미국 셰일 오일 가스 물량이 채우는 것에 불만을 표했고, 사우디아라비아는 거꾸로 증산을 결정하며 러시아를 반격했다. 두 국가가 증산 경쟁에 나서면서 유가는 급속도로 하락했다.

미국의 대표 석유회사이던 엑슨모빌은 한때 전 세계 시가총액 1위를 기록하던 기업이다. 국제 유가가 배럴당 100달러를 웃돌던 2014년에는 4,460억 달러라는 역대 최고 시가총액을 자랑했다. 하지만 2020년 8월, 엑슨모빌은 92년 만에 다우지수에서 퇴출 당하며 불과 6년 만에 추락한 모습이다. 이제 다우지수에 남은 에너지 기업은 셰브론뿐이다. 이는 지난 100년간 에너지를 주도했던 석유 중심 산업이 둔화함을 보여준 사건이며, 글로벌 경제에서 석유 기업의 역할이 줄어들고 있다는 신호로 해석된다. 전체 S&P500 기업들 중 에너지 기업 비중은 과거 10%에서 2%로 줄어들었다.

석유 수요는 줄어드는 구조로 바뀌었다. 자동차와 항공, 선박 산업이 전 세계 석유 소비량의 절반 이상을 사용하지만 내연기관차는 전기차로 전환되는 구조이며, 더 나아가 각국은 수소 등 친환경 중심의 성장을 내세우고 있다. 한편, 2020년 코로나19 팬데믹은 석유 수요를 더 크게 급감시켰다. 산업 생산이 멈추며 공기가 맑아졌으며 사람의 이동이 줄며 하늘길은 텅텅 비게 됐다.

엑슨모빌은 2020년 2분기 11억 달러의 손실을 기록하며, 36년 만에 첫 2분기 연속 적자를 기록했다. 셰브론도 1998년 이후 최대폭의 적자를 기록했다. 중국 시노펙은 2000년 홍콩 증시 상장 이후 첫 반기 적자를 냈다. 국내 SK이노베이션과 GS, S-Oil 등 정유 대표 기업들은 상반기 동안 5조 원이 넘는 영업 손실을 기록했다. 심지어 미국 셰일가스 혁명의 상징이던 '체서피크'는 코로나19 수요 감소 직격탄을 맞으며 파산보호를 신청했다.

무극선생의 TIP

실전투자에서는 이런 악재가 시장을 도배할 때 역발상 전략을 활용하여 매수하는 투자자들이 큰 수익을 얻게 된다. 유가가 마이너스를 보이고 코로나19로 WTI 수요가 급감한다는 경고가 시장을 지배했을 때, 대표 관련주인 엑슨모빌 주가가 급락하던 상황에서 실제 투자를 결정하는 사람들은 적었을 것이다. 그러나 실전투자자 입장에서는 이러한 경험을 수차례 반복하면서 중요한 투자 직관을 체득할 수 있었다.

더 이상 해외로 여행 갈 수 없는 상황이 등장하고 항공사 폐업, 구조조정 관련 악재가 넘쳤으며 여행사들은 줄도산하는 뉴스가 나왔다. 그 시점에 대한항공, 하나투어를 매수하는 투자전략을 택한 것은 유가 급락하는 상황에서 엑슨모빌 매수를 택하는 감각과 비슷했기 때문이다.

2020년 5~7월, 항공사, 여행사, 정유사의 주가 위치와 2021년 5월 주가 위치를 비교해보자. 넘치는 악재 속에 주가가 급락하는 상황에서 그 기업의 지속 가능성에 확신이 든다면 과감한 역발상 전략을 수립하고 저가에 매수하는 방법이 효과적인 결과를 냈다는 것이다.

엑슨모빌

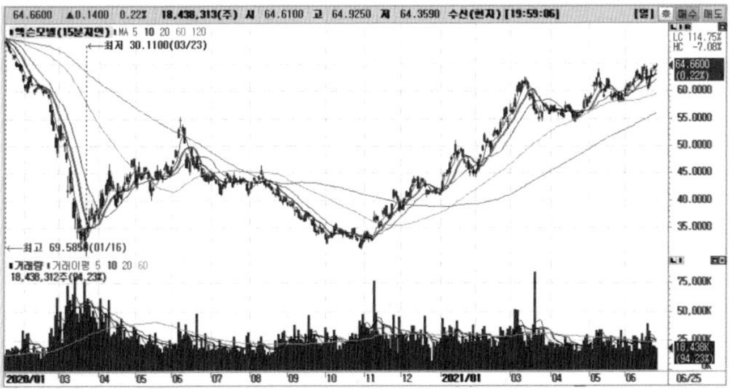

대한항공

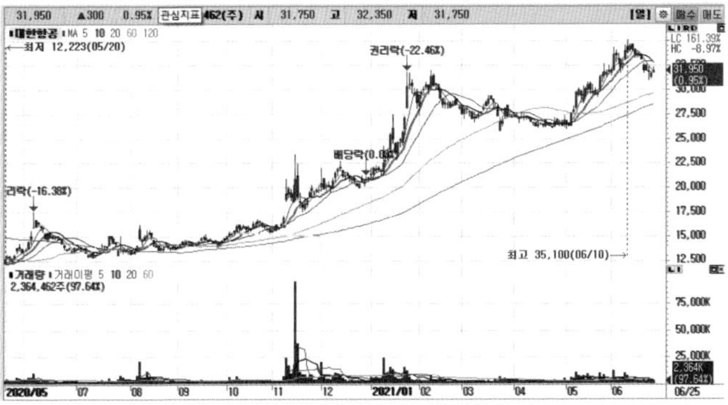

이런 흐름은 정유사, 셰일가스 관련 종목도 비슷한 흐름을 보여준다. 셰일가스(암석에 갇힌 천연가스)는 2010년 초 채굴기술이 발달하면서 3차 에너지 혁명으로 주목받기 시작한 에너지원이다. 과거에는 석탄이 에너지 업계를 지배했다면, 석유에 이어 다음은 셰일가스라는 기대감이었다. 셰일가스 생산이 늘면서 2014년 이후부터 석유 가격은 하락했다. 2014년 이전에는 OPEC의 공급량 조율 하에 원유 가격이 높았다. 에너지 업계의 경쟁은 경제적 문제만 포함된 것이 아닌, 에너지 패권을 둘러싼 정치적 경쟁으로 봐야 한다. 셰일의 등장과 함께 미국은 원유 수입국이 아닌 세계 최대 산유국으로 변신했고, OPEC은 과거만큼의 영향력을 발휘하지 못했다. 결국 OPEC은 공급과잉 우려에도 불구하고 원유 가격을 낮춰 점유율을 유지하고자 하는 움직임을 보이기도 했다.

코로나19로 석유 수요는 직격탄을 맞았지만 아직 석유시대가 끝난 것은 아니다. 아직도 화석연료가 전 세계 에너지 소비의 대다수를 차지한다. 코로나19 백신 접종과 함께 글로벌 경기는 점진적으로 회복될 것이며 석유 수요는 다시 늘어날 것이다. 한편, 탄소제로 목표 달성을 위해 각국은 전기차 배터리와 태양광, 풍력 등 신재생에너지 개발에 박차를 가하고 있다. 저탄소 경제로의 변화 과정 사이 저탄소를 위해 필요한 에너지 공급망과 지정학적 관계에 주목할 필요가 있어 보인다. 국내 대표 정유업체 S-Oil, SK이노베이션 주가와 미국의 대표 셰일가스 종목인 옥시덴탈과 할리버튼의 주가 흐름은 다음과 같다.

S-Oil

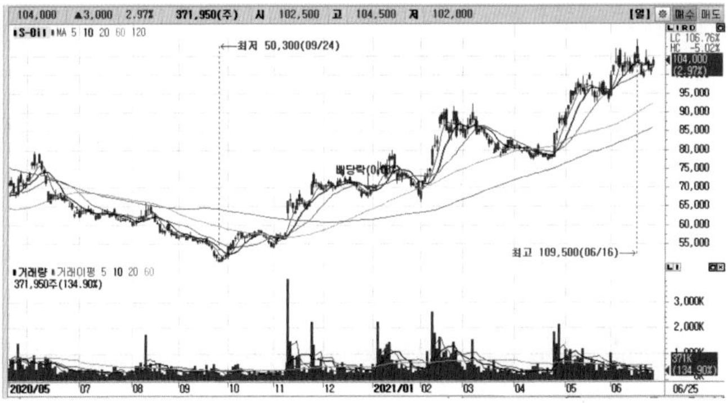

SK이노베이션

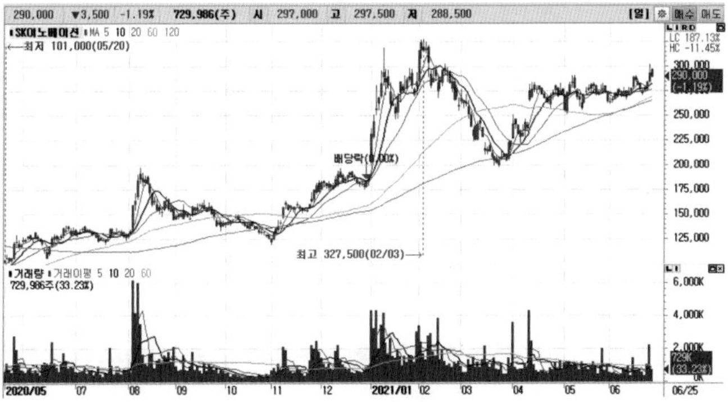

옥시덴탈 페트롤리움

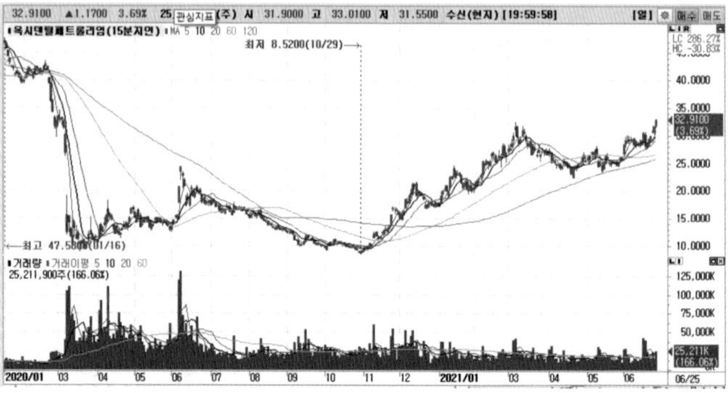

할리버튼

위 그래프를 보면 S-Oil, SK이노베이션 투자매력은 다소 낮아져있다. 트레이딩 감각으로 대응할 수 있지만 2020년 저점기준 상당한 상승률을 준 종목군이라서 현재 실전투자시 위치가 높다는 생각이 든다.

여기서 추가 상승할 에너지를 얻으려면 유가가 70달러가 저항이 아니라 90~100달러까지 갈 수있다는 투자환경이 조성되어야 한다. 일단 역발상 매수위치는 지났고 사우디, 카타르, 러시아의 정책을 추적하면서 조선주 수소경제관련주로 투자중심을 이동하는 전략을 권해드린다.

HOT ISSUE 14

공매도 재개… 기울어진 운동장

HOT ISSUE
14

주식이 없는데도 팔 수 있을까? 공매도의 정의다. 없는 주식을 빌려 우선 팔고, 빌린 주식을 보다 싼 가격에 사서 갚는 방식이다.

A라는 주식 주가는 1만원이다. A 주식 100주를 일주일 뒤 갚기로 하고 빌린다. 이후 빌린 A 주식 100주를 시장에 매도한다. 주식 1만원×100주=100만원. 100주를 팔면 현금 100만원이 생긴다는 뜻이다. 이때 주가가 크게 하락하여 1주 가격이 1천원이라고 가정하자. 팔았던 100주를 보다 저렴한 가격 1천원에 살 수 있다는 뜻이다. 즉, 1천원×100주=10만원만 있으면 살 수 있게 된다. 10만원으로 빌렸던 100주를 다시 사서 주식을 갚는다. 시세차익으로 무려 90만원이 생기는 셈이다.

반대로, 주가가 내가 매도한 가격보다 오르게 되면 손해가 나기 마련이다. '숏커버링short covering'은 그러한 손실을 줄이기 위해 매수하는 경우를 의미한다.

개인은 공매도를 할 수 있는 주식이 거의 없고 수수료도 비싸 외국인, 기관처럼 공매도 주문을 하기는 어렵다. 위의 예시처럼 주가가 많이 하락할수록 공매도에 참여하는 외국인, 기관은 이익을 많이 얻게 된다. 따라서 개인 투자자들은 공매도 제도가 주가 하락을 부추긴다고 여긴다.

2020년 코로나19로 지수가 연일 하락하자 정부는 공매도 규제를 시행했다. 1400까지 추락했던 코스피 지수는 동학개미운동과 함께 3000 시대를 기어코 열었다. 2020년 3월, 폭락 장세가 이어지면서 공매도 세력의 거래대금은 1조 원을 웃돌 정도였다. 금융위원회는 시장안정조치 시행과 함께 3월 16일부터 9월 15일까지 6개월간 유가증권과 코스닥, 코넥스 시장 전체 상장 종목의 공매도 금지를 결정했다. 하지만 코로나19는 잠잠해지지 못했고 시장변동성을 우려하며 공매도 금지조치는 6개월 더 연장됐다. 2021년 3월 16일부터는 공매도가 재개될 예정이었지만 이것도 한 번 더 연기되어 2021년 5월부터 공매도가 재개되었다.

2021년 초 주식 시장은 과열에 과열을 더하고 있다. 공매도가 거품을 없애는 역할을 한다는 점에 방점을 두고 공매도 금지조치가 해제되는 것이라고 분석이 나온다. 공매도 규모가 크면 매수를 적게 하게 되는 투자심리 때문에 과열을 방지할 수 있다는 뜻이다. 주식 공매도 제도를 영원히 폐지해달라는 국민청원까지 올라왔지만, 금융당국은 단호하게 공매도 금지 추가 연장 가능성은 없다고 말한다. 하지만, '영끌'해 온 개인 투자자들만 손해를 볼 수 있는 구조이기 때문에 재개를 전후로 주식 시장의 변동성에는 대비할 필요가 있다.

여기서 고민해 볼 문제점 하나. 공매도는 외국인, 기관만 대다수 할 수 있는 구조인데, 개인 투자자에게는 너무 불리한 것 아닐까?

개인도 공매도를 할 수 있지만, 국내 시스템 구조 상 전체 공매도의 1% 미만, 0.1%밖에 되지 않는다. 반면, 미국은 개인의 공매도 비중이 20%에 육박하는 수준이다. 표면적으로는 공매도에 따른 손실로부터 투자자를 보호한다는 이유로 개인의 비중은 미미하다.

공매도의 좋은 점은 주식이 단기적으로 급등할 경우 매도 주문을 늘려 주가를 정상적인 수준으로 되돌리는 역할을 한다는 것이다. 반대로, 공매도는 시세조종, 채무불이행을 유발할 수 있다. 부정적인 소문, 보고서 등을 내놓음으로써 하락을 유도할 수 있다는 점, 또한 주가가 상승하여 제대로 갚지 못하는 결제불이행이 나타날 수 있다는 점이다. 국내 주식 시장에서는 2008년 글로벌 금융위기 이후 무차입 공매도(주식을 빌리지 않고 파는 것)를 금지했다. 국내에서는 차입공매도만 허용하고 있지만, 여전히 불법 공매도를 암암리에 시도하는 곳은 존재하며, 처벌 수위 또한 약하다는 지적이 따른다. 이러한 불법 공매도 적발 기관의 상당 수는 외국계 기관이었지만, 과태료 등 처벌은 솜방망이 수준이었다. 또한 국내 주식 시장은 '박스피'라는 오명을 오래도록 10여 년간 뒤집어썼다. 대표적인 이유 중 하나가 공매도라는 점이다.

일례로 2018년 삼성증권에서의 실수와 사고, 전례 없는 우리사주 배당사고가 있다. 직원의 실수로 배당금이 주당 1,000원 입금 처리되어야 했는데 1,000주가 입고된 것이다. 잘못 부여된 배당 규모는 무려 112조 원이었다. 이날 삼성증권 직원 30여명은 대량 매도를 통해 인당 60억 원에 달하는 차익을 남겼다고 한다. 도덕적 해이, 모럴 해저드 아니냐는 논란도 거셌고, 발행되지 않은 '유령주식'이 팔렸던 셈이다. 빌리지도 않은 주식을 시장에 내다파는 '불법 무차입 공매도'에 대한 비판이 거셌다.

늘 모든 것이 좋거나 나쁘지 않은 것처럼, 모든 제도와 정책에는 앞, 뒤 양면이 존재한다. 공매도도 그러하다. 시장이 버블 위치에 있다는 것은 모두가 부정할 수 없는 사실이다. 개인 투자자의 힘으로 코스피 3000시대를 열었지만, 그들도 현 증시가 과열됐음을 인정한다. 공매도 자체는 나쁜 제도가 아니다. 외국인과 기관 두 주체만이 사용할 수 있다는 점이 문제이며, 상승의 주역인 개인 투자자라는 주체는 손실을 결국 떠안을 수밖에 없는 구조다. 불법 공매도를 찾아내고 처벌하는 수준도 강화되어야 하겠지만, 개인 투자자들에게도 그 기회를 열어줘야 하는 것 아닐까 생각이 든다. 물론, 더욱 성숙하고 올바른 투자 문화를 조성할 수 있는 선에서 차근차근 말이다.

무극선생의 TIP

5월 3일부터 개인투자가에게도 공매도가 허용되었다. 주가가 하락해야 먹는 게임구조다. 사전에 공매도라는 전쟁터에 진입할 투자자는 여러 가지 경우의 수를 준비하는 것이 좋다. 먼저 노출된 정보로 실전대응 하지 말자. 공매도가 재개되니 각 증권사마다 공매도 가능성 종목을 나열해 놓고 투자자를 유혹하고 있다.

증권사	기준	공매도 우려 종목
삼성증권	공매도 잔액	롯데관광개발, 두산인프라코어, 호텔신라, 한진칼, 삼성중공업, 톱텍, 파트론
KB증권	밸류에이션	SK이노베이션, 아모레퍼시픽, HMM, 한국금융지주, SKC, 펄어비스, 일진머티리얼즈, 한국항공우주, 한솔케미칼, 현대미포조선, KCC
	롱-숏페어 빈도	오뚜기, 신세계, 삼성SDI, 삼성화재, LS, 하나금융지주, 대상, 아모레퍼시픽, KG이니시스, NHN한국사이버결재, 신세계인터내셔날, 서진시스템, 씨젠, SKC
한화투자증권	전환사채	LG디스플레이, 화승엔터프라이즈, 키움증권, 롯데관광개발
	신종자본증권	제일제강2WR, 오성첨단소재20WR, 국동9WR, 티웨이홀딩스24WR, 두산인프라코어1WR, 대창스틸(16.7%), 상상인더스트리(14.3%), 매직마이크
유안타증권	MSCI	오뚜기, 한국가스공사, 롯데지주, 현대해상, 삼성카드, GS리테일, 케이엠더블유

여기서 증권사가 세운 기준을 보기 바란다. 공매도 잔고가 많은 종목을 선정하는데 여기서는 실제로 공매도 치려고 하는 것보다 대차잔고

용이 더 많다는 것을 체크해야 할 것이다. 빌려서 그 중 일부는 공매도 하는 종목도 있겠지만, 공매도 전쟁터에서 대차잔고가 많다고 무조건 공매도 가능종목이라 생각하는 것은 큰 착오를 불러올 수 있고, 실전에서 공매도를 하여 실패할 확률이 높아질 수 있다.

그렇다면 가장 효과적인 것은 단기간에 가장 많이 급등한 종목이다. 산이 높으면 골이 깊다는 단순이치인데, 문제는 그 산의 고점이 어딘지 아무도 모른다는 것이다. 따라서 실적증가율 대비 어느 정도 상승했는지 체크하는 실력이 되어야 하는데, 이 부분은 그 기업을 집중적으로 분석하는 애널리스트도 실전에서 잘 잡아내지 못한다.

여기서 참고할 수 있는 부분은 개인적으로 카지노 각도라 부르는 부분이다. 눈으로 보면 60도 각도 이상 급등하는 구간에서 거래량과 상승 각도를 비교해가면서 공매도 전략을 수립하는 것이 좋은데, 문제는 이런 종목을 공매도 치려는데 공매도 대상에 없는 경우도 허다하다.

만약 공매도 대상 종목이 카지노 각도로 급등할 경우, 그 대상의 공매도 전략을 시스템화시켜 실전 대응해본다. 위 표에서 확인해보면 HMM, SK이노베이션, 아모레퍼시픽이 들어온다. 문제는 현재 강한 상승추세가 유지되는 종목이고, 어디까지 상승할지, 어디서 공매도 진입할지 나름대로 전략을 수립해야 한다는 것이다.

예를 들어, HMM을 공매도 전략대상으로 선정했다 가정해보자. 2,000~3,000원에서부터 35,000원대까지 엄청난 에너지로 급등한 종목이다. 이 종목의 일봉으로 보면 엄청난 급등이지만, 그 동안 감자한 부분 및 월봉으로 확인해보면 아직도 상승여력이 한참 남은 것 같이 보이기도 한다.

HMM 일봉

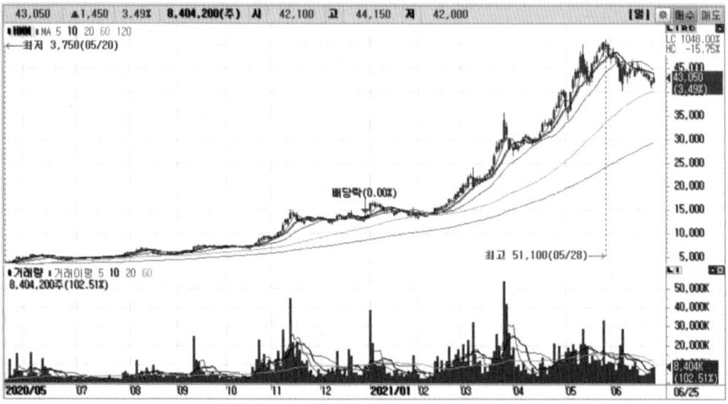

HMM 월봉

HMM 공매도 시스템 구조

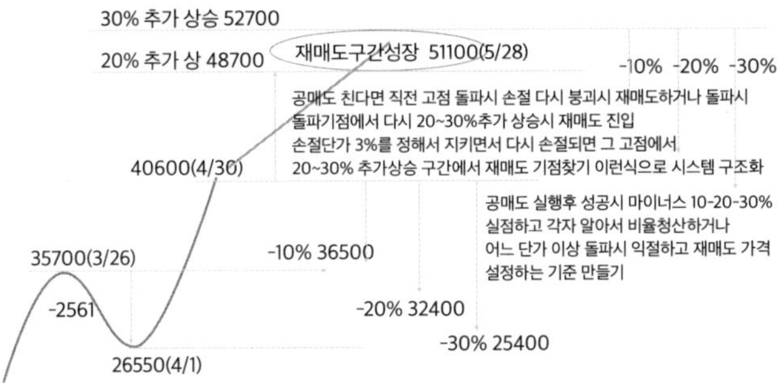

또한 2021년 5월 4일 공매도가 재개되면서 위 증권사가 제시한 공매도 가능성 종목군을 실전에서 공매도쳤다면 큰 손해를 보셨을 것이다. 롯데관광개발, 두산인프라코어, 한진칼은 공매도 재개된 이후 큰 급등파동이 나타났고 5G연결고리종목인 케이엠더블유가 지속적으로 하락했다. 어느 시점에서 하락이 멈추고 상승전환되는지 추적해야 할 것이고 급등한 종목도 상승탄력성이 둔화되면서 하락전환되는 타이밍을 체크하고 그 시점이 실전에서는 공매도집중구간인지 체크해보시길 바란다.

즉, 증권사 리포트에 나오는 공매도 가능성이 높은 종목을 그대로 믿지 말고 케이스 바이 케이스같이 시장이 정답이다 라는 생각을 갖고 상승각도에서 하락각도로 전환되는 변곡점, 하락각도에서 상승각도로 전환되는 변곡점을 찾는데 집중해 각 종목마다 위 그림에서 설정해드린 HMM 공매도 로직을 참고해서 공매도 진입시기와 반대로 실패시 손절 위치 및 재진입위치를 시스템 구조화해서 기계적 매매로 대응해야 성공할 확률이 높아질 것이다.

HOT
ISSUE
15

주식시장의 큰 손
윈도 드레싱, 공매도, 블록딜

HOT ISSUE 15

코스피가 사상 최고치를 연일 경신하던 2020년 말, 대형주가 없는 개인 투자자들은 소외될 수밖에 없었다. 대형주 중심의 상승이 지수를 견인해 사상 최고가를 기록했기 때문이다. 업종별, 산업별로 순환매가 빠르게 돌며 무거운 종목들이 급등을 보였던 시기라, 상대적으로 덜 오른 종목 찾기가 쉽지 않았다. 추가 상승, 혹은 반등이 기대되는 저평가 종목을 찾아야만 했다. 매일 고점을 경신하는 종목처럼 위험한 주식은 없다. 인위적으로 주가가 오르고 있는 것은 아닌지 판별해야 한다. 연말 결산기를 앞둔 주식 시장에서는 윈도 드레싱으로 기업가치가 왜곡될 가능성이 있기 때문에 경계가 필요하다.

'윈도 드레싱window dressing, 눈속임'은 기관 투자자들이 수익률을 올리기 위해 집중적으로 사고 파는 행위를 의미한다. 백화점 쇼윈도를 번지르르하게 치장하듯이, 자산운용사 등은 수치로 발표되는 실적을 더 좋아 보이게 하기 위해 실적에 따라 매수, 매도를 한다. 실적이 좋은 주식은 더 매수하여 주가를 끌어올리고, 반대로 실적이 저조한 주식은 매도하는 방식으로 수익률을 올린다. 보유 종목의 종가 관리를 하는 것이다. 윈도 드레싱은 월말, 분기말, 연말 등 결산 시점을 중심으로 자주 발생하곤 한다. 연말 랠리를 '산타 랠리'라고 부르는 것도 연말 윈도 드레싱에 따른 효과이기도 하다.

거래소에서 때로는 윈도 드레싱 감시를 강화하고 있지만 업계 관행처럼 이뤄지는 성과 제고 방법이기도 하다. 기관이 포트폴리오에서 좋은 종목만 남기고 마이너스 종목은 처분하는 방법을 역으로 활용해 윈도 드레싱 물량에 편승하자는 투자 전략도 있다. 결산 시점에 미뤄지는 포트폴리오 조정 시기에 맞춰 외국인, 기관 등의 큰 손이 정리하는 종목을 찾아 실적 모멘텀 있는 종목을 골라내는 방식이다.

결산기를 앞둔 12월은 기관이 윈도 드레싱에 나서며 '돈 보따리'를 푸는 시기로 통하곤 한다. 시장에 인위적으로 개입하여 시세 차익을 큰 폭으로 내기도 한다. 거래소도 윈도 드레싱 의심 종목을 집중 모니터링하고 있지만 개인 투자자의 투자 판단은 흐려질 수밖에 없다.

2021년 5월 3일부터 코스피200과 코스닥150 지수 구성종목에 한해 공매도가 재개되었다. 대형주 350개를 제외한 나머지 종목들은 공매도 금지 조치가 연장되는 것이다. 2020년, 코스피 2000선이 붕괴되자 6개월간 한시적으로 공매도가 금지되었고 8월 말에는 다시 6개월 연장된 것이다. 코스피가 최고치 3000선마저 돌파하자 금융위에서는 예정대로 3월 중순부터 공매도 금지 조치를 종료할 것이라고 밝혔고, 이후 부분 재개를 결정하게 되었다. 그런데 시장상황으로 한 번 더 연장하면서 최종적으로 5월 3일부터 공매도가 재개된 것이다.

게임스톱 사태에서도 여파를 확인할 수 있었지만, 공매도는 국내외 주식 시장의 큰 변수 중 하나다. JP모건이 셀트리온에 대해 'SELL 매도 보고서'를 내놓자 외국계 증권사에 대해 '공매도 음모론'이 등장했다. 2020년 하반기, JP모건은 셀트리온에 대해 투자의견과 목표 주가를 하향 조정했다. 목표가는 국내 증권사의 평균 목표가의 40~50% 수준에 불과했다. 과거 2017년에도 모건스탠리가 셀트리온에 대해 '비중 축소'를 제시하며 당시 주가의 절반도 되지 않는 수준의 목표가를 내놓기도 했다. 글로벌 투자은행의 셀 리포트가 전해질 때마다 해당 종목의 공매도에 베팅한 큰 손이 차익실현을 위해 하락을 조장한다는 음모론도 나오곤 한다. 실제 해당 종목의 공매도 잔고 대량보유자에 셀 리포트를 낸 외국계 증권사도 존재했다. 미국에서도 모건스탠리는 차량 공유업체 리프트Lyft에 대해 공매도 조장 의혹을 받았으며, 상장 직전 매도를 권했었다는 사실이 알려지며 논란이 되기도 했다.

하지만 매도 보고서가 늘 공매도를 조장한다는 결론은 정답이 아니다. 외국계 증권사가 테슬라의 목표주가를 낮춰 잡듯이 미국 기업에 대한 전망도 보수적인 편이다. 다만, 해당 리포트가 공개되면 실제 그 기업에 거품이 끼어있는지, 실제 성장 가능성이 있는지 여부는 확인할 필요가 있겠다.

아침에 뉴스를 전달할 때 자주 등장하는 단어, '블록딜'이라는 용어가 있다. '블록딜Block Deal'은 다량의 주식을 한 번에 매매하는 것을 의미한다. 장중에 큰 변동성을 주지 않기 위해 장 마감 후 시간외 거래에서 지분을 대량으로 넘기는 방식이다. 장중 급락은 피할 수 있지만 다음 날 개장부터 주가가 큰 변동성을 보일 수 있다. 대형 할인마트에서 물건을 구매할 때 대량 묶음일수록 가격이 싸지듯이, 대량 매매도 할인이 된다. 이때, 할인율이 클수록 현재 주식 가치가 비싸게 평가되어 있다고 생각하면 된다. 주식을 한 번에 대량으로 사들여야 하는데 고평가이면 매수 결정을 망설이게 되며, 매도자도 빠른 자금 확보를 할 수 있기 때문이다.

블록딜은 중장기보다는 단기 악재로 작용하는 경우가 많다. 블록딜을 통한 자금 확보는 그룹의 재무구조를 개선하거나 신사업에 투자하는 등 현금 확보를 통한 긍정적인 요인으로 쓰일 수도 있다. 2020년 10월, 두산중공업 지원을 위한 두산퓨얼셀 지분 매각 소식이 전해졌다. 4,000억 원 규모의 블록딜에 나섰다는 내용이다. 그런데 오너 일가가 그룹 회생을 위해 시장에 내놓은 두산퓨얼셀 지분 중 절반만이 팔리고 말았다. 기존 계획대로라면 매각 대금으로 대출을 갚고 두산퓨얼셀 지분을 무상으로 중공업에 넘겨 부채비율을 줄이려고 했지만 사실상 실패한 것이다. 당시 할인율 최대치 18%를 적용했음에도 기관 투자자의 참여는 절반만 들어왔다. 12월 예정이던 유상증자 발행 가격보다 비쌌기 때문으로 시장에서는 이해했다. 2021년 들어 두산퓨얼셀의 잔여 지분 블록딜이 성공했다는 소식이 전해졌다. 지난 10월보다 할인율은 크게 줄었지만 주가는 강한 우상향을 그리며 매수가 들어오기도 했다. 매각 대금은 그룹 재무구조 개선을 위해 쓰일 것이라고도 전망됐다.

큰 수급의 변화를 일으키는 요인 중 하나는 MSCI 리밸런싱이다. 미국 투자은행 모건스탠리가 만든 세계 주가지수 MSCI Morgan Stanley Capital International 지수를 기반으로 미국계 펀드와 글로벌 대형 펀드가 만들어지기 때문에 변경일자마다 투자자들은 촉각을 곤두세운다. 종목이 MSCI 지수에 편입, 편출되면 MSCI 지수를 추종하는 펀드는 해당 종목을 매수, 매도해야 하기 때문에 큰 수급의 변화가 예상되곤 한다. 한편, 이 지수에서 편출될 경우 공매도가 크게 발생하면서 주가와 시장의 변동성도 커질 수 있다.

MSCI 리밸런싱rebalancing, 비중 조절은 1년에 네 번 구성종목을 변경한다. 매년 2월, 5월, 8월, 11월 지수의 비중 조절이 이루어진다. MSCI 선진국 지수World Index, MSCI 신흥국 지수EM, Emerging Market, MSCI 프런티어 지수로 나뉘며, 우리나라는 MSCI EM에 해당한다. 지난 2020년 11월, MSCI 신흥국 지수에서 한국의 비중이 줄어든다고 발표되자 11월 30일 마지막 거래일에만 무려 2조 4천억 원의 외국인 자금이 이탈하기도 했다.

국내 시장에서는 코스피200, 코스닥150에 편입, 제외되는 종목도 확인해야 한다. 2020년부터 코스피200과 코스닥150 정기변경 주기는 연 1회에서 연 2회로 변경됐다. 기존 6월 변경 외에도 12월이 추가된 것이다. 코스피200은 시총이 크고 거래량이 많아 코스피를 대표한다고 여겨지는 종목 200개를 선정하여 주가를 산출한 지수를 의미한다. 즉, 유동시가총액을 기준으로 순위를 매긴 종목들이 포함된다. 지수에 편입되는 것을 '레벨 업'이라고 부르는 만큼 수급도 그만큼 더욱 붙을 수 있다는 점에서 정기변경 발표일 전후로 주가도 긍정적인 움직임을 보이곤 한다.

무극선생의 TIP

어떤 큰 이슈나 이벤트가 있으면 그것에 대한 다양한 뉴스와 투자에 대한 시각이 나온다. 실전투자가는 반드시 명심해야 하는 부분이 있다. 우리 눈에 보이고 우리 귀에 들리는 사실이나 뉴스에 투자전략을 세우지 말자.

기울어진 운동장처럼 미리 설계된 상황에 대해 우리에게 이렇게 판단하라고 유도하고 그렇게 유도된 흐름에서 보이지 않는 설계자의 탐욕을 실현하는 실전 상황이 비일비재하게 일어나는 곳이 바로 주식시장이기 때문이다. 그 기울어진 운동장의 대표적인 상황이 대주주의 탐욕으로 설계된 거버넌스와 그 과정에서 나오는 블록딜이고, 다음 하나는 MSCI 리밸런싱이라고 생각한다.

여기서는 두산 그룹의 블록딜 사례를 통해 그 흐름의 연결고리에 대해서 생각해 보자. 우리에게 노출되기 전에 이것을 설계한 이해당사자의 시각과 그 대상의 주가 위치를 보고 실전에 대응하는 것이 중요하다고 생각된다.

실제 사례로 2020년 10월 8일 다음과 같은 공시가 발표되었다.

1. 제목	특수관계인의 지분 매각 관련
2. 주요내용	당사 최대주주의 특수관계인인 박정원 외 9인은 2020년 10월 6일자로 소유하고 있는 당사 지분 중 보통주식 560만주를 아래와 같이 시간외 대량매매 방식으로 매각하였습니다. 가. 계약체결일 : 2020년 10월 6일 나. 매도당사자 : 박정원 외 9인 다. 매매방식 : 시간외대량매매 라. 매각주식수 : 두산퓨얼셀(주) 보통주식 5,600,000주(보통주 기준 지분율 10.09%) 마. 매매결재일 : 2020년 10월 8일 바. 기타사항 본 건 결재 후 당사의 최대주주인 (주)두산 및 그 특수관계인의 주식소유현황은 아래와 같습니다(보통주식 기준). - 변동전 : 36,112,783주(지분율 65.08%) - 변동후 : 30,512,783주(지분율 54.98%)

이런 공시가 나왔을 때 이미 그 전부터 이해당사자들의 설계가 완성되었다는 것을 명심해야 한다. 그 과정에서 뉴스나 애널리스트들의

방향성 분석에 투자전략을 수립하지 말라는 이야기다. 실제로 두산-두산중공업-두산퓨얼셀 이렇게 직접적으로 연결된 대상 종목의 매매결제일 10월 8일을 기준으로 3개월 전, 6개월 전 위치, 그리고 블록딜이 전개된 이후 3개월, 6개월이 지난 후의 주가 흐름을 체크해보자.

또한 이것이 있으면 저것이 있다는 시각, 이것이 생기기 전에 저것이 생긴다라는 투자철학적 사고도 같이 연결시켜서 생각의 훈련을 해보자. 두산 그룹은 서로 얽히고 설킨 지배구조 연결과 두산중공업과 두산건설의 부실문제의 심각성 및 자금조달 과정에서의 비용증가로 그룹별 대주주 주식담보규모를 보면 가장 많은 그룹에 속한다.

또한 MB 정부, 박근혜 정부에서 문재인 정부로 넘어오는 과정에서 정부 정책 방향성의 큰 변화로 어느 그룹의 대주주 주식담보비율이 증가했는지를 확인해 보면 시사하는 바가 크다.

대기업집단 오너 상장주식 주식담보 비중

기업집단	지분 보유	담보 제공	2020년 9월			2017년 말		
			보유 주식수	담보 주식수	비중	보유 주식수	담보 주식수	비중
두산	5	4	50,587,138	48,683,010	**96.2%**	11,128,548	10,063,639	**90.4%**
롯데	6	4	22,806,823	14,858,528	**65.1%**	17,820,459	3,063,131	**17.2%**
금호석유화학	1	1	7,567,046	4,658,247	**61.6%**	7,519,854	4,615,859	**55.7%**
한진	3	1	14,754,199	8,198,262	**55.6%**	15,551,718	8,656,882	**55.7%**
유진	2	2	26,552,704	14,714,267	**55.4%**	25,993,950	15,368,154	**59.1%**
현대중공업	4	1	5,034,215	2,606,743	**51.8%**	4,202,977	0	**0.0%**
SK	7	2	31,790,853	15,359,679	**48.3%**	30,030,906	8,123,813	**27.1%**
한화	2	1	26,500,279	12,696,000	**47.9%**	26,200,279	13,070,000	**49.9%**
한국테크놀로지그룹	2	2	83,465,058	38,757,296	**46.4%**	83,465,058	0	**0.0%**
OCI	4	4	8,890,160	3,479,648	**39.1%**	9,826,040	1,893,040	**19.3%**
효성	9	6	35,855,784	13,677,598	**38.1%**	31,131,165	11,232,753	**36.1%**

두산그룹은 2017년 말 기준 주식담보비중 90.4%가 2020년 말 96.2%로 거의 대부분 주식담보로 제공되었고, 같은 기간 급격하게 주식담보비율이 증가한 그룹을 보면 롯데그룹, 현대중공업그룹, SK그룹, OCI로 나타난다. 그 이후 관련그룹 계열사의 거버넌스 변화가 나타난 것을 위 수치 변화를 통해 미리 읽어낼 수 있다.

수치를 보는데도 주식담보 비중의 변화만 체크하지 말고 보유주식 수의 변화도 체크하여 비중은 큰 변화가 없는데 보유주식 수의 규모가 크게 변화한 그룹도 체크해보기 바란다. 여기서 모든 이해당사자의 탐욕 및 초기조건이 형성되기 때문이다.

다시 두산그룹의 블록딜을 체크해보면 그 초기조건이 두산중공업의 실적 악화와 두산건설의 부실문제에서 발생되었으며, 지배구조 개편을 통해서 이 부분을 해결하려고 했던 것이다. 두산퓨얼셀 지분매각의 블록딜은 1년 전인 2019년 10월 두산의 인적분할부터 그 초기조건이 형성되었다.

두산 분할 후 예상 시가총액 (단위: 원)

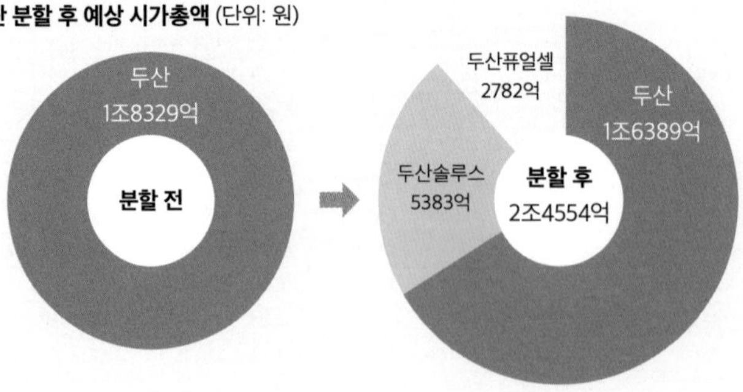

두산은 2019년 10월 1일 존속회사인 두산과 신설회사인 두산솔루스, 두산퓨얼셀로 인적분할을 했다. 두산솔루스는 전기차 배터리의 핵심 부품 중 하나인 전지박(동박), 전자소재, 바이오소재 사업을, 두산퓨얼셀은 발전용 연료전지 사업을 주력으로 한다.

두산솔루스와 두산퓨얼셀은 사업영역이 미래 성장산업, 정책 수혜 산업이란 측면에서 기업가치 재평가 높이기 게임을 한 것이다. 그런데 그 이면에는 부실화된 두산중공업 가치 높이기 게임이 있었으며, 이는 바로 이것을 설계한 설계자의 목표였던 것이다. 두산을 인적분할하고 각 사의 분할비율은 두산 0.906, 두산솔루스 0.033, 두산퓨얼셀 0.06으로 나누면서 지배구조는 다음과 같이 바뀌게 되었다.

두산그룹 지배구조

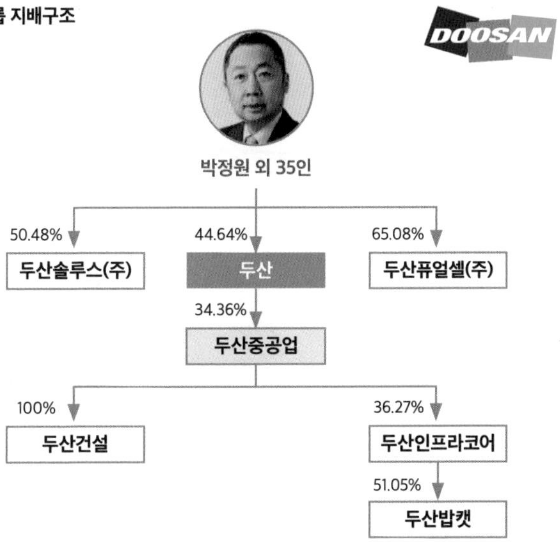

이러한 일련의 과정을 거치면서 쪼개고 합치고 무상증여하고 블록딜하고 매각하는 방법으로 구조조정을 진행하고 있다. 그 과정에서 설계자의 가장 큰 목적은 담보가치 높이기 게임인 것이다. 이미 주식담보는 대부분 은행으로 넘어갔기 때문에, 이 그림의 설계 중 가장 중요한 중재자는 보유주식을 담보 잡고 있는 은행이 될 것이다. 이런 흐름을 추적하고 이해당사자의 움직임과 탐욕을 추적하다 보면 어느 대상종목의 담보가치가 먼저 움직일지 예상하고 실제로 투자해보는 것이다.

두산그룹 인적분할의 가장 큰 그림에는 가장 문제가 되는 두산중공업이 있다. 이 과정이 전개되는 동안 2019년부터 2021년 5월까지 두산중공업의 주가 움직임을 체크해보고, 2019년 10월 두산의 인적분할, 2020년 10월 블록딜, 그리고 현재 진행되는 두산건설 물적분할 후 매각과정, 두산인프라코어 인적분할 후 매각과정을 추적해보면 지난 3년 동안의 다이내믹한 변화를 읽어볼 수 있다.

두산그룹 지배구조 개편 계획

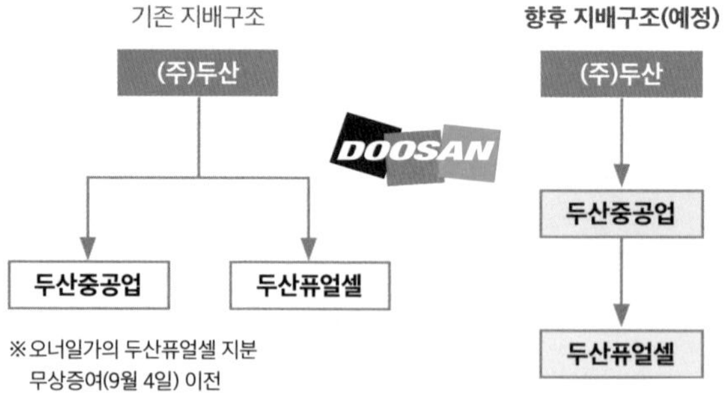

두산건설의 부실문제는 차를 타고 일산 방면으로 가다 보면, 저 멀리 높이 보이는 일산 두산위브더제니스가 초기조건을 제공한 것을 알 수 있다.

두산건설 분할구도

두산건설 ➡	존속법인 : 두산건설 사업목적 : 건설사업, 부동산 임대업 규모 : 자산 2조 2,300억원, 부채 1조 7,800억원
	신설법인 : 밸류그로스 사업목적 : 자산관리업(미수채권 등 이전) 규모 : 자산 2,500억원, 부채 800억원

다음 그래프는 두산중공업의 월봉이다. 두산그룹의 흥망성쇠를 보는 듯하다.

2019년부터 이해당사자들의 보이지 않는 설계가 작동되는 시점부터 4,000원대에서 놀던 주가가 15,000원까지 급등하는 에너지가 나타났다. 이러한 에너지는 위 설명했던 두산그룹의 구조조정 흐름에서 담보가치가 높아야 무엇을 그릴 수 있는 태생적 문제점을 해결하려는 시도에서 나타난 것으로 생각된다.

이와 함께 인적분할한 기업들의 주가 에너지도 체크해보자.

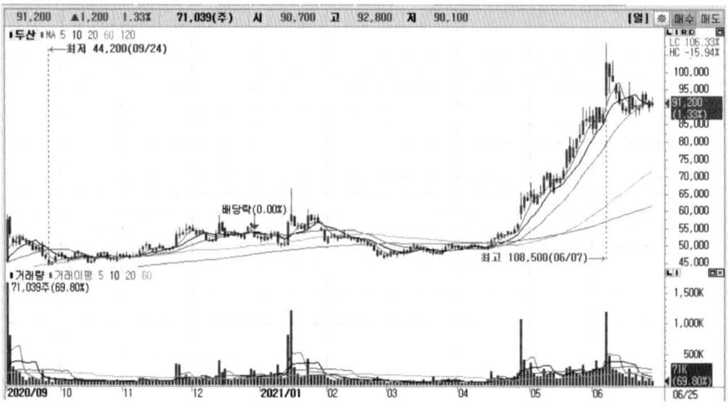

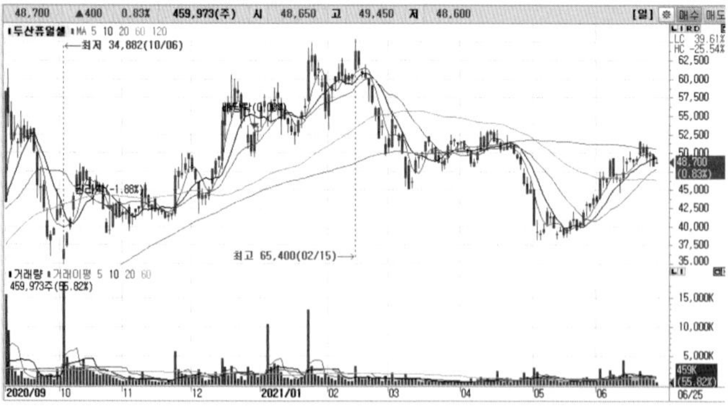

이제 두산그룹의 방향성은 코로나19 이후 성장을 위한 전 세계적인 인프라 건설에너지에 힘입어 두산인프라코어는 인적분할, 그리고 매각하려는 움직임을 보이고 있다.

두산인프라코어 지배구조 (6월말 기준)

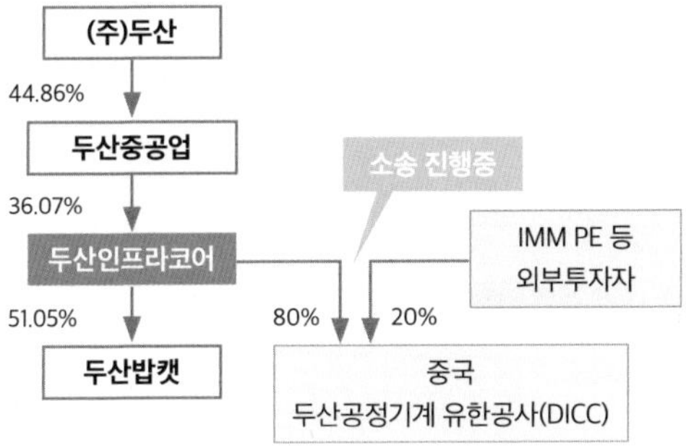

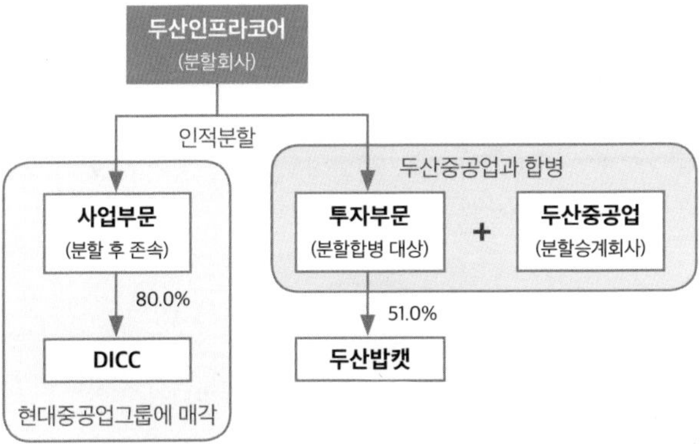

대상	진행 단계	금액
두산인프라코어	현대중공업지주-KDBI·MBK파트너스·글랜우드PE·GS건설 등 예비입찰 참여	1조원(예상)
두산타워	마스턴투자운용에 매각	8,000억원 (캠코 1,500억원 참여)
두산솔루스	스카이레이크에 매각	7,000억원
두산모트롤BG사업부	웰투시컨소시엄에 매각	4,530억원
두산건설	- 대우산업개발과 거래 결렬 - 캠코에 자산 매각 추진	-

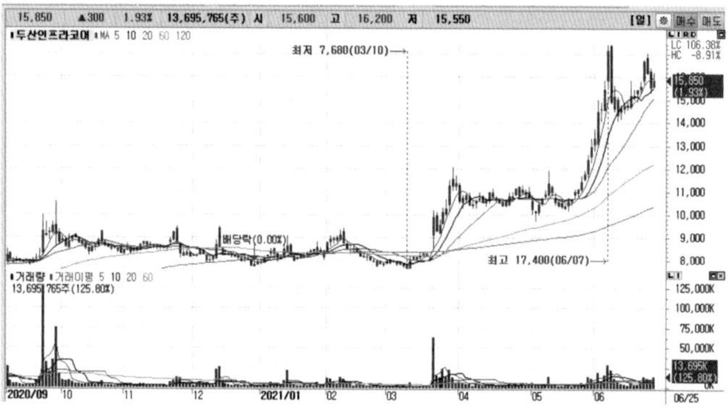

두산그룹 주요 자산 매각현황

두산그룹의 지배구조 역사를 공부하다 보면, 과거 초기조건인 동양맥주를 그대로 유지하고 본연의 업력을 그대로 이어왔으면 좋았겠지만, 원전 중공업 그룹 차원의 대변화가 실패한 상황에서 누적된 문제를 해결해야 하는 과정이었기 때문에 위 그림 같은 흐름이 나타난 것이다. 그나마 자산매각과정과 두산인프라코어의 분할과정이 구조조정의 끝자락에 온 것 같다. 두산인프라코어 업황의 미래지도는 긍정적이지만 그 사이 얽히고 설킨 법률 리스크를 하나 둘 해결하면서 가야 하기 때문에 고난의 행군이 예상된다. 문제만 잘 해결되면 두산그룹에서 그나마 가장 성장에너지가 큰 기업은 두산인프라코어로 판단되기 때문이다.

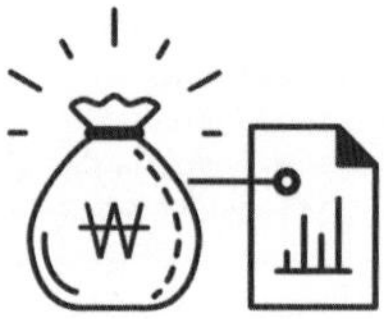

HOT
ISSUE
16

공매도 전쟁터_ 테슬라&셀트리온

HOT ISSUE 16

테슬라와 공매도

코로나19 여파로 무섭게 하락하던 2020년 주식 시장이 연말에는 고공행진 양상을 보였다. 주식 시장에 큰 자금이 쏠리면서 주식 안 하는 사람 찾기가 더 어려웠다. 공모주 열풍으로 시작된 우선주의 이상 급등 현상, 유동성이 넘쳐나던 테마성 순환매 장세 등 자금은 곳곳으로 퍼져나갔다.

하지만 국내, 해외 주식 시장에서 꼽히던 꿈의 주식은 바로 테슬라TESLA가 아니었을까? 고평가, 저평가 논란이 많은 테슬라는 증권사 목표주가 상단과 하단이 20배 차이를 보인다. 그럼에도 2021년 미국 증시에서 테슬라 주가는 10배 넘는 급등을 보였다. 비싸다는 생각에 매수를 미루면, 야속하게 또 오르고 또 올랐다. 국내 주식 시장에서도 비슷한 종목은 많았지만, 그만큼 이슈와 리스크 많은 종목도 찾아보기 힘들 것이다. 투자의견 상향과 하향이 거듭되던 테슬라는 결국 연말 S&P 500지수에 편입됐다.

도로 곳곳에서 보이는 친환경차의 파란 번호판, 대형 마트 주차장 한 켠에 자리를 차지하고 있는 수많은 전기차 충전소. 아직은 기술이 부족하다는 평이 있음에도, 하이브리드, 전기, 수소 자동차 대수는 늘고 있는 추세다. 배터리 관련 화재 뉴스부터 보조금 폐지 등 가격 부담 소식까지, 친환경 차량에 대한 좋지 못한 이슈는 계속되고 있지만 각국이 친환경 정책에 방점을 찍으면서 시장의 판도도 바뀌는 중이다. 이제 유명 자동차 제조업체들은 기술이 발전하고 시간이 지남에 따라 기존 가솔린 차량을 내놓지 않을 지도 모른다.

국내 주식 시장에서도 테슬라에 조금이라도 '납품'을 한다고 하면 무조건 올랐다. 마치 2차 전지주 내에서 숨겨진 보석을 찾듯이 시장은 분주했다.

테슬라의 주식이 급등하면 '공매도'가 늘 거론된다. CNN에서는 공매도 파장을 두고 '대학살bloodbath'이라는 표현을 썼을 정도다. 연말 기준, 테슬라의 공매도 세력은 350억 달러, 우리 돈 38조 원의 손실을 입었다고 한다. 테슬라 다음 두 번째로 손실액이 컸던 종목은 애플로, 손실액 58억 달러를 기록했을 정도니 테슬라 공매도 세력의 손실은 상당했다.

테슬라의 경우처럼 공매도 세력이 실패하는 경우도 있지만, 실제 주가가 급락하여 공매도 세력이 큰 수익을 보는 사례도 많다. 기업의 부정적 사례 혹은 숨긴 부실 내용 등을 조사하여 폭로하고 주가가 급락해 공매도 세력들이 큰 수익을 보는 경우가 있었다. 나스닥에 상장한 중국의 루이싱커피는 회계부정과 분식회계로 인해 상장 폐지된 회사다. 루이싱커피는 미국 증시의 저승사자로 불리는 머디워터스라는 리서치 회사가 분식결산 의혹을 제기하면서 공매도를 했다.

이처럼 미국 기업에 당한 중국 기업은 부지기수다. 1월초, 머디워터스는 루이싱커피의 수치 조작 의혹을 제기하면서 공매도를 했으며, 주간사였던 CICC는 머디워터스의 주장이 엉터리라고 반박하는 보고서를 냈지만, 결국 루이싱커피에 속았던 것으로 결론났다. CFA자격증까지 지닌 해당 애널리스트는 어떻게 되었는지 모른다.

이렇듯 회사를 정밀하게 조사해 거짓말을 하는 기업을 찾아내는 방식으로 공매도 리포트를 내고, 실제로 그 종목을 공매도하면서 공격하는 행동주의 리포트 전문기관들이 생기고 있으며, 비슷한 형태로 니콜라 사태, 이항홀딩스 사태 등이 발생하면서 해당종목은 급락했다.

이제는 공매도 전략도 하나의 투자전략으로 정착되고 있다는 생각이 든다. 그렇다면 공매도란 무엇인가?

공매도란, 현재 해당 주식을 보유하지 않고 있지만, 일단 주식을 '빌려서 파는 것'을 의미한다. 주가가 하락하면 이익을 보고, 반대로 상승하면 손해를 보는 매매 방식이다. 테슬라 주가가 급등하자 공매도 세력들은 테슬라 주가가 기본가치보다 너무 높게 형성되어 있다고 판단하여 공매도를 결정한 것이다. 그런데 테슬라의 주가가 계속 오르자 공매도 투자자들의 손실도 커졌고, 공매도 세력의 지분 또한 감소한 것으로 집계됐다. 이런 현상을 숏커버링과 숏스퀴즈 현상이라고 한다.

숏커버링은 주식시장에서 공매도(빌려서 판)한 주식을 되갚기 위해 다시 사는 환매수를 말한다. 일단 주가가 하락할 것으로 예상되면 주식을 빌려서 파는 공매도를 하게 된다. 이후 주가가 하락하면 싼 가격에 사서 돌려줌으로써 차익을 챙길 수 있지만 예상과는 달리 주가가 상승할때는 손실을 줄이기 위해 주식을 매수하게 된다. 대체로 공매도는 주가 하락을 유발하지만 거꾸로 숏커버링은 주가 상승을 부추기는 요인으로 작용한다.

숏스퀴즈는 주가가 상승할 때 숏 매도를 했던 투자자들이 숏 포지션을 커버하기 위해 혹은 손실을 줄이기 위해 매수하는 것을 의미한다. 계약이행에 필요한 실물의 양이 시장에 충분치 않은 상황에서 현물가격이 상승하면, 선물 매도(공매도) 투자자는 계약이행에 필요한 실물을 확보하기 위해 경쟁적으로 현물을 매수 short covering하게 되며, 이는 실물 품귀현상을 더욱 가중시켜 가격 급등으로 이어진다. 일부 투자자는 인위적으로 '숏스퀴즈' 상황을 유발함으로써 현선물 양쪽시장에서 막대한 시세차익을 얻기도 한다. 미국 선물거래위원회는 선물매수와 동시에 선물계약 이행에 필요한 현물채권을 사재기하는 행위를 금지하고 있다.

셀트리온과 공매도

셀트리온 하면 '공매도 대장주'라는 인식이 있다. 서정진 회장도 여러 차례 언급한 공매도 세력에 대한 문제점이다. "외국인 공매도 투자자도 열성 투자자"라고 웃픈 농담을 한 적이 있을 만큼 셀트리온과 외국계 투자은행은 악연이 참 많았다. 실제로 외국계 투자은행의 매도 의견 보고서는 자주 보였는데, 크레디트스위스와 JP모건은 셀트리온의 주가가 과도하게 올랐다며 매도 리포트를 내놨다. 셀트리온은 긴급 투자설명회를 열어 반박을 하기도 했지만, 개인 투자자들 입장에선 불확실성에 직면할 수밖에 없다.

공매도 잔고 대량 보유자로 꼽히는 외국계 투자은행인 만큼 공매도 논란도 불거졌다. 일각에서는 이러한 보고서가 공매도 세력의 '숏커버링'을 위한 것이 아니었냐는 의혹도 제기되곤 한다. 공매도는 주가가 하락할 때 이익을 거둘 수 있지만, 셀트리온 3인방처럼 주가가 오르게 되면 더 큰 손실이 발생하기 때문에 숏커버링을 할 수밖에 없다. 숏커버링이란, 주가가 계속 오를 경우 주식을 매수해 '되갚는 것'을 의미한다.

무극선생의 TIP

아니나 다를까, 2021년 5월 3일, 공매도가 재개되면서 집중적 공매도 대상이 된 셀트리온은 실제 공매도 비중 최대 종목이 되었다. 공매도 첫날 금액으로 최고 700억 원 이상을 셀트리온 한 종목에 공매도 공격을 한 것이다. 주가도 2021년 고점 39만원에서 27만원까지 급락한 상황인데, 5월 3일부터 공매도 에너지가 나오면서 추가 급락을 했다. 단기간에 24만원 대까지 급락한 상황이다. 이것은 2020년 9월, JP 모건 리서치에서 셀트리온에 대한 매도 리포트가 나오면서 공매도 재개 시 주요 타깃이 되겠다는 판단은 이미 시장에 퍼져있는 상황이었다.

2020년 미국시장도 게임스톱 공매도 사건, 리프트 공매도 사건 등 공매도 세력과 공매도를 방어하려는 세력들 간의 한 판 싸움을 시장에서 보았는데, 이런 흐름이 국내증시에서도 나타나는 것 같다.

셀트리온에 대한 국내 증권사 리포트의 평균 적정주가를 30~31만원으로 예측하는 리포트가 많았는데 JP모건에서 19만원 예측 리포트를 내놓으면서 주가 변동성이 커졌다. 청와대 국민청원까지 등장하면서 셀트리온 공매도에 대한 논쟁이 커졌는데, 2021년 5월 3일까지 공매도가 금지되면서 공매도 노이즈가 수면 아래로 내려갔다가 공매도가 재개된 일자부터 공격적인 셀트리온 공매도가 나타난 것이다.

특징적인 것은 셀트리온만 공매도가 집중된 것이 아니라, 삼성바이오로직스 등 바이오 전반에 대해 공매도 에너지가 증가하는 현상이 나타났다는 점이다. 앞으로 셀트리온, 셀트리온헬스케어, 셀트리온제약의 합병이 전개되는 과정에서 셀트리온, 셀트리온헬스케어의 매출구조에 대한 시각과 헝가리 재고 창고에 대한 시각이 어떻게 전개되는지 동태적으로 추적해야 할 것이고, 합병까지 주가 변동성이 어떤 모습을 보일지도 체크해야 할 것이다.

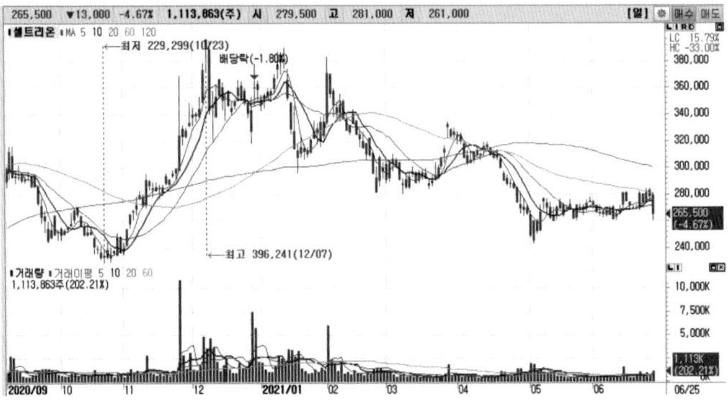

068270 셀트리온 당일 2020/12/07 - 2021/06/26 금액(백만원) 수량(주) 수량(천주) 순매수 매수 매도 평균단가 참조

일자	종가	대비	등락률	거래량	외국인	개인	기관계	투신	사모펀드	금융투자	보험	은행	기타금융	연기금 등	기타법인	내외국인
합계					-114,604	2,561,593	-2,515,315	-219,249	-155,632	-356,948	-345,256	-4,791	-119,761	-1,313,678	51,007	17,319
21/06/25	265,500	▼ 13,000	-4.67	1,113,863	4,148	79,023	-83,002	-13,576	-24,851	-5,626	-9,985	-1,090	-24	-27,850	-1,432	1,263
21/06/24	278,500	▼ 3,000	-1.07	550,836	-159,202	176,588	-16,735	-2,835	-2,520	-17,959	1,334	2,220	222	2,803	-2,118	1,467
21/06/23	281,500	▲ 7,500	2.74	955,076	151,843	-356,711	200,260	22,211	-4,494	54,340	14,352	401	-1,535	114,985	3,184	1,424
21/06/22	274,000	▼ 6,500	-2.32	534,404	-200,554	220,188	-43,889	-210	-393	-35,542	986			-8,730	24,534	-279
21/06/21	280,500	▲ 10,500	3.89	1,005,972	222,394	-412,605	190,911	58,212	9,901	3,087	25,353		-961	95,319	-218	-482
21/06/18	270,000	▲ 1,000	0.37	476,193	-17,693	-22,031	38,428	2,549	4,971	43,505	-3,574			-9,023	978	318
21/06/17	269,000	▼ 2,500	-0.92	387,652	-37,458	88,236	-48,857	-579	164	-43,022	-1,059	111		-4,472	-2,288	367
21/06/16	271,500	▼ 3,500	-1.27	399,618	-60,993	68,726	-9,890	116	-292	-8,008	232			-1,938	1,709	448
21/06/15	275,000	▼ 6,000	-2.14	610,595	-125,092	152,838	-27,189	2,342	-356	-53,850	73			24,602	-1,155	598
21/06/14	281,000	▲ 15,500	5.84	1,522,976	256,092	-354,265	104,006	37,830	3,051	17,383	12,263	-1,179	-1,525	36,183	-5,376	-457
21/06/11	265,500	0	0.00	488,250	26,758	-40,624	13,088	9,272	1,226	-24,186	-825	40	617	26,944	926	-148
21/06/10	265,500	▲ 4,000	1.53	557,630	195,611	-59,577	-136,519	-12,987	357	-104,431	6,548		135	-26,141	671	-186
21/06/09	261,500	▼ 7,500	-2.79	604,854	-163,861	264,876	-105,052	-25,490	1,577	-52,117	-6,979			-22,043	2,917	1,120
21/06/08	269,000	▲ 4,500	1.70	545,001	81,782	-175,434	95,837	5,014	3,798	70,180	-1,666	110	237	18,164	-1,210	-975
21/06/07	264,500	▼ 2,500	-0.94	350,960	10,207	18,598	-22,503	875	2,513	-16,233	-188			-9,470	-5,892	-410
21/06/04	267,000	▲ 500	0.19	456,306	-35,970	69,158	-32,979	-8,762	-293	-30,406	167	450	-121	5,986	-406	197
21/06/03	266,500	0	0.00	510,966	-19,922	-29,187	51,507	-2,759	4,952	48,257	-2,119		-714	3,890	-2,436	38
21/06/02	266,500	▼ 6,000	-2.20	539,104	-107,456	150,846	-44,487	-3,856	-3,439	-31,920	-7,701		-4	2,433	536	561
21/06/01	272,500	▼ 2,000	-0.73	329,654	-17,806	-12,268	28,576	3,674	-566	22,673	2,681		-1,335	1,449	1,459	39

국내 증권사들의 셀트리온 목표가(35~45만 원)는 42~55%에 불과하다. 조지현 JP모건 애널리스트는 유럽연합 내 시장점유율 증가 둔화, 바

이오시밀러 업체 간 경쟁 격화, 코로나19 치료제 개발 불확실성 등을 근거로 제시했다. 리포트가 발간된 날 셀트리온의 주가는 6% 넘게 하락했다.

글로벌 IB의 셀트리온 리포트 역대 목표가

(단위: 원)

시기	증권사	목표주가	발간일 전일 종가	목표가·종가 비율
2017년 10월 18일	모건스탠리	8만	19만1,700	41.73%
2018년 1월 18일	도이체방크	8만7,200	31만3,500	27.81%
2018년 8월 12일	모건스탠리	14만7,000	27만2,000	54.04%
2020년 9월 9일	JP모건	19만	31만8,000	59.75%

원래 과거에도 위 그림과 같이 유독 셀트리온에 대한 외국계 증권사의 목표주가 하향 리포트가 많았고, 그 부분에 대한 최종검증이 합병을 전후로 나타나는지 체크해보자.

HOT
ISSUE
17

유상증자란?_
₩테슬라&헬릭스미스

HOT ISSUE 17

테슬라는 2010년 6월 미국 나스닥 시장에 주당 17달러로 상장했다. 기술주 중심의 나스닥에서 대형 우량주 중심의 S&P 500 지수 편입을 했다는 점은 엄청나다.

필자는 트위터 SNS 계정이 없지만 방송을 준비하며 특정 몇 명의 트위터 계정만은 염탐을 자주하곤 했다. 트위터를 사랑하는 트럼프 前 미국 대통령은 물론이고, 테슬라의 CEO 일론 머스크의 트윗도 중요하게 여겼다. 괴짜 천재로도 잘 알려져 있는 머스크는 과거부터 상장폐지 발언 등으로 기업 이미지에 타격을 입히기도 했다. 그의 행동과 발언에 시장은 늘 주목하고 있으며, 이번에는 테슬라가 캘리포니아 주를 떠나 텍사스 주로 이전한다는 소식이 주목받았다.

오라클, 드롭박스, HP 같은 빅테크 기업들이 세금 등의 이유로 기존 실리콘밸리를 떠나고 있다. 테슬라는 오스틴에 신규 공장 건설을 진행 중이고, 2020년에만 세 번 유상증자에 나섰다. 보통 유상증자를 결정하면 기업의 주가는 하락하기 마련인데, 테슬라는 그럼에도 또 상승했다. 이유는 무엇이었을까? 증자란, 신주를 발행함으로써 자본금을 증가시키는 것이다. 돈을 받고 새로운 주식을 발행하면 유상증자, 돈을 받지 않고 발행하는 것을 무상증자라 한다.

테슬라의 경우, 전기차 공장을 추가로 증설하고 있고, 2021년 전기차 픽업트럭 '사이버트럭' 등을 출시해야 한다며 대규모 자본의 필요성을 언급했으며, 증자가 주가 상승에 긍정적으로 이어졌다. 헬릭스미스의 경우에도 2020년 후반 유상증자를 결정한 뒤 급등을 보였다. 바이로메드에서 헬릭스미스로 사명을 바꾼 뒤 하락에 무게가 실렸던 종목인데, 유상증자로 기사회생이 가능할지도 모른다는 분석 덕분에 상승한 것이다. 연내 성공적인 유상증자가 이어진다면 관리종목 지정을 운 좋게 피할 수도 있다.

헬릭스미스는 문제가 되는 부실사모펀드 투자 논란으로 각종 어려움을 겪었다. 유전자 치료제 '엔젠시스(VM202)'의 당뇨병성 신경병증DPN에 대한 미국 임상 3상(3-2)에서 첫 환자에 대한 투약을 실시하면서 주가가 상승하는 구간도 있었지만, 대주주의 고위험 자산 투자로 인한 큰 손실과 유상증자 실패 가능성이 대두되면서 주가는 추세적으로 하락하고 있다. 이를 극복하기 위해 헬릭스미스는 주주 대상의 유상증자 외에 전환사채를 발행해 투자금을 조달했다. 2018년 1,000억 원, 올해 800억 원을 이렇게 모았다. 그러나 헬릭스미스의 단기 투자 차익 목적의 금융 자산(당기손익인식 금융자산)이 급격히 불어난 시기는 2019년이다. 소액주주를 상대로 대규모 유상 증자를 단행했던 때와 일치한다. 굳이 자금의 꼬리표를 추적하지 않아도 헬릭스미스의 위험상품 투자 재원은 주로 주주들의 쌈짓돈이었다는 것은 명백한 사실이다.

아직 신약 개발 이전 단계인 헬릭스미스는 외부 투자금 조달 외 별다른 현금 수입원이 없기 때문에 자금 흐름이 비교적 단순하다. 연간 40억 원 안팎인 매출 대부분은 건강기능식품과 피부 보습제 판매에서 발생하며, 회사가 버는 돈보다 유지비와 연구 개발비 등으로 쓰는 돈이 훨씬 많기 때문에 본업 현금 수지(영업활동현금흐름)는 계속 마이너스를 기록 중이다.

그런데 현실은 아주 부정적으로 전개되고 있다. 2020년 11월 19일 헬릭스미스는 김선영 대표가 보유하고 있던 주식 중 53만 5000주를 블록딜(시간 외 대량매매) 방식으로 매각하고, 신주인수권증서를 처분했다고 공시했다.

김선영 헬릭스미스 대표이사는 19일 "어쩔 수 없이 블록딜과 신주인수권증서 매각을 결정했다. 주주들에게 송구함을 금할 수 없다."며 "현재 진행 중인 유상증자를 성공적으로 마무리하고 회사 가치 상승에 최선을 다하겠다."고 밝혔다.

이번 지분 및 신주인수권증서 매각은 김 대표의 주식담보대출이 만기됨에 따라 이를 상환하기 위해 진행됐다. 이에 김 대표는 시장에 대한 충격을 최소화하기 위해 반대매매가 아닌 블록딜을 결정한 것이다. 65만 주 가량의 신주인수권을 유상증자 참여 니즈가 있는 투자자에게 매각해 확보한 자금도 주식담보대출 원금 및 이자 상환에 쓸 예정이다.

김 대표는 "그간 유상증자에 참여하며 140억 원 상당의 주식담보대출이 있었고, 최근 일부를 상환했지만 여전히 100억 원 상당의 대출금이 남아있었다."며 "대출 연장을 위해 노력했으나, 금융기관으로부터 불가 입장과 연내 반대매매를 통보받았다."고 했다.

무극선생의 TIP

테슬라는 유상증자를 지속적으로 실시함에도 불구하고 주가는 지속적으로 상승하는 모습을 보이는 반면, 헬릭스미스는 유상증자 및 전환사채를 발행하면서 자금조달에 힘을 쓰고 있음에도 불구하고 주가는 급락하는 모습을 보이고 있다.

관심은 5월 3일 공매도 공격 중 셀트리온, 삼성바이오로직스가 집중 타깃이 되었는데, 헬릭스미스 같은 종목은 어떤 흐름을 보일 것인가다.

http://data.krx.co.kr/contents/MDC/MDI/mdiLoader/index.cmd?menuId=MDC02030101

해당종목의 공매도 데이터를 체크하는 사이트다.

종목명 084990/헬릭스미스 조회
조회기간 20210525 ~ 20210625 1일 1개월 6개월 1년
Close ×

2021.06.26 PM 06:44:06 주 원

일자	공매도 수량				공매도 금액			
	거래량			잔고수량	거래대금			잔고금액
	전체	업틱룰적용	업틱룰예외		전체	업틱룰적용	업틱룰예외	
2021/06/25	32,595	29,464	3,131	-	1,020,425,900	923,153,250	97,272,650	-
2021/06/24	44,173	40,231	3,942	-	1,387,385,300	1,264,545,1...	122,840,150	-
2021/06/23	31,495	30,148	1,347	794,170	993,094,100	951,118,500	41,975,600	24,579,561,500
2021/06/22	43,875	41,764	2,111	795,514	1,410,443,150	1,342,794,4...	67,648,750	25,575,775,100
2021/06/21	62,501	58,095	4,406	732,604	1,997,703,150	1,856,977,5...	140,725,650	23,516,588,400
2021/06/18	77,968	75,941	2,027	740,085	2,744,413,850	2,671,340,1...	73,073,750	25,569,936,750
2021/06/17	42,710	35,139	7,571	713,369	1,533,133,150	1,256,805,1...	276,328,000	25,502,941,750
2021/06/16	37,193	34,659	2,534	695,587	1,436,056,550	1,340,268,3...	95,788,250	25,875,836,400
2021/06/15	39,407	32,725	6,682	716,657	1,519,253,300	1,261,350,7...	257,902,550	27,591,294,500
2021/06/14	49,223	45,604	3,619	688,918	1,958,381,550	1,814,012,7...	144,368,850	27,487,828,200

셀트리온과 비교해 보자.

종목명 068270/셀트리온 조회
조회기간 20210525 ~ 20210625 1일 1개월 6개월 1년
Close ×

2021.06.26 PM 06:45:05 주 원

일자	공매도 수량				공매도 금액			
	거래량			잔고수량	거래대금			잔고금액
	전체	업틱룰적용	업틱룰예외		전체	업틱룰적용	업틱룰예외	
2021/06/25	28,715	24,449	4,266	-	7,853,885,500	6,703,341,0...	1,150,544,500	-
2021/06/24	15,794	14,826	968	-	4,427,071,000	4,156,647,5...	270,423,500	-
2021/06/23	7,249	5,084	2,165	3,965,025	2,037,974,000	1,427,382,5...	610,591,500	1,116,154,537,500
2021/06/22	13,546	13,260	286	4,027,598	3,719,567,500	3,640,744,5...	78,823,000	1,103,561,852,000
2021/06/21	17,986	14,386	3,600	3,983,287	4,971,263,500	3,979,748,0...	991,515,500	1,117,312,003,500
2021/06/18	7,171	5,598	1,573	4,039,553	1,939,058,000	1,514,465,5...	424,592,500	1,090,679,310,000
2021/06/17	23,441	7,174	16,267	4,098,083	6,324,069,000	1,936,217,0...	4,387,852,000	1,102,384,327,000
2021/06/16	13,718	7,169	6,549	4,045,397	3,723,445,500	1,945,444,5...	1,778,001,000	1,098,325,285,500
2021/06/15	12,212	7,755	4,457	4,004,005	3,369,212,500	2,140,078,0...	1,229,134,500	1,101,101,375,000
2021/06/14	23,982	21,211	2,771	3,936,568	6,559,257,000	5,800,902,5...	758,354,500	1,106,175,608,000

가장 중요한 점은 공매도가 지속되더라도 기업의 미래 성장성이 지속되고 수익을 내는 상황에서는 공매도 세력들이 실패하고 숏커버링 해야 하는 상황이 전개될 것이다. 반면, 헬릭스미스처럼 대주주에 대한 신

되도가 약하고 기업 실적이 개선되지 않는 등 부정적인 고위험 대상에 투자하는 기업은 공매도 주체들의 먹잇감이 되어 추세적으로 하락하는지 체크해봐야 할 것이다.

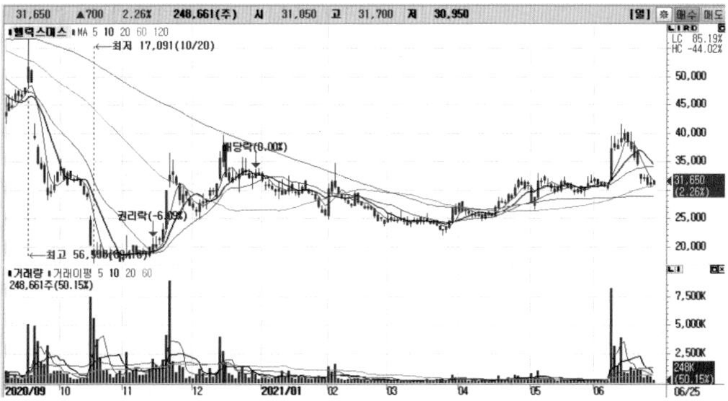

즉, 공매도 대상과 관련하여 시장이 관심을 두는 종목을 체크할 때에는 해당 기업 CEO의 능력과 도덕성을 추적하는 것이 가장 중요하다. 다음으로는 그 기업의 미래 성장성과 수익성이 실현 가능한지, 실현 가능한 확률은 어느 정도인지 추적하는 것이 중요하며, 실전에서의 공매도 세력과 매수 세력의 힘의 우위가 어떻게 수급 면에서 전개될지 추적해가는 것이 중요하다.

전달 및 관찰자 입장에서 중요하게 본 부분은 대부분 공매도 대상 종목들이 미래 성장성에 승부를 걸고 있으며, 제3자 유상증자나 전환사채를 통해 기업을 영위하는 기업들이 많다는 점이다. 그런데 그 기업이 지속적으로 성장하려면 꾸준한 자금조달만으로는 불가능할 것이다.

크게 한번 성공하면 그 동안의 부실했던 부분을 한 번에 복구하고 성장할 것이라 하지만, 그 전부터도 지속성장이 어려울 수 있는 상황이 전개될 수 있다. 따라서 이러한 기업일수록 주당 매출액의 성장성을 중요한 지표로 삼는다.

기업을 영위하다 보면 적자가 지속될 수 있다. 하지만 매출이 발생하지 않는 기업을 미래의 큰 꿈만 믿고 가기에는 불안하다. 빠르게 변화하는 세상에서 기업을 영위하는 사람이나 그 기업을 믿고 투자하는 사람들의 초심도 흔들릴 수 있으며, 변화의 변곡점도 사정에 따라 달라질 수 있기 때문이다. 따라서 기업이 영위하는 조직원의 이탈을 방지할 수 있을 정도의 매출액이 없는 기업은 투자 대상에서 제외하는 것이 좋으며, 공매도 세력이 상위 대상이 될 수 있기 때문에 투자 입장에서는 기피 대상으로 보는 것이 좋다고 생각된다.

HOT ISSUE

18

게임스톱과 공매도

HOT ISSUE 18

뉴스를 전달하다 보면 전달자 입장에서 '직관'이라는 것도 생기나 보다. 어느 시점에 비슷한 사건과 현상이 한 번에 몰려온다는 것이다.

2020년 9월 10일, 나스닥 투자자들은 개장 전부터 이름 없는 어느 리서치 회사가 인터넷에 올린 보고서로 술렁였다. 행동주의 공매도 투자자라고 밝힌 회사 '힌덴버그 리서치'가 낸 보고서 제목은 '니콜라: 거짓말의 바다에서 어떻게 미국 최대 자동차 회사와 손을 잡았는가' 였다. '수소전기차를 만들겠다던 니콜라는 관련 기술이 없다.'라는 내용을 담은 보고서였다. 그로부터 열흘 뒤, 니콜라 주가는 보고서 발간 전과 비교해 반토막이 났다. 이 보고서 여파로 트레버 밀턴 니콜라 창업자가 물러났다.

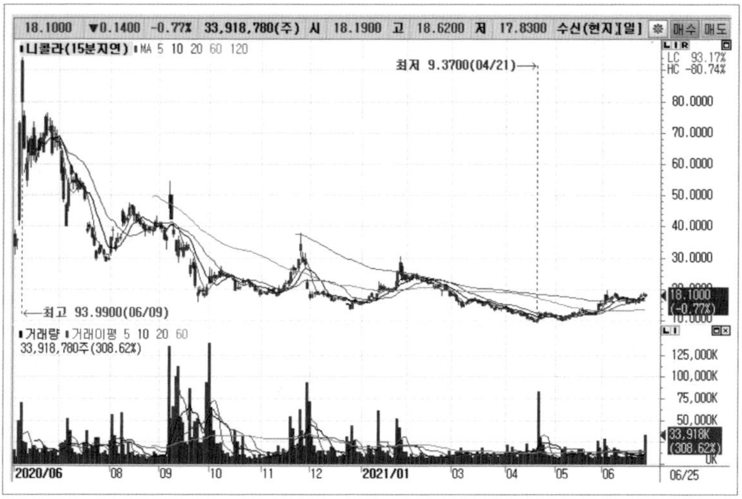

보고서를 쓴 힌덴버그 리서치는 최근 미국 증시를 뒤흔드는 '행동주의 공매도 투자자activist short seller' 중 하나다. 주가가 지나치게 높다고 생각하는 기업 주식을 공매도한 뒤, 해당 기업의 사기 의혹 등 문제점을 공개적으로 거론해 주가가 떨어지면 이득을 거두는 집단이다. 마치 서부 영화의 '현상금 사냥꾼'처럼 늘 먹잇감을 찾아 다니는 듯한 곳이다.

그런데 하물며 이것도 유행을 타는지, 그 이후 비슷한 기업에 대한 탐사보고식의 보고서가 꾸준히 발간됐다. 다음 표적은 SK텔레콤이 투자해서 국내 투자자들도 관심이 많은 의료 벤처기업 나녹스Nanox였다. 상장 이후 한 달여 만에 주가가 두 배 넘게 올랐을 때였다.

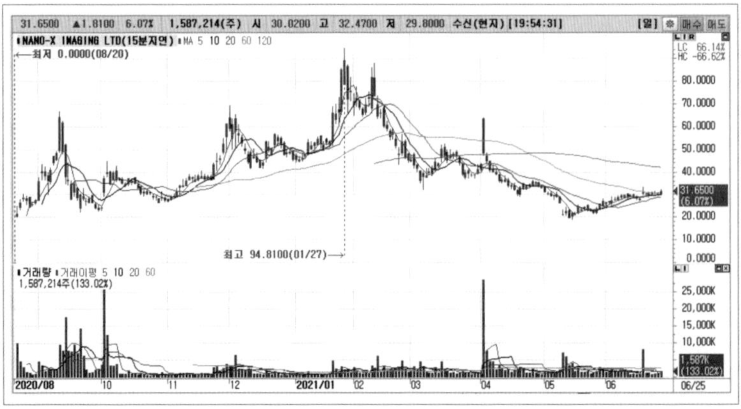

대표적인 행동주의 공매도 투자사인 시트론 리서치Citron Research와 머디워터스Muddy Waters가 연달아 '사기다'라는 공개 보고서를 내면서 주가가 폭락했다.

또한 중국 교육 플랫폼 GSX테크에듀는 머디워터스가 사용자 부풀리기 의혹 등을 제기하자 바로 주가가 7% 넘게 급락했고, IT 회사 아이디어노믹스는 힌덴버그 등 여러 공매도 세력의 공개 저격으로 주가가 최근 3개월 새 60% 넘게 하락했다.

대형 투자은행도 아닌데, 주가는 이 공매도 행동주의자들의 주장에 왜 이렇게 출렁이는 것일까? 또 이들은 왜 기업의 뒤를 캐는 데 이렇게까지 혈안이 되었을까?

2021년 공매도와 관련한 종목 중 가장 핫했던 이슈는 게임스톱일 것이다. 미국 헤지펀드가 게임스톱의 유동 물량을 초과하는 물량을 공매도한 것이 모 유명 유튜버에게에게 알려지면서 개인투자자들의 공분을 샀다. 이어 개인투자자들이 힘을 담합하여 공매도를 주도한 헤지펀드의 숏스퀴즈 상황까지 만드는 주가 급등을 유도했으며, 그 과정에서 해당 헤지펀드는 막대한 손실을 입었고 그 손실을 줄이기 위해 다른 우량주식을 매도하는 상황까지 전개되었다. 결국 전체 시장의 불확실성을 증폭시키면서 하락으로의 변동성까지 상황이 이어졌다.

이 모습에서도 인간 탐욕이 작동했으며, 보이지 않는 설계자가 존재한 것 같다. 게임스톱에 대한 개인투자자들의 공격적인 매수가 커지자 미국 본토개미들이 가장 많이 이용하는 위불, 로빈후드, 아메리칸 트레이딩 등 증권거래 앱에서 GME, AMC, BB 등 공매 숏퀴즈 관련 주식의 '매수' 버튼이 사라졌다. 얼마나 황당한 일인가?

개인투자자들을 위해서였다지만, 월가와 헤지펀드 세력들의 정치적 에너지를 한 곳으로 모아 기관과의 같은 포지션인 '매도'만 할 수 있도록 만든 것이다. 로빈후드 등의 입장은 개미들의 '과도한 투기'로 인해 이용자들의 피해가 발생할 수 있다는 이유로 매수 버튼을 금지시켰다지만, 이면에는 이것을 설계한 보이지 않는 설계자가 있다는 점이다.

로빈후드 증권 앱은 개미들의 거래수수료가 무료인 대신 기관에서 수수료를 받는 구조로 사업을 이어간다. 따라서 로빈후드와 이해관계가 긴밀히 연결되어 있는 이해당사자의 탐욕이 반영된 것으로 판단되며, 그 당사자들은 멜빈캐피털과 공매도 메인 기관인 시트론으로 확인된다. 또한 시타델(대표 공매도 숏 기관)의 최고 CEO가 레딧 월스트리트벳 관리자에게 전화를 걸어 자신을 도

와달라 했다는 소식이 들렸으며, 이와 함께 레딧 월스트리트벳에서 담합해 주가조작을 하고 있어 수사를 의뢰했다는 내용을 언론에 전했다는 소식도 들렸다. 미국 월가와 연줄이 있는 언론사들은 관련 내용을 각종 매체에 도배함으로써 결국 개인투자자로 구성된 매수 에너지와 월가, 언론, 정치권 등 기득권 세력으로 구성된 에너지가 충돌한 것이다. 공정한 게임의 룰이 한없이 무너지면서 게임스톱의 주가는 고점에서 급락으로 반전한 상황으로 일단락되었다.

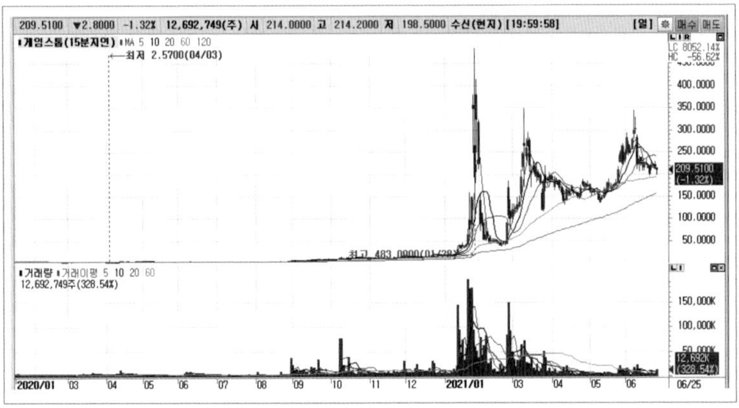

미국 비디오게임 판매업체인 게임스톱GameStop, GME은 예전 동네 DVD 가게처럼 곳곳에 있는 소매업체다. 전 세계 수천여 개의 점포가 있는 업계 최대 기업이면서도 재무제표 면에서는 실적이 아쉬운 곳이다. 그런데 무슨 일인지 2021년 초, 게임스톱 주가는 한 달이 되지 않는 동안 무려 700%나 올라 우리 돈 11조 원 규모의 시가총액을 기록했다. 자고 일어나니 100%가 오르는 등 한달 전 20달러였던 주가가 갑자기 140달러를 뛰어 넘은 것이다. 현 시점에서 이 주식을 산다는 것은 말이 되는 투자일까?

게임스톱은 자사주 매입을 통해 주가를 부양해왔고 닌텐도 전 미국지부 대표가 CEO로 선임되며 실적 개선 기대감이 생겼다. 현금 확보와 부채 삭감 등으로 체질 개선을 위해 노력해오고 있다. 또, 행동주의 투자자 라이언 코헨이 게임스톱의 주식 10% 이상을 사들이며 대주주에 등극했다는 점도 성장 기대감으로 이어졌다. 또 최근에는 억만장자 투자자 차마스 팔라하피티야 소셜 캐피탈 CEO가 "2월 115달러 게임스톱 콜옵션(살 수 있는 권리)을 아침에 샀다."는 트윗을 올리자 주가는 다시 폭등하기도 했다. 모두 주가에 호재로 작용할 만한 재료들이지만 700%라는 급등을 설명하기에는 역부족이다.

이번 사태의 주역은 미국 최대 주식 커뮤니티인 레딧Reddit의 월스트리트벳Wallstreetbets이었다. 개인 투자자들의 채팅방, 토론방과 같은 사이트다. 주가가 급등 아닌 폭등을 보이자 공매도 세력은 당연히 손실 물량을 줄이기 위해 숏커버링에 나섰다. 하지만 개인 투자자들은 그 공매도 세력에 맞서 주식을 엄청나게 사들였고, 덕분에 주가가 폭등하자 하락에 베팅했던 공매도 세력은 더더욱 막대한 손실을 입게 된 상황이다. 공매도 세력의 움직임에 따라 개미는 추가 매수를 하며 그 물량을 모두 소화해버리는 상황이 계속 반복돼 주가가 이상 과열현상을 보인 것이다.

'Hedge'라는 용어는 위험을 회피, 분산시킨다는 의미를 지니지만, 헤지펀드Hedge fund는 공격적인 방식으로 운용하는 사모펀드의 종류다. 레버리지leverage, 작은 힘으로 무거운 물건을 들어올리는 지렛대처럼 적은 돈으로 많은 수익을 내는 것를 극대화함으로써 high risk, high return 전략을 추구한다.

헤지펀드가 자주 사용하는 투자기법 중 하나가 바로 공매도다. 공매도 세력이 '숏커버링short covering'에 나섰다는 것은 공매도short한 주식을 되갚기 위해 다시 사는 환매수를 의미한다. 게임스톱의 개인투자자들은 헤지펀드의 공매도 물량에 맞서 주식을 집중적으로 사들였고 결국 주가는 폭주하며 급등을 나타냈다. 공매도를 앞세운 세력과 미국 개미 간의 대결은 전면전으로 이어졌고 힘겨루기 속에 주식 가격이 폭등하며 결국 개미의 승리로 이어졌다. 월가의 몇몇 헤지펀드는 마진콜(손실이 발생한 선물계약 등에 증거금 부족분을 채우라는 요구) 비용을 충당하기 위한 자본 수혈을 받았다는 등 파산 루머까지 돌게 됐다.

한편, 2008년 독일 자동차그룹 폭스바겐이 '일일천하'로 전 세계 시가총액 1위에 등극했던 적이 있다. 포르쉐가 폭스바겐 인수를 위한 지분 확보 계획을 밝혔고 그 과정에서 폭스바겐 주가는 천당과 지옥을 오갔다. 패닉에 빠진 공매도 투자자들은 물량청산에 나섰고 손실을 줄이기 위해 매수에 나서는 '숏스퀴즈short squeeze'가 발생했다. 공매도 물량을 숏커버링하기 위해 주식을 매수하는 것이 숏스퀴즈다. 폭스바겐 주가는 하루 만에 세 자릿수 급등을 보이며 잠시 세계에서 가장 비싼 주식이 되기도 했었다. 희대의 숏스퀴즈 해프닝으로 남아있는 폭스바겐 사태지만, 이번 게임스톱의 공매도 물량은 당시 폭스바겐의 몇 배에 달한다. 과

연 얼마나 더 폭주하며 오를까 기대하는 개인 투자자가 그만큼 많은 것이다.

헤지펀드 '시트론 리서치'에서는 게임스톱을 '가치 없는 회사'라고 칭하며 공매도하겠다고 밝혔다. 기관들의 숏(공매도) 포지션을 알게 된 개인 투자자들은 레딧 월스트리트벳에서 "기관들을 혼내주자"라며 주식 가격을 올리기 시작한 것이다. 공매도한 주식이 급등하는 상황에서 기관은 숏커버링을 진행하거나 만기일을 뒤로 미루는 롤오버를 택할 수 있다. 이자 부담이 되는 롤오버보다 숏커버링 가능성이 더 높은 편이다. 숏커버링을 위해 추가적인 매수를 하는 숏스퀴즈가 발생하면 주식 가격은 '부르는 게 값'이 되듯 추가적인 급등을 보이기 마련이다.

그런데 사상 초유의 매수 금지 사태가 발생했다. 미국 개인투자자들이 가장 많이 이용하는 주식거래 앱 로빈후드에서 게임스톱 '매수' 버튼이 사라졌다. 개인에 대해서는 주식 매수기능을 차단해 매도만 가능하게 한 반면, 공매도를 주도하는 헤지펀드 등 기관은 매수와 매도 모두 가능하게 한 것으로 알려지면서 논란이 불거졌다. 미국 증권사들도 게임스톱 거래를 제한하면서 연계된 국내 증권사들도 온라인 거래가 중단되기도 했다. 도박보다 도박 같은 게임스톱 사태다.

국내에서도 게임스톱 거래량은 치솟았다. 서학개미도 게임스톱 대란에 뛰어들면서 게임스톱이 테슬라 다음으로 가장 많은 거래량을 기록해내기도 했다. 숏스퀴즈가 발생한다고 가정하면 즉시 매수를 결정하는 투자자들은 몇이나 될까? 게임스톱의 적정주가는 20달러도 되지 않는다고 한다. 수급 불균형으로 주가는 급등을 보이겠지만, 이런 광풍 속에 쏠쏠한 재미를 보고자 뛰어드는 투자자들은 어떤 마음일까?

레딧 월스트리트벳에 따르면 개인 투자자들은 게임스톱 다음 타깃으로 AMC, 블랙베리, 노키아 등을 노리고 있다. 극장 체인업체인 AMC엔터테인먼트도 2달러짜리 주가가 1주일 만에 20달러가 되는 이상 과열 현상이 발생했다. 이번 게임스톱 사태에서는 개인 투자자가 공매도 세력을 이겼다고 생각할 수도 있다. 헤지펀드에게는 천문학적인 손실을 입혔고 개별 종목 주가는 폭등해 수익을 챙겼을지 모른다. 하지만 이 사태가 시장 전체에 어떤 결과를 가져올지는 아무도 모른다. 공매도로 손실을 보고 마진콜을 받은 헤지펀드들이 현금 마련을 위해 기존 보유주식을 대량 매도할 수 있다는 공포가 발생했다. 주식 시장 구조는 파는 물량이 있어야 살 수 있고, 누군가가 사줘야 물량을 팔 수 있다. 내가 손실을 보면 누군가는 이익을 취하게 되며, 내가 이익을 거두면 누군가는 손해를 볼 수밖에 없는 구조로 만들어져 있다. 공매도 전면전에 나선 개인 투자자 중심의 비이성적 과열 상태가 조정장의 빌미가 되어서는 안 될 일이다.

또한 여기도 보이지 않는 설계자들의 탐욕이 전개되어 자신들의 이익을 위해서 언론을 동원하고 개인투자자들을 유혹하면서 집단행동을 유도하게 하고 그렇게 만든 상황에서 자신의 포지션을 청산하는 에너지도 전개되는 것 같아 시장을 혼돈 속으로 빠지게 만드는 트리거가 될 것 같아 걱정스럽다. 앞으로 어떤 결과가 나올지 지켜볼 생각이다.

무극선생의 TIP

코로나19가 만든 세상 속에서 동학개미, 서학개미 등 새로운 단어가 생기면서 새로운 에너지가 주식시장을 강타하고 있다. 개인투자자의 에너지가 커지고 있다는 것이다.

비트코인 거래대금이 주식시장 거래대금을 능가한다고 하고, 20~30대의 부동산 시장에서의 박탈감이 주식시장에서 에너지로 분출하고 있다는 생각이 든다. 그 과정에서 생긴 하나의 특징은 참여형 투자자가 늘어난다는 것이다. 자신의 의견을 피력하는데 그치지 않고 그것을 조직화하고 응집화시키는 에너지가 SNS에서 나타나면서 미국의 게임스톱 사태 같은 현상이 국내에서도 나타날 수 있는 징후가 여기저기서 보여지고 있다.

개인투자자의 집단행동은 하나의 흐름으로 정착될 것 같다. 그러한 상황 속에서 2021년 5월 3일 공매도가 재개되었다. 공매도에 참여하는 개인투자자도 생기지만 외국인과 기관들의 공매도 현상에 분노하는 투자자도 생기면서 공매도 세력과 공매도를 방어하면서 숏커버링을 유도하는 세력들간의 싸움이 본격화될 것으로 생각된다. 따라서 공매도 에너지를 걱정하는 부분도 있지만, 반대로 공매도 세력들을 망가뜨리려는 반대에너지도 증가하여 집단화되는지도 추적해볼 생각이다. 숏커버링과 숏스퀴즈 현상을 유도하는 에너지가 나오는지도 체크해보자.

기울어진 운동장에 그들만의 리그로 형성되었던 외국인, 기관 중심의 공매도 시장이었다. 그런데 새롭게 형성된 개인투자자의 공매도 에너지가 처음에는 미미하게 개인별로 전개되겠지만, 개인별 공매도 에너지도 조직화되고 커진 것이다. 앞으로 공매도 시장에 큰 의미를 두지 않고 매수해서 먹는 시장처럼, 매도해서 먹는 시장도 생긴 것으로 일반화되는지 체크해 볼 생각이다.

물론 알고리즘 매매에 의한 롱숏에너지는 시장에 변동성을 줄 것이며, 그것이 영원히 시장의 방향성을 결정하지는 않을 것이다. 또한 블랙록 같은 거대 에너지가 ETF 시장의 공룡이 되면서 자금이 몰리면 몰릴수록 어느 ETF로 자금이 이동되는지는 시장 예측에서 아주 중요한 판단 기준이 될 것이다.

또한 이런 ETF는 매수 바스켓과 매도 바스켓의 구성성분이 무엇으로 구성되고, 어떤 종목이 구성종목에 새롭게 진입하고 편출되는지에 따라 주가 변동성에 영향을 주는 시장이 전개될 것이다. 이것은 코스피200ETF와 연결되어 종목변경 이벤트가 편입, 편출을 전후로 그 해당 종목의 변동성에 영향을 미칠 것이고, MSCI지수 리밸런싱 과정에서 편입, 편출되는 종목에 의해 종목의 변동성이 생기는 것을 미리미리 점검하고 체크해야 하는 시장이 되는 것이다.

그리고 한국적 코스피200 구성성분의 특성이지만 삼성전자와 SK하이닉스 비중이 전체 코스피200의 30% 이상 비중을 차지하면서 나타나는 삼성전자, SK하이닉스를 파생연계한 매수차익거래와 매도차익거래에 의한 변동성 시장도 체크해야 한다.

이것은 개별종목의 실적 업황 등 미래 흐름을 예측하는 기본적인 분석도 중요하지만, 시장이라는 전쟁터에 가용자산으로 삼성전자와 SK하이닉스를 선물, 옵션포지션과 연계한 머니게임에 이용하는 에너지가 증가하는 것도 체크해야 한다는 의미다. 또한 앞으로 파생시장의 판세를 분석하지 않으면 시장의 전체적인 흐름을 읽는데 한계 상황이 닥친다는 점도 명심해야 할 것 같다.

HOT ISSUE

19

내 돈 굴리는 국민연금, 역할은 뭘까?

HOT ISSUE 19

프리랜서로 일을 하면 소득은 다소 불규칙하다. 대학 졸업 후에는 납부예외 등으로 보험료 납부를 미뤘지만 데일리 방송을 하다 보니 근로소득에 맞춰 보험료를 꾸준히 납부해야 했다.

국민연금 제도는 나라에서 시행하는 노후소득보장 제도로 국내에 거주하는 18세 이상 60세 미만의 국민이라면 특별한 경우를 제외하고 가입해야 한다. 나에게도 어느 날 갑작스레 연금납부 명세서가 날아왔고 잊고 있던 사이 독촉장을 받고 연체료까지 내야만 했다. 나의 돈은 어디서 어떻게 누가 관리하여 추후에 돌려주는 걸까?

국민연금의 포트폴리오는 다양하다. 국내 채권부터 국내 주식, 해외 주식, 해외 채권 등 고르게 분포되어 있다. 2020년 코스피 랠리와 함께 국민연금의 수익률은 7% 내외를 달성했다. 코스피의 2020년 연간 상승률이 30%를 넘어선 것에 비하면 기금 수익률은 상대적으로 낮았다는 지적도 나온다. 2021년의 초과 수익률 목표(매년 시장수익률을 얼마나 넘길 것인지)는 현행 그대로 유지되며 0.22% 포인트로 정해졌다. 리스크 관리로 포트폴리오를 다양화시키기 때문에 공격적인 투자가 어렵다는 지적과 국민연금의 기금운용 방식에 대한 아쉬운 목소리도 높다.

주요 주주총회에서 국민연금이 반대한 안건이 잇따라 통과됐다. 국민연금의 목소리는 작은 걸까? 2021년 1월, 국민연금은 대한항공 임시 주주총회에서 아시아나항공 인수를 위한 대한항공의 정관 변경안에 반대를 내세웠다. 대한항공이 계획 중인 유상증자가 주주가치를 훼손할 수 있다는 이유로 반대 의결권을 행사했지만 받아들여지지 않았다. 2020년 10월, LG화학의 배터리 부문 분사 안건에 대해서도 반대표를 던졌지만, 주총에서는 80% 이상이 분할에 동의해 결국 가결됐다.

대한항공과 LG화학 안건에 대한 반대 행사는 거의 '데자뷔déjà vu'로 불린다. 주요 의결권 자문사들이 LG화학 분할 안건에 대해 찬성을 권고했음에도 반대 의결권을 행사한 것이다. 지분 가치 희석으로 주주가치가 훼손될 가능성이 있다는 점 등이 수탁위의 반대 이유였다.

국민연금은 장기적인 투자자다. 기업의 미래 성장성을 보고 투자를 결정해야 하는 국민연금이 단기적인 리스크를 피하고자 결정을 내리고 있다는 점이 부각됐다. 일각에서는 '종이 호랑이'

수준이라는 비판도 나왔고, 리스크 줄이기에만 급급한 국민연금이 실제 수익 면에서도 뒤떨어지고 있다는 목소리가 다시 높아졌다.

스튜어드십 코드란, Steward 집사와 Code 법이 합쳐진 말이다. 주요 기관 투자자들이 자산을 관리하는 집사처럼 기업의 의사결정에 참여해 주주로서의 역할을 수행하는 등의 행동 지침이다. 기관 투자자에는 은행, 보험사, 증권사 등이 있으며, 국민연금이 그 중 대표적인 기관이다. 대규모의 자금을 운용하는 기관이 주주권 행사를 통해 기업이 잘 운영되고 있는지 감시하고 의견을 제시하는 역할을 수행하는 것이 스튜어드십 코드다. 총수 일가가 소수 지분으로 지배권을 남용하는 형태의 경영을 견제할 효과적인 수단으로 국민연금의 실효성 있는 스튜어드십 코드 이행이 요구되어 왔다.

2016년 말 스튜어드십 코드가 국내에 도입된 이후 기관 투자자가 주총 안건에 대해 '반대표'를 행사한 비율은 4년 사이 두 배 넘게 늘어난 것으로 알려졌다. 국민연금은 2018년 스튜어드십 코드를 도입해 주주권을 행사 중이다. 하지만, 국민연금의 적극적 주주권 행사 방침에 대해 실효성이 낮다는 비판이 제기되고 있다. 제대로 된 주주활동을 적극 펼치지 않는다는 지적이다.

스튜어드십 코드 도입이 논란이 된 시점은 故 조양호 한진그룹 회장의 해임안 청구를 논의했을 당시다. 조 회장이 16년 만에 대한항공 등기이사에서 물러나게 된 배경에는 2대 주주였던 국민연금의 역할이 결정적이었다. 횡령과 배임 등의 혐의를 받고 있다는 점을 지적하고, 이를 근거로 연임할 경우 주주가치를 훼손할 수 있다는 우려를 표한 것이다. 대기업 총수로는 처음으로 주주의 반대로 인해 이사직에서 물러나게 된 셈이다.

개인 투자자는 한 회사의 5% 지분을 보유하기 쉽지 않다. 하지만 국민연금 같은 큰 손의 지분율은 회사의 의사결정에 큰 영향을 끼친다. 국민연금이 지분 5% 이상을 보유한 상장사들은 국민연금의 공시에 주목한다. 국민연금이 지분 보유 목적을 어떻게 변경하냐에 따라 3월 주주총회 안건이 달라질 수 있기 때문이다.

'5%룰(지분 대량보유 공시의무)'이란, 주식을 5% 이상 보유하면 보고를 해야 한다는 내용이다. 왜 그 주식을 보유했으며 얼마나 보유중인지, 추가로 1% 이상 매수하고 매도하는 내역까지 보고해야 하는 것이다. 논란은 거셌지만 국민연금의 주주권 행사를 가로막던 5%룰은 완화됐고 이제는 경영권과 무관한 경우 보유목적을 '일반투자'와 '단순투자'로 세분화해 보고하게 됐다. 기존에는 '단순투자'와 '경영참여' 두 가지 밖에 없었으나, 2019년 9월 제도 개편으로 '일반투자'가 새롭게 생겼다.

상장사들은 지분 보유 목적을 '단순투자'에서 '일반투자'로 변경하는 경우를 우려한다. 일반투자라는 투자 목적은 추가 배당 요구와 같은 배당정책 변경, 각종 반대 의결권 행사 등 폭넓은 경영참여를 가능하게 하는 항목이다. '경영참여'보다는 낮은 수준의 보유목적 항목이지만, 그만큼 경영참여도는 훨씬 높아진 셈이다. 일각에서는 국민과 기업이 낸 돈으로 만들어진 국민연금 기금이 기업을 압박하는 수단으로 활용되고 있다는 지적도 제기 중이다.

무극선생의 TIP

매매주체별 동향에서 항상 체크하는 부분은 외국인, 금융투자, 사모펀드, 투신, 연기금 등의 구성 중 연기금의 매매흐름이다. 국민연금 사이트도 종종 찾아보고 달라진 부분이 있나 점검도 한다.

https://www.nps.or.kr/jsppage/fund/fund_main.jsp

기금 포트폴리오

국민연금기금은 1988년 국민연금법에 따라 설치된 이래 지속적으로 성장하여 2021년 4월 말 현재 운용규모가 884조 원에 이르고 있습니다. 기금운용본부는 국민연금기금의 안정적인 성과 제고와 위험 분산을 위하여 국내채권의 비중을 축소하고, 국내외 주식과 대체투자를 확대하는 등 투자 포트폴리오 다변화를 추진하고 있습니다.

포트폴리오 현황

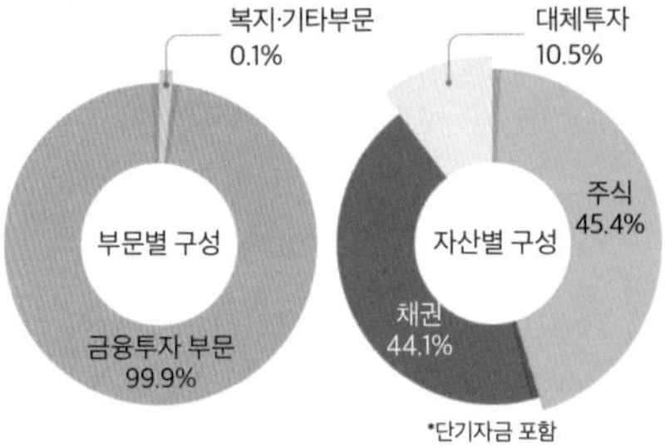

(단위 : 조원, 2021. 4월 말 기준)

구분	금액	비중
전체자산	88.6	100%
복지부문	0.2	0.0
금융투자부문	882.5	99.9%
국내주식	178.0	20.1%
해외주식	222.4	25.2%
국내채권	335.9	38.0%
해외채권	48.7	5.5%
대체투자	92.8	10.5%
단기자금	4.8	0.5%
기타부문	0.9	0.1%

* 기타부문은 회관비, 임차보증금 등임

*국민연금은 기금운용의 이해를 돕기 위하여 매월 말 기금 포트폴리오 구성 현황을 공개하고 있습니다.
단, 상기 수치는 결산 전 잠정치입니다.

2021년 5월 현재 연기금이 운용하는 자산규모는 860조에 달하는데, 그것이 잘 운용되는지 국민의 한 사람으로 관심을 갖는 것은 당연한 일이다.

개인적인 관심은 2020년 하반기부터 2021년 5월 3일 공매도가 재개되는 구간에서 연기금이 주식매도를 지속적으로 했는데, 그 과정에서 어느 섹터를 가장 많이 매도했는지 추적해보는 것이다. 국민연금이 발표하는 데이터, 기금운용지침 및 규정에 따라 국민연금 사이트를 확인하면 2019년 9월말 기준 데이터만 나오고 2020년 데이터는 2021년 9월말에 가야 확인할 수 있어 문제지만, 그 동안의 매매추이와 흐름을 보면 미리 예측할 수 있다.

최근 발표된 데이터를 보면 삼성전자를 가장 크게 매도한 것으로 추정된다. 10년 단위 변화를 보면 시가상위 종목의 변화를 체크할 수 있는데, 그 데이터에 항상 1순위를 차지하던 삼성전자에 대한 매매비중의 변화가 시사하는 바가 크다.

국민연금 시총 10위 종목 투자 비중

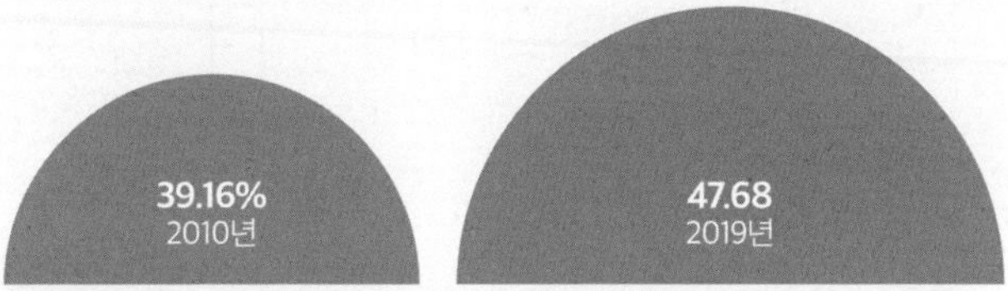

국민연금 투자종목 및 비중 변화

(단위: %)

순위	2010년	비중	순위	2019년	비중
1	삼성전자	14.06	1	삼성전자	27.14
2	포스코	4.16	2	SK하이닉스	5.38
3	현대차	3.96	3	네이버	2.72
4	신한지주	2.84	4	현대모비스	2.08
5	LG화학	2.58	5	현대차	2.06

10년 사이 POSCO, 신한지주가 명단에서 빠졌고, SK하이닉스, NAVER가 새롭게 매수 상위종목으로 진입한 것이다. 2021년 9월말 발표되는 데이터가 궁금한데, 코로나19가 창궐하며 새로운 세상이 전개되면서 국민연금의 투자대상의 변화, 자산의 변화가 어떻게 전개되었는지 실제 데이터를 보고 유추 해석해보는 것이 중요하다.

다음은 최근 삼성전자에 대한 보고서 내용이다.

§05월 04일 국민연금 공시, 삼성전자 주식 -1% 감소, 감소 주식수 59,717,656주(약 5조원).

번호	공시대상회사	보고서명	제출인	접수일자
1	유 삼성전자	임원 · 주요주주특정증권등소유상황보고서	오문욱	2021.05.04
2	유 삼성전자	주식등의대량보유상황보고서(약식)	국민연금공단	2021.05.04
3	유 삼성전자	임원 · 주요주주특정증권등소유상황보고서	이재용	2021.05.03
4	유 삼성전자	임원 · 주요주주특정증권등소유상황보고서	이건희	2021.05.03
5	유 삼성전자	주식등의대량보유상황보고서(일반)	삼성물산	2021.05.03

DART

본문 2021.05.04 주식등의대량보유상황보고서(약식)

첨부 +첨부선택+

유 삼성전자

다운로드 인쇄 검색결과로

3. 보유주식등의 수 및 보유비율

	보고서 작성기준일	보고자		주식등		주권		의결권 있는 발행주식 총수(주)
		본인 성명	특별관계자수	주식등의 수 (주)	비율 (%)	주식수 (주)	비율 (%)	
직전보고서	2020년 02월 01일	국민연금공단	1	638,070,003	10.69	638,070,003	10.69	5,969,782,550
이번보고서	2021년 04월 06일	국민연금공단	1	578,352,347	9.69	578,352,347	9.69	5,969,782,550
증감				-59,717,656	-1.00	-59,717,656	-1.00	0

삼성전자를 2020년 2월 1일, 위 보고서가 발표된 날을 기준으로 5971만 주 매도했다는 것이다. 삼성전자의 보유비중은 10.69에서 9.69로 1% 감소했다. 비중으로 보면 1%에 왜 호들갑이냐 할 수 있지만, 수량으로 보면 5971만 주이고 그 동안 삼성전자가 차지하는 비중이 증가 추세였는데 감소했다는 점에서 시장에 미치는 파급효과는 상당할 것으로

판단되기 때문이다.

같은 구간에서 외국인의 삼성전자 매도도 어마어마했기 때문이다.

005930 삼성전자 2020/02/03 - 2021/05/09 ○금액(백만원) ◉수량(주) ○수량(천주) ◉순매수 ○매수 ○매도 □평균단가 참조

일자	종가	대비	등락률	거래량	외국인	개인	기관계	투신	사모펀드	금융투자	보험	은행	기타금융	연기금 등	기타법인	내외국인
합계					-169,628.6	379,004.71	-220,284.8	-19,760.3	-13,156.03	-80,895.87	-19,357.1	-734,447	43,133	-86,424.12	9,709,590	1,199,191
21/05/07	81,900 ▼	400	-0.49	14,154,882	-2,246,306	2,180,444	36,218	-252,958	20,745	827,707	-184,505	-5,126	3,274	-372,919	28,859	785
21/05/06	82,300 ▼	300	-0.36	17,047,511	-2,573,640	2,645,653	-113,727	-104,980	112,371	702,629	-86,245	-2,803		-734,699	38,032	3,682
21/05/04	82,600 ▲	900	1.10	12,532,550	401,872	-1,016,526	460,441	244,988	154,788	175,643	-45,596	6,551	-7,375	-68,558	153,488	725
21/05/03	81,700 ▲	200	0.25	15,710,336	-980,189	1,658,149	-420,203	132,868	10,455	-236,545	-57,846	4,638	5,015	-278,788	-255,424	-2,333

외국인은 2020년 2월 3일부터 2021년 5월 9일까지 삼성전자에 대해 1억 6900만 주를 매도했고, 개인투자자만 같은 기간 동안 3억 7900만 주를 매수한 것을 확인할 수 있다. 국민연금에 대해서는 보고서 내용이 2020년 2월 1일부터 2021년 4월 6일까지 5971만 주 매도인데, 그 이후도 지속적으로 매도했으며, 위 수치를 보면 8642만 주를 매도한 것으로 확인된다.

그리고 외국인의 삼성전자 매매추이 변화를 동태적으로 추적하는 과정이 필요하다. 2021년 6월 25일 기준으로 보면 지속적으로 외국인의 삼성전자 매도 에너지를 체크할 수 있다.

005930 삼성전자 - 2021/06/26 ○금액(백만원) ◉수량(주) ○수량(천주) ◉순매수 ○매수 ○매도 □평균단가

일자	종가	대비	등락률	거래량	외국인	개인	기관계	투신	사모펀드	금융투자	보험	은행	기타금융	연기금 등	기타법인
합계					-84,884.67	168,017.80	-88,192.76	-7,519.63	-332,689	-11,099.76	-4,764.62	-635,266	302,526	-64,143.30	4,503,051
21/06/25	81,600 ▲	400	0.49	13,481,405	-707,205	-1,699,629	2,456,045	103,331	147,511	1,967,036	-2,328	-13,000	1,669	251,826	-47,989
21/06/24	81,200 ▲	1,100	1.37	18,771,080	-41,323	-1,862,121	1,917,564	373,000	-138,628	1,682,829	25,102	-4,252	1,780	-22,267	753
21/06/23	80,100 ▲	100	0.12	13,856,548	-319,273	1,150,270	-848,282	-343,588	-167,240	236,517	23,684	-21,318	1,353	-577,690	13,640
21/06/22	80,000 ▲	100	0.13	11,773,365	-763,027	1,079,158	-672,784	4,711	-28,182	-182,584	-169,329	-1,000	-473	-295,927	354,367
21/06/21	79,900 ▼	600	-0.75	16,063,340	-4,268,991	7,615,712	-3,275,182	-24,932	-164,625	-2,005,146	-63,957	-6,854	-3,780	-1,005,888	-90,058
21/06/18	80,500 ▼	400	-0.49	14,916,721	-5,587,396	4,934,552	540,319	64,660	-16,118	831,188	-199,553	-4,846	-710	-134,302	95,093
21/06/17	80,900 ▼	900	-1.10	14,007,385	-2,211,331	4,307,918	-2,150,058	-112,660	-105,354	-1,593,496	12,205	8,141	412	-359,306	31,940
21/06/16	81,800 ▲	900	1.11	14,999,855	2,800,637	-2,811,072	-93,825	-17,353	50,647	-41,061	-44,742	-7,943	2,723	-36,096	114,778
21/06/15	80,900 ▲	400	0.50	10,075,685	440,212	403,397	-859,171	306,234	-106,644	-405,663	-62,089	-39	-2,351	-588,619	14,936
21/06/14	80,500 ▼	500	-0.62	10,550,078	-999,486	3,264,661	-2,304,546	-141,607	-186,647	-947,989	-20,048	1,078	27,293	-1,036,626	26,929
21/06/11	81,000	0	0.00	14,087,962	-3,016,103	3,061,164	-468,320	-286	3,344	11,774	64,034	3,861	215	-551,262	416,554
21/06/10	81,000 ▼	100	-0.12	17,586,995	2,451,956	1,957,791	-4,421,004	-449,317	154,867	-2,680,447	-35,972	-70	-1,058	-1,409,007	3,774
21/06/09	81,100 ▼	800	-0.98	14,908,823	521,726	2,196,156	-2,859,758	-232,775	-274,940	-1,149,984	-56,114	-4,325	3,888	-1,145,508	133,984
21/06/08	81,900	0	0.00	12,781,226	-1,039,897	-63,417	1,088,520	18,066	28,922	1,339,087	-23,917		-26,151	-247,487	12,098
21/06/07	81,900 ▼	300	-0.36	16,496,197	-1,451,425	1,461,049	-65,911	-17,320	25,213	430,991	-609	-825	-16,468	-486,893	53,560
21/06/04	82,200 ▼	600	-0.72	18,112,259	925,085	1,541,949	-2,508,004	-48,448	166,349	-2,086,692	42,873	1,727	9,061	-592,874	50,559
21/06/03	82,800 ▲	2,000	2.48	29,546,007	5,265,197	-9,811,661	4,543,398	570,053	444,563	2,552,490	73,928	22,339	-1,437	881,462	30,294
21/06/02	80,800 ▲	200	0.25	16,414,644	1,615,609	-682,620	-937,675	-112,316	-100,027	-342,401	-91,718	-31,408	-6,369	-253,436	13,560
21/06/01	80,600 ▲	100	0.12	14,058,401	31,982	-1,704,273	1,638,663	-114,807	27,718	2,225,603	-230,577	-32,051	11,592	-248,815	43,513

언론에서 반도체 슈퍼 랠리의 미래 장밋빛 전망을 쏟아내는 상황에서 삼성전자의 외국인과 연기금, 금융투자의 매도추세에 대한 실제적인 분석이 필요하다고 본다. 연기금의 국내주식채권 비중축소과정에서 나타난 현상인지, 글로벌 투자환경에 발맞추기 위한 해외투자 비중 확대의 추세적 흐름에서 나타나 중장기적으로 전개될 현상인지 체크해야 할 것이다.

또한 그 동안 유행했던 해외 부동산 투자에 대한 실제적인 조사가 필요할 것 같다. 해외 대체투자 유행 속 투자과정에서 해외자산의 실제가치 평가가 검증되어야 할 것이다. 국내에서도 라임펀드와 옵티머스 펀드 사태로 홍역을 치르고 있는데 해외자산에 대한 대체투자 과정에서 평가액과 현재 실제가액에 대한 오차가 어느 정도인지 확인과정이 필요하다고 본다.

이런 부분은 2022년 3월 대선 이후 다음 정부가 들어서면 새롭게 검증에 들어갈 가능성이 높다. 따라서 정책의 변화가 가져올 변동성도 생각하고, 실제 투자 시 미리 생각하고 투자해야 하는 시점인 것이다.

코로나19가 몰고 온 투자자산의 큰 변화가 앞으로 어떻게 전개될 것인지, 그 흐름 속 국민연금 투자자산의 대응력과 포트 배분은 잘 이루어지고 있는지 검증의 시기가 다가온다고 본다. 이 부분은 앞으로 투자전략을 수립하는데 필수적으로 체크해야 하는 변수 중 하나로 설정해야 한다.

HOT ISSUE

20

유동성 빚더미 경제 속 위험신호

HOT ISSUE 20

코로나19라는 사상 초유의 팬데믹은 '빚더미' 경제를 만들어냈다. 보건에 이어 경제 위기가 발생하며 주요 경제 주체인 가계와 기업, 국가의 부채는 급증했고, 전례 없는 초저금리 시대 속에서 경제는 빚에 시달리고 있다. 생계유지를 위해 돈을 빌린 사람들부터 자산을 불리기 위해 대출을 받은 사람들까지, 빚의 이유도 각양각색이다. 2020년 말 기준 은행의 가계 대출은 1천조 원에 육박한다. 수도권 집값 폭등 여파로 주택담보대출이 급증한 부분도 영향을 줬다.

2008년 금융위기와 달리 이번 코로나19 사태는 전 세계적으로 유동성이 풍부해진 상황, 즉 수많은 돈이 풀린 상황이다. 각국 정부의 양적완화 정책에 힘입어 구석구석에 돈이 도는 유동성 장세가 이어졌고, 투자가 활성화되는 방향의 선순환 구조로 경기부양 기대감이 높아졌다. 양적완화QE, Quantitative Easing는 중앙은행이 시장에 유동성을 직접 공급하는 정책으로 국채 매입 등을 통해 시장에 돈을 푸는 방식이다. 금리 인하로 유동성을 조절하는 것보다 더 직접적으로 통화량을 늘리는 정책이다. 하지만, 실제 유동성이 풍부해지길 기대했던 곳보다 자산 시장으로 대거 흘러 들었다. 부동산, 주식 같은 자산 가격만 급등하는 모습을 보이며 안전자산과 위험자산 할 것 없이 모든 자산의 가격을 끌어올리고 있다. 달러 공급량이 증가하며 화폐 가치가 떨어지는 현상으로 원자재 가격까지 상승하며 인플레이션 우려도 고개 들 수 있다.

달러는 수많은 국가들이 의존하는 기축 통화다. 무조건적인 경기부양을 꿈꾸며 양적 완화를 진행할 수도 없으며, 적절한 시기에 서서히 양적 완화를 중단해야 한다. 그 출구전략을 '테이퍼링tapering, 점점 가늘어지다'이라 부른다. 유동성을 줄이기 시작하면 달러 공급량은 감소하며 달러 가치는 상승하게 된다. 이 과정에서 '긴축발작taper tantrum'이 발생할 수 있으며, 미국 국채금리 급등과 함께 신흥국 증시(투자자들의 투자금액 회수로 주가 폭락)와 통화가치는 폭락으로 이어진다.

언젠가는 줄일 수밖에 없는 양적완화 정책이고, 언젠가는 주식 시장도 하락할 수밖에 없다. 경기에도 사이클이라는 구조가 존재한다. 저점에서의 회복기, 고점으로의 호황기, 고점에서의 후퇴기, 그리고 다시 저점으로의 불황기가 있다. 동전의 양면이 있듯이 경기 사이클도 경제활동이 활발해지고 위축되는 확장, 수축 국면이 순환적으로 존재한다. 더 이상 내릴 수도 없는 초저금리와 양적완화라는 카드는 자산시장의 상승으로 이어지며 투자자들은 이를 환호한다. 하지만 경기 회복을 앞두고 있다는 전망하에 출구 전략이 발표될 수 있다는 점은 당연지사다. 언젠가는 금리 인상 시점과 테이퍼링 전략이 거론될 것이다. 투자자들은 개별 종목 뉴스, 개별 테마에 집중하되, 거시적인 경제 흐름도 잘 확인해야 한다.

뭐든 좋고 나쁨이 존재하듯이 주식 시장이 연일 상승만 보일 수는 없다. 그렇다면 '위기'를 예측할 수 있는 지표, 신호는 어떤 것이 있을까?

'장단기 금리차(스프레드)'와 'R의 공포Recession, 경기침체 공포'는 주식 방송에서 위기를 우려할 때 자주 거론된다. 미국의 장단기 금리차는 경기의 확장과 수축 국면을 보여주는 선행 지표, 경제의 벤치마크 중 하나다. 2000년대 초반 닷컴 버블 붕괴와 2000년대 후반 글로벌 금융위기 시절 모두 단기 금리가 역전된 이후 경기 불황이 찾아왔다. 2019년 8월에도 장단기 금리는 역전됐었다. R의 공포가 다시 재현되며 당시 증시는 패닉 상태였다. 장기물에 대한 주요 증가로 장기금리가 빠르게 하락하면서 나타났다는 설명도 따르지만, 일각에서는 코로나19가 터지지 않았더라도 경기 침체는 불가피했을 것이라고 지적한다.

채권의 종류는 만기 기간duration에 따라 단기, 중기, 장기 채권으로 나뉜다. 채권 수익률 곡선yield curve은 채권의 잔존만기duration

와 금리(수익률)의 관계를 그래프로 나타낸 것이다. 은행에 오래 돈을 묶어두면 은행은 이자를 더 많이 쳐준다. 5년 만기 예금이 1년 만기 예금보다 이자가 더 높은 것이 당연하듯이, 장기채일수록 채권 금리가 높은 상황이 일반적이기 때문에 그래프는 우상향을 나타낸다.

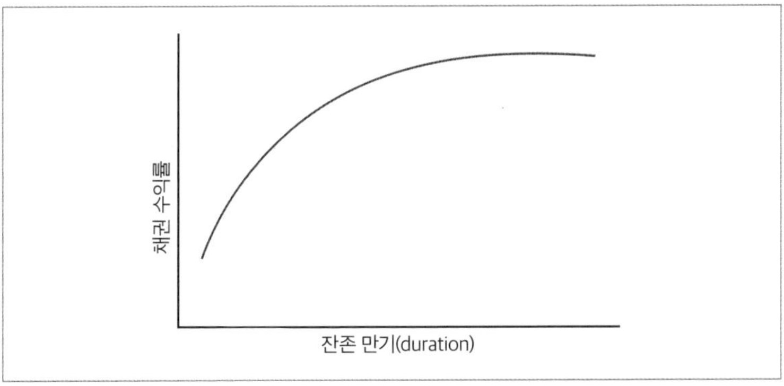

채권수익률이 상승하면 채권가격은 하락하는 반비례 구조다. 채권은 다른 이자 상품과는 달리 '할인율'로 수익구조가 만들어져 있다. 따라서 할인율이 상승하면 채권의 현재가치가 하락하는 구조다. 일반적으로 장단기 금리차의 확대는 경기 전망이 긍정적임을 의미하고, 금리차의 축소는 부정적인 전망을 의미한다. 장단기 스프레드는 장기금리와 단기금리의 차이를 의미한다. 스프레드가 확대되는 것을 steepening, 축소되는 것을 flattening이라고 부른다.

장기금리는 투자심리가 악화돼 장기국채 수요가 늘어날 때 가격이 상승하면서 금리가 하락하는 구조다. 즉, 경제 전망이 비관적이거나 금리 인상이 예상될 때 장기금리는 하락한다. 이때, 장기물 금리가 하락하면 장단기 금리차가 역전되는 현상이 발생한다.

반대로 생각해보면, 국채금리 상승은 국채 매도가 많아 가격이 하락됨을 의미한다. 따라서, 국채매도에 따른 유동성이 증가할 수 있다는 뜻이기도 하다. 유동성은 좋은 것인데, 왜 국채금리 상승이 문제가 되는 것일까? 현재 주식시장의 호황이 유동성으로 구성되었기 때문이다.

연준에서 대규모 양적완화 정책을 주도함에 따라 실물경제가 악화됐음에도 불구하고 주식시장에 돈이 넘쳐나게 된 것이다. 따라서, 연준이 양적완화의 반대 개념으로 국채 매수를 줄이고 금리를 올리는 것은 테이퍼링의 신호로 받아들여지는 것이다. 현재 같은 증시 상황에서 유동성이 없는 증시 성장은 불가하다. 그렇기 때문에 테이퍼링이 언급만 되면 증시는 얼어붙는 장세가 되고 있다.

한편, 미국 시장금리가 상승하면 '빚투 개미'는 큰 피해를 입을 수 있다. 미 10년물 국채금리는 코로나19 여파로 2020년 3월 연 1.0%를 밑돌았다. 10년물 금리는 시중금리와 글로벌 장기 시장금리 지표로 간주된다. 2021년 초 테이퍼링 발언이 나오며 일주일 만에 0.2% 급등하는 흐름을 보였고, 국채금리 상승에 따라 인플레이션 압력 신호에도 불이 켜졌다. 연준이 인플레이션 압력이 커지고 있다고 판단하여 테이퍼링(국채매입 축소) 정책과 기준금리를 인상할 경우 전 세계 시장은 다시 한번 크게 흔들릴 것이다.

국내의 경우 미국 시장금리 상승에 따라 원화 가격이 떨어지며 외국인 자금 이탈이 우려된다.

연준은 아직까지 물가상승률이 2021년 2%를 넘더라도 기준금리 인상을 하지 않겠다는 입장을 고수한다. 지난 2013년, 금융위기 이후 양적완화를 펼치던 상황에서 벤 버냉키 연준 의장이 자산 매입 속도를 줄일 수 있다고 밝히자, 국채금리는 급등하고 신흥국 주가와 통화가치는 급락하기도 했었다. 코로나19 백신 개발과 보급에 대한 기대감이 높아지면서 미국 국고채 금리는 상승세를 보였다. 미국 국채금리 상승에 이어 국내 국채금리도 비슷한 흐름을 보인다. 한편, 채권금리가 오르면 은행의 대출금리도 상승으로 이어지게 된다. 그 동안 저금리 속에서 '빚더미'처럼 늘어난 가계부채 규모를 감안하면 큰 채무 부담이 될 수밖에 없다.

무극선생의 TIP

최근 시장의 관심은 테이퍼링과 미국의 10년 국고채 동향이다. 재닛 옐런 재무부 장관의 금리인상 시사발언도 시장의 공포를 유도했으며, 실전투자가들 입장에서는 5월 공매도 재개, 그리고 미국 금리인상 속도가 앞당겨지면 유동성 축소에 의한 하락 변동성 장세가 나타날 것 같은데 그 전에 주식을 매도하고 EXIT해야 하는 것 아닌가 하는 걱정이 시장을 강타하고 있다.

실제로 투자하면서 이런 거시변수 변동성에 영향을 받으면서 자신의 포트가 마이너스 나오는 것을 미리 사전에 대응하는 기준을 세우는 것이 중요하지만, 지수가 하락한다고 모든 종목이 하락한다는 일반론적 시각은 벗어나는 것이 중요하다. 미국의 금리인상 속도가 앞당겨지면 유동성 축소로 하락할 가능성이 높은 섹터가 있는 반면, 오히려 상승할 가능성이 높은 섹터도 있다. 실전투자자는 지수가 어떤 변동성을 보여도 우상향 가능성이 높은 대상을 찾아 집중 투자하는 것이 중요하다.

일반적으로 투자자에게 분산투자를 권한다. 개인적으로는 집중투자를 권하고 싶다. 내가 보유한 자산의 50~70% 정도를 종목 3개 정도에 집중 투자해서 그것이 현재 시장을 지배하는 글로벌 변수에도 우상향할 대상에 집중 투자하는 현장주의적 사고가 중요하다고 생각된다.

그러기 위해서는 톱-다운방식과 보텀-업 방식을 모두 분석하고, 시장근본주의적 사고로 현장주의로 우상향 대상이 무엇인지 샘플링부터 하는 빅데이터 작업을 필수적으로 선행해야 한다고 본다. 거기서 시장을 주도하는 대상 종목 3~5개를 선정해 집중투자로 상승 에너지가 마감될 때까지 시간 여행하는 투자전략을 권해드린다.

실전투자자에게는 누구나 다 인정하는 '초우량주=블루칩'이 좋은 종목이 아니라 나에게 큰 수익을 주는 종목이 '우량주=블루칩'이라는 실전사고로 전환하면서 무조건 한국을 대표하는 초우량주 1등 종목을 선호하지 말고, 현재는 싸게 거래되는데 앞으로 주가 상승가능성이 높은 대상을 찾아 집중하는 것이 중요하다.

그렇다면 구간별 영향을 미치는 변수는 무엇이고, 그 변수 속 우상향 대상은 무엇이고 우 하향 대상은 무엇인지 빅데이터 검증부터 하고, 그 흐름에서 우상향을 선도하는 대상을 초기에 나의 포트로 만드는 작업을 집중해야 한다는 것이다.

무조건적인 삼성전자, SK하이닉스 매수보다는 최근에 나에게 가장 큰 수익을 준 HMM, KCC, 한전기술, F&F, 동국제강 같은 종목을 찾는 것이 실전투자자에게는 가장 중요하다는 것이다. 2021년은 코스피200 종목에서 다음 아래 명단에 나오는 종목을 매매한 투자자가 최고의 수익률을 얻었고, 각자의 실전투자도 아래 대상종목을 실제 내 것으로 만들어 투자했어야 했다.

아래 데이터는 1월 4일에서 5월 7일까지 코스피200 종목 중에서 상승률 상위종목 명단이다. 시장을 주도한 종목의 흐름인데 철강, 물류, 탈원전, 거버넌스의 데이터가 보인다. 이것을 시간차를 두면서 주도주의 변화의 흐름을 추적하는것도 중요하다.

1월 4일 기준으로 6월 25일까지 상승률 상위종목 명단인데 이것이 어떻게 변화되었는지 비교해서 보면 상당한 직관이 생긴다.

2021년 1월 4일~5월 7일 코스피200 상승률 상위

전체 | KOSPI | KOSDAQ | ✓KOSPI200 기간 2021/01/04 ~ 2021/05/07 ◉상승률 순 ○하락률

업종 101 KOSPI 200 가격 0 ~ 0 거래량 0

종목	2021/01/04 종가	2021/05/07 현재가		기간내 대비	기간내 등락	현재 현재가		현재 대비	현재 등락률	현재 거래량
동국제강	8,680	24,400	▲	15,720	181.11	24,400	▲	1,000	4.27	4,199,87
HMM	16,550	42,600	▲	26,050	157.40	42,600	▲	2,700	6.77	20,814,694
XF&F	86,700	180,000	▲	93,300	107.61	180,000		0	0.00	
현대미포조선	48,250	92,900	▲	44,650	92.54	92,900	▲	1,400	1.53	646,34
!한전기술	18,100	34,750	▲	16,650	91.99	34,750	▲	1,700	5.14	512,13
금호석유	151,000	281,000	▲	130,000	86.09	281,000	▼	15,000	-5.07	1,118,95
삼양홀딩스	73,800	134,000	▲	60,200	81.57	134,000		0	0.00	35,601
두산밥캣	29,400	51,400	▲	22,000	74.83	51,400	▲	300	0.59	546,27
KG동부제철	12,150	20,350	▲	8,200	67.49	20,350	▲	150	0.74	603,98
하이브	156,420	252,500	▲	96,080	61.42	252,500	▲	1,500	0.60	193,831
KCC	199,000	317,500	▲	118,500	59.55	317,500	▼	4,500	-1.40	30,28
한화생명	2,340	3,690	▲	1,350	57.69	3,690	▲	100	2.79	11,620,951
코오롱인더	41,350	64,800	▲	23,450	56.71	64,800	▲	1,000	1.57	255,06
포스코인터내셔	14,550	22,300	▲	7,750	53.26	22,300	▼	250	-1.11	860,821
화승엔터프라이	14,000	20,700	▲	6,700	47.86	20,700	▲	1,950	10.40	1,590,26

2021년 1월 4일~6월 25일 코스피200 상승률 상위

전체 | KOSPI | KOSDAQ | ✓KOSPI200 기간 2021/01/04 ~ 2021/06/25 ◉상승률 순 ○하락률

업종 101 KOSPI 200 가격 0 ~ 0 거래량 0

종목	2021/01/04 종가	2021/06/25 현재가		기간내 대비	기간내 등락	현재 현재가		현재 대비	현재 등락률	현재 거래량
효성티앤씨	213,000	852,000	▲	639,000	300.00	852,000	▲	2,000	0.24	82,265
효성첨단소재	151,000	429,000	▲	278,000	184.11	429,000	▲	18,500	4.51	192,556
한전기술	18,100	50,600	▲	32,500	179.56	50,600	▲	1,550	3.16	444,472
HMM	16,550	43,050	▲	26,500	160.12	43,050	▲	1,450	3.49	8,404,200
동국제강	8,680	22,550	▲	13,870	159.79	22,550	▼	300	-1.31	3,162,943
대한전선	1,385	3,135	▲	1,750	126.35	3,135	▲	75	2.45	76,075,943
하이브	156,420	314,000	▲	157,580	100.74	314,000	▼	8,000	-2.48	354,850
금호타이어	3,710	7,440	▲	3,730	100.54	7,440	▼	320	-4.12	2,037,818
두산인프라코어	7,910	15,850	▲	7,940	100.38	15,850	▲	300	1.93	13,695,765
카카오	79,484	154,500	▲	75,016	94.38	154,500	▼	2,500	-1.59	12,271,446
삼성엔지니어링	13,500	25,000	▲	11,500	85.19	25,000	▼	2,350	-8.59	10,019,916
현대미포조선	48,250	87,700	▲	39,450	81.76	87,700	▲	1,800	2.10	497,160
두산중공업	13,900	24,750	▲	10,850	78.06	24,750	▲	100	0.41	8,665,468
코오롱인더	41,350	73,200	▲	31,850	77.03	73,200	▲	1,000	1.39	1,052,756
두산	52,000	91,200	▲	39,200	75.38	91,200	▲	1,200	1.33	71,039

효성그룹과 두산그룹이 부상한 것을 볼 수 있는데 수소경제와 원전연결고리, 거버넌스 연결고리가 시장의 주도주 에너지를 주고 있다는 것을 체크할 수 있다.

따라서 시장전략가나 애널리스트들 중에 미국 금리인상에 대한 공포스러운 전망이나 분석을 해도 개인적으로 미국 연준이 실제로 기준금리의 인상을 처음 실행할 때까지, 혹은 미국 국고채 10년물이 2.0%를 돌파하기 전까지는 테이퍼링이니, 금리인상에 따른 텐트럼 장세니, 아무리 밑에서 흔들어도 그러한 글로벌 변수를 무시하고 나의 싸움에 집중할 생각이다.

그 집중대상은 위 변수가 나와도 우상향 에너지를 보이는 섹터와 종목에 집중하는 것이다. 시장이 정답이고 시장에 순응하는 전략이다. 시장을 설계하거나 우리로 하여금 이렇게 생각하게 만드는 보이지 않는 존재와 시장은 답이 없다는 것을 인정하는 것이다. 그냥 싸워서 이기고 나올 뿐이다. 때문에 내가 싸우는 대상을 압축해서 매매하지 않아야 할 대상이나 영역을 찾고 그것을 투자 포트폴리오에서 제거하는 작업을 선행하고 남아 있는 대상의 속성을 분석한다. 그 대상은 글로벌 변수의 불확실성 속에서도 왜 우상향 에너지를 보이는지 점검하고, 그 대상 종목 중 대장주를 찾아 3~5개 정도 종목으로 집중하여 실전 투자하는 것을 권한다.

따라서 미국 10년 국채가 2.0%를 돌파하기 전에는 금리에 따른 공포를 만드는 변수를 나의 실전투자의 길을 방해하는 걸림돌로 생각하고 제거하는 정신적 회계계정을 따로 만들고, 빅데이터 통계적 알고리즘을 돌리면서 나온 샘플링 중 우하향 섹터 종목은 제거하고 우상향을 보이는 섹터 종목을 찾아내 실제 매매할 집중대상을 싸게 매수하는데 총력을 다 하는 것이다.

2020년 12월부터 2021년 1월초 사이 이런 과정을 거치면서 반도체 기술주 및 바이오 성장주 매매를 포트에서 제거하는 작업을 강조해드린 것이고, 물류, 유통, 건설, 건자재, 철강, 조선주의 물줄기를 찾아내서 그 중 선도주를 집중 투자한 것이다.

이 글을 쓰는 2021년 5월 현재 그 물줄기의 큰 변화는 없는 것 같고, 아직 미국 10년 국고채는 2.0%를 돌파하지 않았다. 1.7%대까지 가니 공포를 조장하는 분석과 시장에서 EXIT하라는 보고서가 난무해도 그것을 무시하는 배짱과 실행능력을 키울 수 있었고, 오히려 집중 대상의 주도주 물줄기 조정 시 싸게 매수하는 실전투자를 실행할 수가 있었던 것이다.

아래는 2021년 6월 현재 미국 10년 국고채 흐름이다.

과거 '체험 삶의 현장'이라는 프로였는지 기억이 가물가물한데 가스통의 균열 여부를 소리로만 감지하는 40년 이상 장인이 출연했었다. 그는 눈을 감고 나무 망치로 가스통을 때리면서 소리의 흐름을 체크하면서 불량품을 찾아냈었는데 지금 내가 하는 행위가 그것과 비슷하다는 생각을 한다.

미국 금리인상 변수가 시장을 강타하는 날, 마치 망치로 시장을 때리듯이 시장을 구성하는 2000개 이상의 종목이 어떻게 배열되는지 그 배열의 각도와 그 대상의 속성을 체크하면서 시장에 반응하는 대로 순응하는 전략에 집중하는 것이다. 우하향으로 반응하는 종목은 버리고 우상향으로 반응하는 종목으로 포트 재조정 작업을 하는 것이다.

합리적 비합리적 분석 필요 없이(인간의 머리는 한계가 있고 그것을 능가하는 보이지 않는 설계자의 에너지를 인정하는 차원) 시장에 순응하며 물 흐르듯이 대응하는 실전투자 감각을 키우는 것을 실제로 해보니 성과가 아주 좋았다.

다음 이미지는 어떤 변수가 시장을 강타할 때 시장종목이 배열하는 각도를 8개 세상으로 구분하고 거기서 집중매매 대상을 찾아본다.

금리인상이 시장을 강타하는데 2000개 이상의 종목이 배열을 다시 조직화하면서 8가지 세상 중 1, 2, 3, 4세상의 상승각도를 보이는 대상이 무엇인지 찾고 그 대상에서 매매집중종목을 찾아보는 것이다.

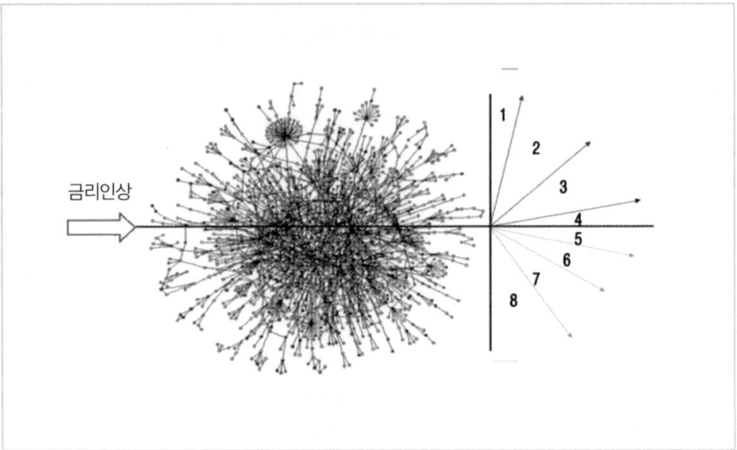
금리인상
1
2
3
4
5
6
7
8

HOT ISSUE

21

삼성 지배구조와 삼성생명법

HOT ISSUE 21

2016년부터 2017년 사이, 역대 최대 규모의 정치 스캔들, 최초의 대한민국 현직 대통령 파면이라는 초유의 사태가 발생했다. 그로부터 4년 뒤, 이재용 삼성전자 부회장은 '국정농단' 파기환송심에서 뇌물 공여 등의 혐의로 재구속됐다.

삼성 그룹의 지배구조 개편에 이목이 쏠리는 가운데 삼성생명 지분 상속에 변수가 생긴 것이다. 故 이건희 회장이 보유했던 삼성생명 지분과 삼성 그룹 주식 상속세는 2조7,500억 원(지분 20.76%), 11조 원을 넘는 규모다. 사망일자 6개월 이후부터 가산세가 붙기 때문에 상속세 재원 마련은 4월 말까지 마무리할 것으로 예상된다. 한편, 국회에 발의된 보험업법 개정안도 상속 방법을 결정하는 데 변수가 될 수 있다는 지적이다.

2020년 8월, 삼성생명 주가가 20% 넘는 급등을 보이며 여당이 추진 중인 보험업 개정안, 일명 '삼성생명법, 3%룰'에 이목이 쏠리기 시작했다. 현행 보험법상 보험회사의 계열사 주식 보유한도는 3%로 제한되어 있다. 그 기준은 법에 명시되어 있지 않고 감독규정에 자산은 시가, 주식은 취득원가로 나와있을 뿐이다. 여당은 보유기준을 3%로 제한하되, 취득원가가 아닌 시가로 평가하는 방식을 도입하자고 목소리를 낸 것이다. 보험업법이 통과되면 삼성생명은 총 자산 3%를 초과하는 삼성전자 주식을 매도해야 하며, 지배구조 '연결고리'는 끊어질 위기에 놓인다.

현재 삼성가는 총수에서 물산으로, 물산에서 생명으로, 생명에서 전자로 이어지는 지배구조가 존재한다. 이 부회장이 삼성물산을 통해 전체 그룹을 지배하는 구조다. 삼성전자의 2대 주주는 삼성생명이다. 故 이 회장은 삼성생명의 지분 20.76%(최대주주)를 보유 중이며, 삼성전자 지분(8.5%)은 시가 기준 약 30조 원 규모다. 총 자산의 3% 지분 초과분은 약 20조 원으로, 개정안이 통과되면 해당 지분은 내놓아야 한다.

보험업법에 대한 갑론을박은 진행형이다. 여당 의원들은 보험가입자들, 즉 고객들의 돈이 삼성생명의 지배구조에 사용되며 위험을 전가시킬 수 있다는 점에서 법안 통과를 시도 중이다. 반면, 어마어마한 금액을 강제로 매각하게 하는 것은 과잉조치라며, 시장의 신뢰를 무너뜨리며, 지분이 해외로 넘어갈 경우 자본 유출이 생길 수 있다는 우려 등 반대 의견도 거세다. 보험업법이 통과되면 오너 일가가 삼성생명을 통해 삼성전자를 '간접 지배'하던 구조도 깨질 것이며 지배력도 약해질 것이라는 우려가 꼽힌다.

2016년 11월, 삼성 그룹은 처음으로 지주사 전환 검토를 공식화했다. 6개월로 검토 기간을 명시하면서 기대감은 어마어마했다. 하지만, 2017년 2월 이 부회장이 구속되면서 '급브레이크'가 걸렸고 지주사 전환 방안은 소리소문 없이 사라졌다.

삼성생명의 최대주주 변경 시점은 유족들의 요청에 따라 3개월 늦춰졌다. 이 부회장이 법정 구속되면서 상황은 더욱 복잡해졌고 지배구조 재편 작업에 변화가 생길 수 있다는 전망도 나오고 있다. 더불어 삼성생명법이 통과되면 '이재용 부회장–삼성물산–삼성생명–삼성전자'라는 연결고리가 끊어지면서 지배구조상 삼성생명의 가치가 낮아지게 된다. 보험업법 개정안 추진, 이 부회장의 법정 구속에 따라 그룹 지배구조에 또다른 '브레이크'가 걸릴 것이란 우려가 나온다.

현재 지배구조의 핵심은 삼성생명의 삼성전자 보유 지분(8.5%) 처리다. 보험업법 개정안이 국회를 통과하면 삼성생명과 삼성화재가 보유한 삼성전자 지분 중 6.8%를 처분해야 한다. 이 지분을 놓치면 지배력 약화는 불가피하다는 분석이다. 총수 일가에서 가장 원하는 지배구조 개편은 삼성생명의 삼성전자 지분을 모두 삼성물산과 총수 일가 지분으로 옮기는 방법일 것이다.

아직 상속세 재원 마련 방안 등 명확한 방향성은 없지만, 지배구조상 삼성물산의 위치가 더욱 중요해질 것이란 전문가들 의견이 많다. 삼성그룹의 지주사 역할을 하는 '삼성물산'은 삼성생명(지분 19.34%), 삼성전자(지분 5.01%), 삼성바이오로직스(지분 43.44%)의

대주주 자리에 있다. 삼성물산을 지주사로 전환하는 방식의 지배구조 변화도 예상되어 왔지만, 지주사의 자회사에 대한 의무지분율 부담감 때문에 현실적으로 불가능하다. 공정거래법 개정안이 국무회의를 통과하면서 자회사 의무지분율은 기존 20%에서 30%까지 상향 조정됐다. 즉, 현재 삼성물산이 삼성전자의 지분 5%를 보유하고 있는 점 외에도 추가로 25%를 매입해야 하는 상황이다. 삼성바이오로직스의 보유지분을 모두 매각할 경우 삼성생명의 삼성전자 지분을 챙길 수 있겠지만 30%까지는 턱없이 부족하다는 지적이다.

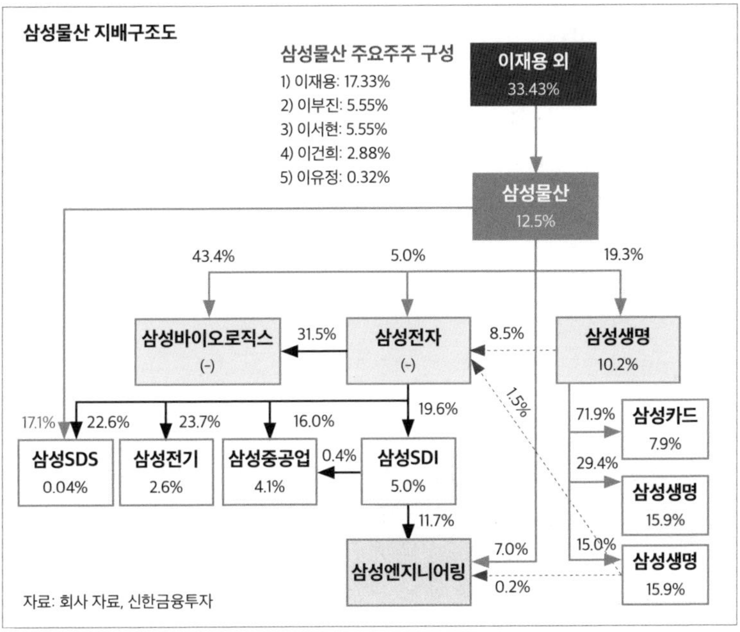

삼성생명법이 통과되면 삼성생명, 삼성화재는 전자 주식을 대량 매도해야 하는 것인데 왜 주가는 오르는 걸까? 매각 대금을 활용해 배당금을 늘릴 수 있다는 점이 호재로 작용하고 있기 때문이다. 삼성화재와 삼성생명은 전자 자산의 3%를 제외한 나머지 3조 원과 20조 원을 팔아야 한다. 매각 대금 중 일부만 배당에 들어간다면 해당 주식은 '고배당주'로 등극하는 것이다. 그 동안 삼성생명은 지배구조 이슈로 지분 매각 가능성이 낮았지만, 시장은 이제 '삼성생명법'에 따른 어쩌면 반사이익 기대감, 매각 후 배당 확대에 기대를 걸고 있다. 하지만 법안의 통과 여부도 확실하지 않은 시점에서 이를 단기적인 투자 전략으로 보기에는 한계가 있어 보인다.

무극선생의 TIP

우리는 정부가 추진하는 정책 혹은 어느 유력한 정치인이 추진하는 정책을 보면 그것을 100% 확신하고 지속가능성을 믿는 경향을 자주 보인다.

실전투자자는 팩트에 움직이지 말고 뉴스에 전략을 수립하지 말라고 한다. 이상하게 들리겠지만, 개인적으로는 아직 팩트가 아닌 소설 같은 시나리오에 실전 투자전략을 수립하고, 그 시나리오가 현실화되고 팩트로 뉴스에 나올 때 매도하는 전략을 수립시킨다.

유명한 격언인 소문에 사서 뉴스에 팔아라. 실전에서는 이렇게 하는 것이 성공 확률이 높고, 이렇게 해야 대형 호재성 뉴스에 매수해 크게 손해 보는 경험을 하지 않게 된다. 2021년 이런 현상의 최고봉은 1월 11일 현대차-애플카 단독뉴스가 아닌가 생각한다. 현대차-기아차뿐만 아니라 현대모비스 40만원 최고가를 만들어준 뉴스이기 때문이다. 그 이후의 흐름은 누구나 다 아는 상황이다. 40만원 고점까지 분출했던 현대모비스는 5월 9일 현재 27.7만원으로 고점대비 31.6%나 급락한 상황이다.

그런 의미에서 위 보험업법도 개인적으로 그렇게 크게 반응하지 않는다. 실제 실현가능성이 있는지 진행되는 과정에서 어느 정도의 변화가 생기는지도 체크해볼 생각이다. 그것을 사실로 받아들여 그것 때문에 삼성생명이 보유한 삼성전자의 지분 8.5% 중 초과분을 강제 매각해야 한다는 논리로 투자전략을 수립하지 않는다.

과거에도 이학수특별법이라는 것이 있었다. 누가 발의했고 진행과정이 어떻게 되었고 현재는 어떤 상황인지 조사해보기 바란다. 모든 세상에는 공격하는 자가 있으면 방어하는 자가 있고, 그 과정에서 경로가 이 방향으로 가려다가 다른 방향으로 가는 경우가 비일비재하다.

이런 정책의 진행과정을 예측하기는 힘들다. 직선적 사고로 이런 방향성으로 간다고 단정하지 말고, 비선형적 사고를 갖고 움직이는 곡선에 따라 그것에 영향을 받는 대상종목의 경로의존성에 집중하고 이에 순응하는 전략을 수립해야 한다.

즉, 4월말 삼성생명의 대주주 발표과정에서 호텔신라우를 14~15만원에 매도하고 삼성생명 혹은 삼성바이오로직스로 이동하는 전략을 수립하거나, 다른 거버넌스 에너지로 이동하는 전략이 비선형적 사고로 어느 변수가 새롭게 나왔을 때 시장의 배열구조로 대응하는 감각과 비슷하다.

주식시장에서 하나의 사건이나 재료가 나타나면 단순하게 그 현상만 파악하지 말고, 그 이면에 연결되어 있는 인과관계를 찾아내는 것이 중요하다. 불교에서 연기 법을 설명할 때 중아함경中阿含經에 나오는 문구를 자주 인용하는데, 경로의존성과 끌개의 상황을 파악할 때 되새겨볼 만한 문구이다.

이것이 있으므로 저것이 있고
이것이 생김으로 저것이 생긴다.
이것이 없으므로 저것이 없고
이것이 죽음으로 저것이 죽는다.

삼성생명의 공유지분 배분과정이 삼성물산과 삼성전자의 법적 상속배분 비율방식으로 하지 않고 다르게 했는지, 이 점에 집중하지 말고 이로 인해 생길 가능성이 있는 다른 것에 집중하는 방법이 실전투자에는 더 중요하다.

보이지 않는 설계자들이 우리에게 '이것만 보아라' 하는 구조에 함몰되어 투자전략을 수립하지 말고, 보이지 않는 설계자들의 탐욕과 방향성을 바탕으로 소설 같이 시나리오를 짜거나 프로파일러 같이 다양한 시각으로 접근하면서 시장의 움직임을 추적하는 것이 중요하다.

따라서 평면적 사고로 우리에게 주어진 HTS 구조에서 투자판단을 설정하지 말고, y축은 가격, x축은 시간으로 구조화된 2차원적 평면에서 그 기업의 미래지도를 그리지 말아야 한다. 마치 양자역학적 사고와 끈이론적 사고로 접근하면서 시장을 관찰하는 훈련을 해보시기를 권한다.

다음 이미지가 이해가 안 되시는 분들이 많겠지만, 복잡계적 시각의 HTS와 시장의 판세분석을 다음과 같은 시스템적 사고로 접근해보기 바란다.

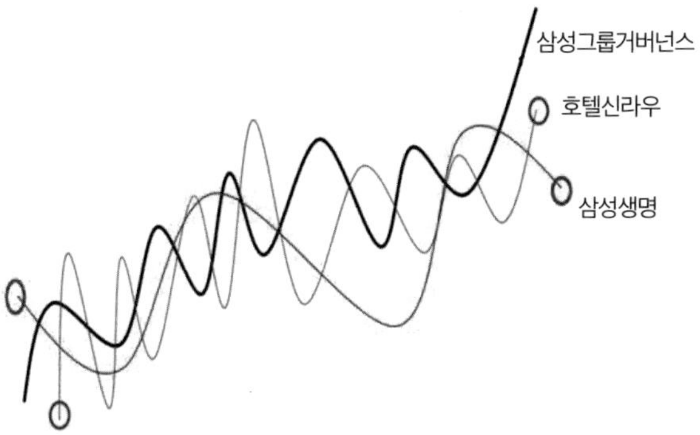

앞으로 삼성그룹 거버넌스라는 끈에너지가 나선형 비선형구조로 움직일 때 구성종목의 배열과 변화를 동태적으로 추적해가면서 이재용

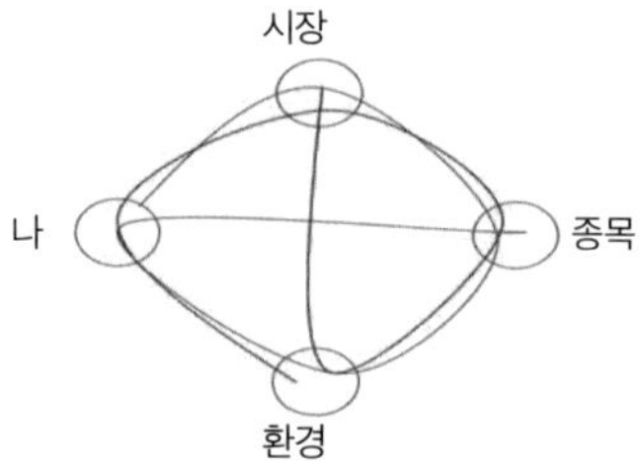

- 불확실성
- 경로의존성
- 초기조건의 민감성
- 가역성
- 비가역성
- 소산구조
- 자기조직화
- 프랙탈구조
- 자기복제화
- 창발현상
- 시간지연
- 시간분할
- 시간무시

부회장의 불법승계 재판의 진행과정과 그것을 결정하는 형사25부 판사들의 성향과 진행되는 과정을 추적해보자. 2022년 3월에 이루어지는 대선 결과 전 대선후보들의 동향과 정책을 같이 추적해보면, 여기서 삼성그룹 거버넌스에 영향을 미칠 변수가 나오는지도 체크해야 할 것이다.

가장 핵심적인 부분인 삼성물산과 제일모직 합병과정에서 삼성바이오로직스 회계처리 문제에 대한 법적 판단이 어떻게 나올지도 추적하고, 이재용 부회장의 대주주 적격성이 공격당하는지도 추적하면서 이부진 호텔신라 대표의 발언 및 법적 지위의 변화 여부도 추적해야 할 것이다. 내년 4월말이 되면 2조 가까운 상속세를 어떻게 납부하는지도 추적해야 할 것이고, 이런 과정에서 새로운 빅데이터가 나오는지도 체크해야 할 것이다.

HOT
ISSUE
22

달라진 지주사

LG그룹과 SK그룹을 중심으로

HOT ISSUE 22

LG그룹이 달라졌다. 미래 성장동력을 찾던 구광모 회장의 성과일까? 2018년 취임 이후부터 포트폴리오 재편에 적극 나선 구 회장은 과감한 사업 결단력을 보이고 있다. LG전자에게 스마트폰 사업부만큼 '아픈 손가락'도 없었을 것이다. '초콜릿폰', '프라다폰' 등 히트작을 내놓으며 한때 전 세계 점유율 3위까지 기록했었던 스마트폰 사업부는 애플 아이폰이라는 스마트폰 폭풍 속에 뒤처진 지 오래다. 중국 화웨이, 샤오미 등 업체들에조차 밀려 시장 점유율 상위 집계에서는 아예 보이지 않는 브랜드로 전락했다.

2015년부터 23분기 연속 영업적자를 기록한 LG전자 스마트폰 사업부 '매각설'이 결국 불거졌고 시장은 이를 '환호'로 받아들였다. 누적 적자만 무려 5조 원에 달한 '애물단지' 스마트폰 사업부가 구조조정에 들어갔다는 소식에 투자자들은 LG그룹을 다른 시선으로 보고 있는 듯했다. 실제로 LG전자는 스마트폰 사업을 완전철수하는 결정을 했고 그 과정에서 전장사업과 가전사업에 집중하는 전략을 선택했다.

LG그룹은 구광모 체제 하에 기존에도 LCD로 알려져 있는 액정표시장치 사업을 철수했고 LG유플러스 전자결제 사업도 매각했다. 한편, 전장사업을 신성장 동력으로 꼽은 가운데 로봇 기업을 인수했다. LG디스플레이의 OLED 유기발광다이오드에 대한 대규모 투자도 지속 중이다. 전지 사업부 비중도 커져 LG에너지솔루션으로 신설법인을 설립했고, LG전자의 전장사업도 기대감이 상당하다.

2020년 초만 해도 LG 그룹주에 대한 큰 기대감은 없었다. 지배구조도 투명한 편이고 배당성향도 안정적인 수준을 유지했지만 그룹사 성장 기대감이 낮아 큰 움직임을 보여주지 않았다. 2020년 하반기 중반까지만 해도 LG화학의 2차 전지 사업부 깜짝 실적에 대한 상승만 강하게 꼽혔다. 12월 들어 LG 그룹은 LG전자와 세계 3위 캐나다 자동차 부품사인 마그나 인터내셔널과의 합작사 설립 소식을 밝혔고 이때부터 투심은 달라졌다. 전장사업을 담당하는 VS차량용 부품 솔루션 사업 본부를 통해 전기차 구동부품 사업을 물적 분할해 신설회사를 설립하는 방식이다. 기존에도 LG전자는 밑그림을 그려온 것으로 추정되고 있다. 2013년 설립된 VS 사업본부는 전장 부품을 쉐보레와 재규어 등에 탑재하면서 경쟁력을 인정받아왔고, 2017년에는 그룹 내 최대 규모인 1조 원을 투자해 오스트리아의 차량용 헤드램프 기업 ZKW를 인수하기도 했었다. 해당 사업본부는 2016년부터 적자를 기록해왔지만, 마그나와의 시너지 효과로 흑자 전환이 예상되고 있다. 'CES 2021'에서는 스위스 소프트웨어 기업 룩소프트와 설립한 합작법인 '알루토'의 출범 소식도 전했다. 전장 하드웨어에 더해 소프트웨어도 경쟁력을 높이기 위해 차량용 인포테인먼트 플랫폼을 기반으로 한 시스템을 공급하기로 한 것이다. 시장에서는 전기차 관련 사업을 LG전자까지 포함한 그룹 전반의 사업으로 인식하고 평가하기 시작한 것이다. 즉, LG그룹의 주요 행보가 모두 'LG카'로 귀결되며 공격적인 사업 확장에 대한 기대감이 이어지고 있다.

LG전자는 CES 행사에서 'LG롤러블'을 소개하는 영상을 8초가량 공개하며 호평을 받았다. 디스플레이 화면이 종이처럼 돌돌 말렸다가 펼쳐지는 영상이었다. 티저 영상으로 롤러블 관련주를 봐야 할지, 디스플레이 업체로 봐야 할지 생각하는 투자자들이 많았는데, 열흘도 채 되지 않아 스마트폰 사업부 매각설이 퍼진 것이다. 회사 측은 MC사업부를 매각, 철수하는 것이 아닌 전면 재검토하는 단계라고 밝히며, 롤러블폰 개발은 진행 중이고 연중 출시가 목표라고 밝혔다. 일각에서는 사업부를 크게 줄인다면 굳이 기술적 어려움 많은 롤러블폰 개발을 계속할 이유가 없다고 했다. 상품 출시가 아니라 기술력을 보여주기 위한 행보였을지라도 LG전자 MC사업부의 대규모 구조조정은 불가피해 보였다. 전체를 매각하는 방식이 아닌 분할 매각 가능성이 높아졌으며, 시장의 기대처럼 이 매각이 차질 없이 진행될 경우 1조 원이 넘는 손익 개선 효과가 나타날 것으로 예상되면서 그룹주 전반의 시가총액 상향 전망치도 높아졌었다. 그런데 결론은 LG전자 스마트폰 사업은 매각이 아닌 완전철수로 결정하고 구광모의 LG그룹, 구본준의 LX그룹으로 나눠지면서 선택과 집중의 전략을 결정한 것이다. 지주사 SK 주가도 빠르게 재평가되고 있다. 최태원 SK그룹 회장도 공격적인 투자와 인수합병 결정으로 미래 먹거리 성장동력을 찾아 나섰다는 평을 받는다. SK의 시가총액은 2019년 말부터 2020년 말 사이 40% 넘게 증가했다. 2020년 가장 큰 변화는 SK하이닉스가 10조 원이 넘는 액수로 인텔의 낸드 사업을 인수한 소식이었다. 인텔이 보유한 낸드플래시 솔루션의 탄탄한 기술력을 바탕으로 경쟁력 강화 전략을 세운 것이다. 2022년까지 기업가치 100조를 달성하겠다던 SK하이닉스의 목표는 단 3개월 만에 이뤄졌다. 2021년에는 SK와 SK E&S가 미국 수소연료전지 기업 플러그파워 지분을 대거 사들여 최대주주로 올라섰다.

SK는 첨단소재, 그린, 바이오, 디지털이라는 4대 사업을 미래 성장동력으로 꼽고 집중 투자 계획을 밝혔다. 반도체와 미래 먹거리 '소재' 사업을 담당하는 사업부, 수소 사업과 같은 친환경 에너지 솔루션 사업부, 신약개발과 원료의약품 위탁생산을 아우르는 바이오 사업부, 그리고 인공지능과 자율주행 등 신기술 공략에 나서는 디지털 사업부로 나뉘며 ESG환경, 사회, 지배구조 경영기조가 반영된 최태원 회장의 전략을 공개했다.

한편, 최근 SK그룹 전반의 시총이 늘어난 것은 다소 우려된다는 분위기다. 고공행진 중인 SK하이닉스의 주가가 올라갈수록 SK텔레콤의 중간지주사 전환에 필요한 비용은 더욱 커지기 때문이다. 과거 SK그룹은 SK C&C → SK → SK텔레콤 등 자회사의 지배구조 형태를 보였다. 이후 SK C&C가 SK를 흡수합병해 현재의 구조 '최태원 외 → SK → 사업 자회사'로 바뀐 것이다. 그 안에는 SK → SK텔레콤 → SK하이닉스 구조가 존재한다. SK하이닉스는 SK텔레콤이 지분 20.07%를 보유한 SK의 손자회사다.

최근 박정호 SK텔레콤 사장이 SK하이닉스 부회장 직을 겸하게 됐다. SK텔레콤의 중간지주 전환속도를 내기 위한 전략이라는 분석이 따른다. 공정거래법상 손자회사는 인수합병 시 지분을 100% 인수해야 한다는 점이 문제로 꼽히며, 이에 대한 해결책으로 '중간지주사 전환'이 제시된 것이다. SK텔레콤을 인적분할해 사업부, 투자부로 나누고, 투자회사를 중간지주사로 전환하면 SK하이닉스는 자회사 격이 된다.

일각에서는 인적분할을 통한 중간지주사 설립 가능성을 긍정적으로 보며 숨겨진 기업가치가 상향될 것으로 보고 있지만, 호재로 보지 않는 의견도 많다. 한편, SK텔레콤 주가 하락에 대한 우려로 진행이 늦춰질 것이란 전망이다. 공정거래법 개정이라는 변수도 존재하고, 다수의 자회사 상장 계획도 차질이 생길 수 있기 때문이다. 더욱이 반도체 호황의 지속 전망에 SK하이닉스 주가는 상승세를 지속할 것으로 예상된다. 오르는 주가와 함께 SK텔레콤의 중간지주사 전환 등 지배구조 개편은 미뤄지면 미뤄질

수록 재무 부담이 커질 것으로 전망되고 있다. 그 과정에서 SK텔레콤은 2조 6,000억 원 규모의 자사주 869만주를 완전 소각하기로 결정했다. 이 결정은 SK텔레콤 신설회사와 SK와의 합병은 당분간 없다는 뜻으로 해석되기 때문에 어떤 배경 혹은 원인으로 이러한 결정을 하게 되었나 생각해보게 되었다.

이렇듯 시장은 매일 새로운 변수에 의해 주가의 변동폭을 보인다. 특히 2021년은 기업 지배구조의 변화에 대한 다양한 소식을 접하게 된 해다.

무극선생의 TIP

2021년은 각 그룹의 지배구조에 대한 인적분할과 물적분할이 그 어느 때보다 많은 해인 것 같다. 개정된 공정거래법과 일감몰아주기에 대한 강력한 규제가 만들어낸 현상이지만 어떻게 보면 그 동안 비정상적으로 작동했던 대한민국만의 특수현상인 재벌구조의 시스템이 변화되면서 새로운 ESG 세상으로 변화해 가는 과정 같다.

LG그룹의 지배구조는 LG화학이 물적분할하면서 LG에너지솔루션이 분할되어 이제 상장을 준비하고 있다는 것, 그리고 구광모 회장의 LG와 구본준 고문의 신LG로 분할되면서 5월 1일부터 LX홀딩스로 분할되어 나왔으며, 구광모 회장의 LG전자는 스마트폰 사업을 완전 철수하는 결정을 내리면서 그룹 체계의 일대 변화가 전개되는 중이다.

LG그룹 지배구조

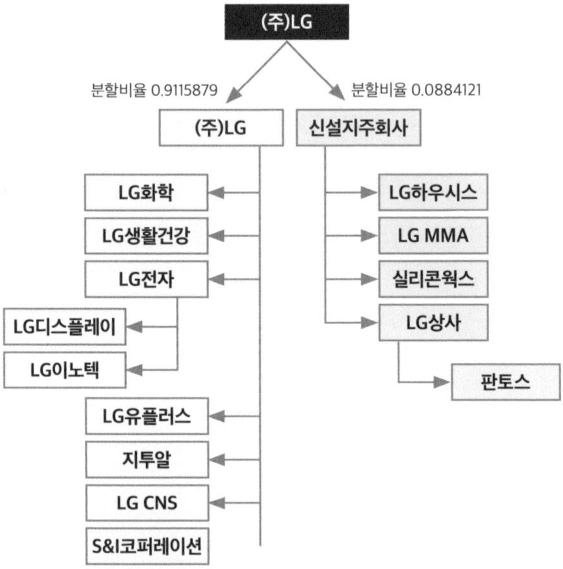

LG상사 사업목적 추가 내용

- 관광업
- 숙박업
- 통신판매업
- 전자상거래
- 폐기물의 수집 및 운송업
- 폐기물 처리시설 설치 및 운영업
- 디지털콘텐츠 제작·유통 및 중개업
- 소프트웨어·플랫폼·모바일 앱 개발·운영 및 판매업
- 데이터베이스 및 온라인 정보제공업
- 의료검사·분석 및 진단 서비스업

구본준 LG그룹 고문

앞으로 LG그룹에 대한 투자는 중장기적 관점에서는 LG전자와 LG화학에서 물적분할로 상장되는 LG에너지솔루션에 집중하는 투자전략을 권하며, 단기적 관점에서는 LG그룹에서 분할해서 나온 구본준 고문의 신LG에 집중하는 전략을 권한다.

분할비율은 거의 9대1 수준으로 LG에 0.088비율로 쪼개져 나온 신설지주 회사가 새로운 비즈니스와의 인수합병을 통해 새로운 pearl을 투입하는지 추적하는 것이 중요하다. LG상사, LG하우시스, 실리콘웍스의 시가총액이 향후 3년 후 어느 정도까지 커질지 추적하고, LG상사가 새롭게 사업목표에 추가한 내용을 체크해야 하며, LG하우시스는 전장사업으로 어느 정도 영토 확장을 하는지도 체크해보기 바란다. 또한 SK그룹의 거버넌스에서 남은 핵심은 SK텔레콤의 자사주 소각 이후 기업가치 제고를 위한 정책이 어디에 집중되는지 추적하는 것이다.

SK텔레콤 소각 전후 발행주식 총수

자사주 소각에 따른 SK 보유지분율 추이

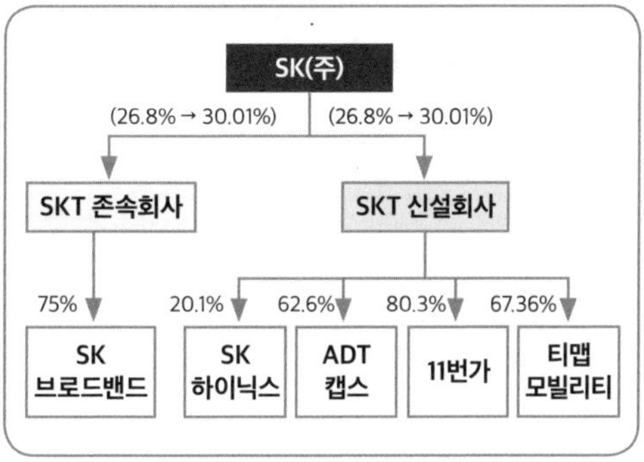

자료: SK텔레콤

이런 과정에서 비상장기업의 신규상장에 집중할 것이며, 계열사 중 힘의 집중을 위해 계열사 지분매각 여부도 추적해야 할 것이다.

구성종목명	현재가	대비	등락률(%)	기간등락률	거래량	전일동시간 거래대비율
SK하이닉스	128,500	▲ 2,500	1.98	1.98	2,531,018	-1.85
SK네트웍스	5,910	▲ 60	1.03	1.03	712,624	2.07
SK디스커버리	53,000	▲ 700	1.34	1.34	75,888	87.62
에스엠코어	7,790	▲ 40	0.52	0.52	94,881	-2.63
SKC	155,000	▲ 3,500	2.31	2.31	435,100	-1.05
부산가스	61,900	▲ 900	1.48	1.48	3,600	-52.43
SK텔레콤	326,500	▼ 500	-0.15	-0.15	151,383	-16.72
SK가스	115,000	0	0.00	0.00	14,472	-18.78
SK	290,000	▲ 2,500	0.87	0.87	238,105	-3.05
SK머티리얼즈	325,000	▲ 4,700	1.47	1.47	24,561	41.93
나노엔텍	8,620	▲ 170	2.01	2.01	1,271,351	-27.74
드림어스컴퍼	5,960	▲ 20	0.34	0.34	86,940	-62.55
SK렌터카	13,600	▲ 50	0.37	0.37	127,588	-39.10
SK이노베이션	290,000	▼ 3,500	-1.19	-1.19	729,986	-66.64
SK디앤디	35,600	▼ 100	-0.28	-0.28	42,982	55.00
인크로스	56,200	▼ 100	-0.18	-0.18	20,821	-16.25
SK케미칼	261,000	▼ 2,000	-0.76	-0.76	78,917	-13.88
SK바이오사이	153,000	▲ 1,500	0.99	0.99	423,610	-28.69
SK바이오팜	122,000	0	0.00	0.00	207,002	-7.55

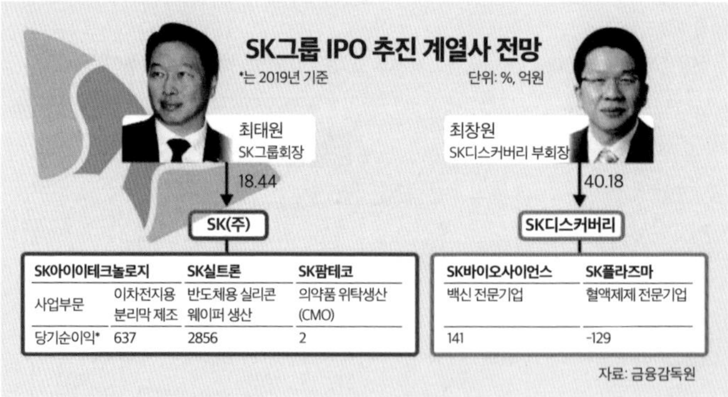

2021년 6월 25일 현재 SK그룹 계열사 데이터이다. 지분매각 가능성이 있는 기업은 무엇인가 생각해보고, 비상장기업에서 어느 기업을 상장할 것인지, 그리고 그 상장기업과 연결되는 기업의 가치제고에 집중하는 투자전략이 필요하다고 본다.

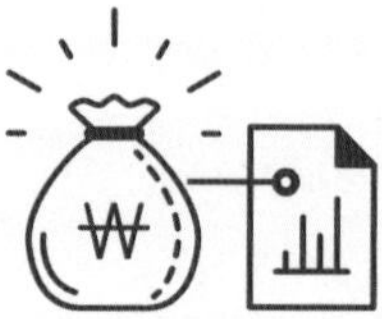

HOT ISSUE

23

SK바이오팜 퇴사와 공모 열풍

HOT ISSUE 23

2020년 주식 시장은 개인 투자자의 힘으로 지옥과 천당을 오갔고 공모 열풍도 한몫을 했다. 하지만 '소문난 잔치에 먹을 것 없다'지 않나. 역대 최고 공모 경쟁률을 경신한 탓에 몇 천만 원 넘게 청약해도 치킨 한두 마리 시켜 먹을 정도 밖에 수익을 낼 수 없다고 한다. 꿈의 주식처럼 따상, 따따상까지 오른 종목을 과연 어떻게 잡을 수 있을까? 반대로, 공모 경쟁률은 부각 받지 못했지만 신규 상장 이후 '이상 급등'을 보인 종목들도 많다. 2020년 연말, 신규 상장 코스닥 바이오주가 부각 받으며 이상과열 경고에도 불구하고 쉼 없이 올랐다.

2020년 여름, SK바이오팜 일부 직원들이 퇴사를 신청했다. 주가가 상장한 이후 공모가의 4배 가까이 뛰었지만 1년간 팔 수 없기 때문에 퇴사를 결정했다고 한다. 시세 차익은 무려 16억원을 넘어섰다. 대기업에 다녀도 평생 벌기 힘든 금액이다. 직원들은 공모가 4만9,000원에 우리사주를 배정받았고, 평균 투자원금은 5억원 정도로 추정된다. 주가 18만원을 기준으로 차익을 계산하면 시세 차익은 16억원을 넘어선다. 상장 후 1년간 보호예수되어 팔 수 없는 우리사주 물량이기 때문에 퇴사한 것이 아닐까 하는 기사들이 쏟아졌다.

SK바이오팜을 필두로 2020년 여름은 공모주 청약 열풍이 뜨거웠다. 신규 상장하는 기업과 연관된 종목부터 이름만 비슷해도 오르는 종목들까지 말도 안 되는 '이상 급등 현상'이 이어졌다. 청약증거금을 비교적 짧은 시간 이후 돌려준다는 점, 주식담보대출 이자보다는 수익이 확실하다는 점 등 개인 투자자들의 귀를 솔깃하게 한 종목들이 많았다. 공모 열풍으로 투자자예탁금은 사상 첫 60조원을 넘어서며, 이 금액이 향후 풍부한 유동성도 뒷받침해주었다.

카카오게임즈, 빅히트엔터, 교촌에프앤비 등의 공모주 대어가 상장하면서 이목을 끌었다. 카카오게임즈 청약 마지막 날에는 증권사 MTS도 먹통이 됐고 ARS 서비스도 통화 중으로 연결이 어려웠다는 불평이다. 몇 년 전부터 BTS 기획사 상장 이슈로 관련주(엘비세미콘, 디피씨 등)까지 급등을 보였던 빅히트도 그 열기를 이어받았다. 1억원 넣어도 5주도 받지 못했다는 투자자들, 결국 '따상' 기록으로 고작 30만원 벌었다는 투자자들이 많았다.

아파트만 청약하는 것이 아니다. 주식도 청약을 통해 배정받게 되며, 경쟁률에 따라 자금을 더 많이 넣은 투자자가 더 많은 주식을 받게 된다. 공모주는 상장 가격보다 낮은 가격으로 청약을 할 수 있다는 이유로 투자자들의 관심 대상이다. 또한 기업 가치가 높은 주식을 미리 사둘 수 있다는 점에서 주목받는다.

IPOInitial Public Offering, 기업 공개 상장는 비상장 기업이 주식 시장에 상장을 하기 위해 주식을 공개적으로 매도하고 재무내용을 공시하는 것을 의미한다. 하지만 수익률이 천차만별인 만큼 공모가격의 산정 근거, 수요 예측과 청약 현황 등을 반드시 살펴보는 '옥석 가리기'가 필요하다.

청약 how to

청약을 위한 증거금을 납입하면, 이후 경쟁률에 따라 배정받는 주식 수가 결정된다. 배정 수량만큼의 공모가 금액을 제외한 남은 금액은 금방 환불받게 된다. 일반 청약자를 대상으로 청약 업무를 수행한다고 알려져 있는 주관회사를 택하여 청약 접수가 가능하다. 청약일 전날까지 증권사 계좌를 개설해야 한다는 점도 기억해야 한다.

그렇다면 주식의 최초 발행 가격, 공모 가격은 어떻게 정해지는 것일까? 회사의 가치를 나름대로 산정한 공모희망가액 밴드를 기반으로 기관의 '수요 예측' 등을 통해 공모가가 정해진다. 우리사주조합, 기관, 일반 투자자 등의 실제 청약 경쟁률도 금융감독원 전자공시시스템에서 모두 확인해볼 수 있다. 예상 평가액

대비 할인율이 반영돼 공모가의 가격 범위가 정해지는데, 최근 들어서는 공모 열풍이 불었던 종목들 상당 수가 공모가 밴드 중 상단에 가격이 맞춰졌다.

'수요 예측'이란, 관심이 있는 기관들을 대상으로 '얼마에 몇 주를 살 것인지' 물어보는 과정이다. 이 수요 예측에 참여한 기관 투자자에게 얼마나 배정해 줄지를 정하며, 의무보유기간(15일, 1개월, 3개월, 6개월)을 얼마나 길게 잡았는지가 평가에 들어간다. 따라서 기관 투자자는 공모주를 상대적으로 많이 배정받는다. 하지만 상장 이후 일정 기간 동안 공모주를 보유할 의무(의무보유확약)가 있다. 상장 이후 해당 기간이 종료되면 그 물량의 대량 매도가 출회될 가능성이 있기 때문에 주의할 필요가 있다. '의무보유확약'이란, 기관이 주식을 매도하지 않고 보유하고 있겠다고 약속하는 것이다. 이유는 공모주를 더 많이 받기 위해서다.

비슷해 보이지만 다른 개념도 있다. '의무보호예수'란 의무적으로 보호하도록 예수(주식계좌 예수금처럼 '금융사가 보관하는 것')한다는 뜻이다. 인수합병, 유상증자, 신규상장 등의 경우 일정 기간 동안 주식을 팔지 못하도록 한 제도다. 정보를 잘 알고 있는 최대주주, 특수관계자의 매매 행위로부터 소액 투자자를 보호하기 위해 마련된 장치다. 일시적으로 묶인 이 주식은 한국예탁결제원이 대신 보관(예수) 해준다.

2020년 총 76개 기업이 상장했다. 개수 자체로는 2018년 78개, 2019년 76개와 비슷하다. 하지만 청약증거금은 3배 늘었고, 종목별 최대 청약증거금 상위주도 바뀌었다. 5조원 이상의 청약

증거금을 기록한 IPO 기업은 12개나 됐다. 1000대 1의 청약 경쟁률도 흔해졌다.

2021년에도 역대급 공모주 청약이 예상된다. 2020년부터 유동성이 크게 늘어났고 시중에 풀린 돈이 공모주 시장으로 쏠렸다. SK아이이테크놀로지, SK바이오사이언스도 2021년 상장했으며, LG에너지솔루션, 크래프톤, 카카오뱅크 등 연내 상장에 대한 기대감을 높여가고 있다. 거품에 대한 우려도 그치지 않고 있지만, 코로나19로 인한 거대한 유동성으로 2021년에도 충분한 IPO 흥행이 이어지고 있다.

무극선생의 TIP

2020~2021년은 공모주의 열풍으로 따상, 따따상이라는 새로운 단어가 나오고 고객예탁금이 사상 최대가 되면서 공모자금으로 60~70조원의 자금이 유입되었다는 뉴스도 쉽게 보는 세상이 되었다. 공모주는 발품을 팔아 노력해도 거액자금을 갖고 있는 분들에게는 게임이 안 되는 기울어진 운동장이다. 그것을 정부가 개선한다고 하지만 분명 한계가 있으며, 빈익빈 부익부의 시장을 만들고 있다.

그럼에도 불구하고 공모주는 받는 전략을 권한다. 받은 수량에 대해서는 각 대상 종목에 따라 1~7일 코스로 매도하는 전략을 실전에서는 권하고, 고점 형성 이후에는 고점에서 반토막이 되면 새롭게 진입하는 전략을 권해드린다.

이미 SK바이오팜, 카카오게임즈를 그러한 실전 투자전략으로 제시하고 있다.

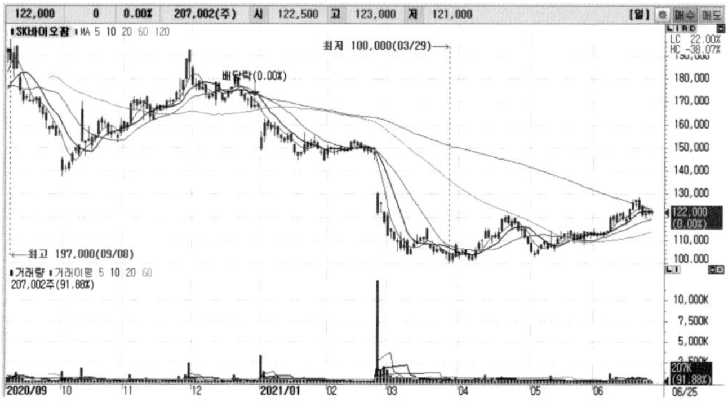

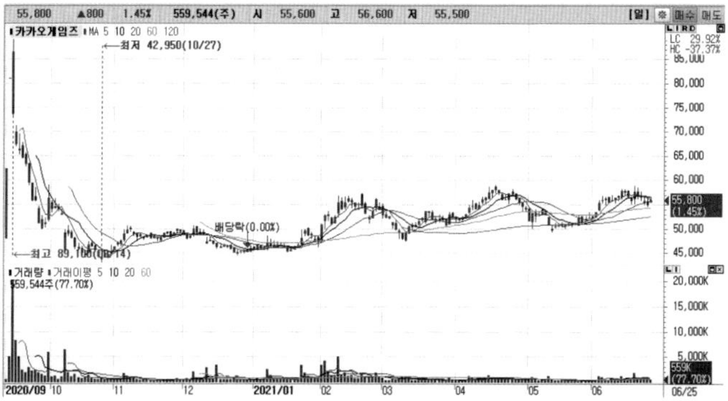

IPO게임은 공모를 받고 상장 이후 단기간에 매도하는 전략이 중요하다. 그 이유는 그들만의 리그로 상장 전에 장외시장과 그 기업을 상

장시키는데 연결된 이해당사자들의 평균단가가 상장 시 공모가와 실제 상장된 후 고점과는 가격 차이가 너무 나는 단가이며, 이미 확보한 물량이 매물화되는 과정이 필요하기 때문이다. 따라서 통계적으로 상장 후 고점에서 40~50% 하락한 가격에서 대부분 바닥이 형성되며, 그 이후 에너지에 따라 해당 종목의 미래지도가 그려지는 것이다.

또한 상장 후 보호예수 물량이 나와야 한다. 그때까지는 가격조정 혹은 기간조정 가능성이 높기 때문에 상장된 기업의 보호예수 기간과 보유한 이해당사자들의 매물동향도 함께 추적해야 할 것이다. 그리고 상장 이후 가격조정이 전개되면서 바닥패턴을 보이는 경우, 그 해당 종목이 앞으로 상장될 대상의 지분을 보유하고 있는지, 실적이 우상향되는지 등의 재료를 추적해야 한다.

카카오뱅크와 크래프톤은 지분 보유주 혹은 업황의 개선으로 현재보다 미래의 실적이 우상향될 가능성이 높은데, 고점에서 많이 하락한 대상을 찾는 노력이 필요하다는 것이다.

신규상장 종목 중에서는 미래의 실적이 우상향될 것으로 보이는 종목이 상장 후 보호예수물량과 상장 전 이해관계에 엮여있는 물량이 출회되면서 상장 후 고점에서 크게 급락할 때 싸게 거래되는 경우도 많다는 사실을 인지하고 매매대상을 찾는데 집중하시기를 바란다.

HOT ISSUE

24

현대차 그룹의 지배구조

애플카와 기아차

HOT ISSUE 24

정몽구 명예회장이 21년 만에 총수 자리에서 물러나면서 정의선 현대차그룹 회장이 공식적인 총수 자리에 올라섰다. 정의선 회장의 취임과 함께 연말 연초 현대차 그룹의 지배구조 개편 작업에 이목이 쏠렸다. 대주주의 지분율이 가장 높은 현대글로비스가 최대 수혜주로 거론되며 주가도 급등을 보였다.

현대차 그룹의 순환출자 구조는 현대모비스 → 현대차 → 기아차 → 현대모비스 등으로 이어진다. 그룹 지배구조의 가운데 있는 현대모비스의 지분 확보가 중요해 보인다. 또한 현재의 복잡한 순환출자 구조는 지배구조의 위험요인으로 꼽히고 있으며, 10대 기업 중 현대차 그룹만이 아직 순환출자 구조를 해결하지 못하고 있다. 정 회장으로의 안정적인 경영권 승계와 투명한 지배구조 하의 경쟁력 확보를 위해 개편은 이뤄져야 할 숙제로 알려져 있다.

지난 2018년, 현대모비스와 현대글로비스의 합병 비율이 지배구조 개편 과정의 발목을 잡았던 적이 있다. 당시 현대차 그룹은 순환출자고리를 끊고 지배구조를 단순화하고자 하는 움직임을 보였다. 현대모비스를 중심에 두고 계열사 지분을 정리하고자 했었다. '정 회장 → 현대모비스 → 현대차 → 기아차' 구조를 만들기 위해 현대모비스를 인적분할해 모듈과 AS 사업부를 현대글로비스와 합병하고, 현대모비스 존속법인을 그룹 지배회사로 하고자 하는 방안이었다. 하지만 주주 반발로 무산됐다. 당시 개편안의 합병비율로 인해 글로비스 지분 가치가 고평가되고 모비스는 저평가된다는 이유 때문이었다.

모비스와 글로비스의 분할과 합병이 실제 이뤄진다면 정 회장은 안정적인 지배구조를 구축하게 될 것이다. 따라서 현대글로비스의 가치와 역할에 시장은 많은 관심을 두고 있다. 2020년 말, 현대차 그룹이 로봇 사업을 위해 보스턴다이내믹스의 지분 80% 인수를 결정했다. 현대차가 30%, 현대모비스는 20%, 현대글로비스가 10%의 지분을 보유하는 구조이며, 정 회장도 사재를 털어 지분을 20% 매입했다. 정 회장과 글로비스의 지분 합은 상당한 수준이다. 정 회장의 현대글로비스 보유 지분율은 23%를 넘는 수준이지만, 현대차와 기아차, 현대모비스 등 핵심 계열사에 대한 지분은 0~2% 수준으로 낮은 편이다. 정몽구 명예회장의 지분을 물려받더라도 핵심 회사의 지분율은 적다는 평가다. 증권가에서는 보스턴다이내믹스 인수 과정에서 기아차가 빠진 점과 현대글로비스가 참여한 점을 주목하며, 향후 미국 상장을 할 경우 글로비스의 지분가치가 크게 오를 것으로 보고 있다.

한편, 이번에는 소프트웨어 3사 합병법인이 출범했다. 대주주에게 유리한 합병구조라는 지적이 존재했지만 4월 1일, 현대오토에버, 현대오트론, 현대엠엔소프트 합병법인이 출범했다. 2018년 당시 지배구조 개편 반대를 주도했던 엘리엇매니지먼트가 2020년 초 현대차 계열사의 지분을 전량 매각하고 철수하면서 이번 개편 추진은 긍정적인 분위기다. 4월 들어서는 현대차그룹의 건설사 현대엔지니어링이 올해 코스피 상장을 추진한다는 소식이 들려왔다. 기업가치 10조원대가 예상되며 현대차그룹의 지배구조 개편 과정에서 중요한 역할이 될 것이라는 분석이다.

2011년부터 2013년까지 현대차는 3년 연속 8조 원대의 영업이익을 냈다. 2019년에 이어 2020년에도 매출 100조 원을 돌파했지만, 2020년 한 해 영업이익은 3조 원을 밑도는 수준을 기록했다. 그럼에도 주가는 고공행진 중이다. 2020년 말부터 2021년 초, 미래차에 대한 기대감을 현대차 그룹주가 주도주 역할을 하며 주식 시장을 견인했다. 여러 보도국의 단독 보도부터 각종 설이 퍼지며 현대차 그룹이 미국 애플의 미래 자동차 개발에 나설 것이라는 소식에 시장이 들썩거렸다. 사실 무근이다, 협상 중이지만 확정된 바는 없다 등 그룹사 내에서도 조심스러운 모습을 보였지만 외신 보도를 통해 애플과 현대기아차가 자율주행 애플카 생산협상 막바지 단계에 들어섰다는 소식이 들려왔다.

전기차 관련 2차 전지주부터 수소차 등 친환경차 관련주가 움직였고, 자율주행 기술, 전장 부품업체 등 차량용 반도체 관련 기업들은 급등을 이어갔다. 내연기관차 수요가 줄고 전기차, 수소차 같은 신재생에너지 기반의 친환경차 수요만 늘어나는 단순한 구조가 아니다. 자율주행과 인공지능 등 미래 신기술이 친환경차에 상용화되는 미래차가 개발되고 있다. 아직도 전기, 수소전기 등 충전소를 비롯한 인프라가 부족한 상황이지만 일단 미래차의 개발 속도는 가속화 궤도를 달리고 있다. 글로벌 1위 전기차 제조사인 테슬라는 2020년 50만대의 판매량을 기록했고 2021년 판매량은 100만대 달성 여부를 주목하고 있다. 완전자율주행FSD, Full Self-Driving 베타 버전의 상용화 시점도 긍정적 모멘텀으로 작용 중이다. 우리가 넷플릭스, 유튜브 등을 정기구독 하듯이 자율주행 구독 서비스 출시가 주목을 받으며 실적 면에서도 기대감이 이어진다.

현대차 그룹도 직접 미래차 개발에 나설 수 있지는 않을까, 애플카 협력이 마냥 호재일까 등 이해득실을 따져보는 투자자들도 많았다. 애플이 가진 강력한 브랜드의 힘을 받을 수 있는 긍정적 소식도 많지만, 애플카 제조 단계에만 들어가는 OEM주문자위탁생산 업체로 전락하지는 않을까 우려하는 목소리도 있었다. 한편, 기아차가 애플의 잠정 협력 파트너로 결정된 부분은 다르게 받아들이기 시작했다.

그룹 지배구조 개편 과정에서 기아차가 소외될 것이라는 전망이 나오며, 현대차 3인방에서도 제외될 것이라는 소식이 들려왔다. 하지만 이번 애플과 기아차의 협력 소식에 현대차는 브랜드를 유지하는 전략을 쓰는 동시에 기아차도 실리를 찾을 수 있는 방법을 사용하지 않을까 기대감이 모아졌다. 결론적으로 현대차 애플카는 해프닝으로 마감했고 주가만 뉴스가 극성을 부리던 2021년 1월초에 현대차 기아 현대모비스 사상최고가를 만드는데 기여했지만 그 이후 주가는 속절없이 하락하는 모습을 보이고 있다.

물론 완전히 끝난 것은 아니다. 언제인가 애플도 애플카를 양상하는 시대로 접어 들 것이다. 시대적 흐름이 기존 내연기관차에서 벗어나 친환경차로의 전환이 이뤄지고 있다. 친환경차에는 하이브리드, 플러그인 하이브리드, 전기차, 수소연료전지 자동차 4종류가 있다. 가장 대중화되어 있는 하이브리드 자동차는 '혼합'이라는 의미를 담고 있다. 내연기관차의 엔진이 포함되어 있고, 전기로만 주행하는 구간은 많지 않지만 연비 효율은 향상된 차량이다. 플러그인Plug-in 하이브리드 자동차는 충전용 플러그를 통해 배터리를 충전하는 자동차다. 전기로 주행한 이후 배터리 잔량이 없을 경우 엔진으로 다시 주행을 하게 되는 종류다. 전기자동차EV, Electric Vehicle는 100% 순수 전기로만 주행하는 자동차이며, 진정한 친환경 자동차로 불린다. 수소 연료전지Fuel Cell 자동차는 전기차와 비슷한 구조이지만, 고압 수소와 산소가 화학반응을 만들어내 전기를 생산하는 차량이다.

현대차는 전기차 전용 플랫폼인 E-GMP를 기반으로 신차를 출시하고 있다. 전용차 플랫폼은 자동차의 핵심 기능을 담은 하부 구조를 의미한다. 차량 내 전력을 제어하고, 모터의 속도를 조절하고, 전기에너지를 저장하는 배터리 등 필수적인 구성요소가 들어가는 부분이다. 테슬라에 이어 폭스바겐, 현대차가 전용 플랫폼 시장에서 상위에 이름을 올리고 있다.

한편, 종합물류기업인 현대글로비스는 전기차 배터리 렌탈 사업과 수소 운반 사업 진출 등을 선언하며 신재생에너지 관련 인프라 사업 진출을 시작한 상황이다. 공격적인 투자와 인수합병 등으로 전략을 펼치고 있는 현대차 그룹이 친환경 기술 등 미래 기업으로서의 성장 궤도에 올라서고 있다는 분석이다. 아이폰도 실제 생산까지 2년가량의 시간이 필요했다. 자율주행 미래 자동차 개발까지는 조금 더 시간이 필요하지 않을까? 기대감과 함께 급등한 주가에서 상투 잡는 투자자들도 많겠지만 구체적인 생산 과정과 실질적인 실적 숫자도 받쳐줘야 하지 않을까 하는 생각이 든다.

무극선생의 TIP

모든 거버넌스의 중심에는 현대차그룹 거버넌스가 있다. 2020~2021년 실전투자에서 가장 집중해드린 것이고 투자 수익 측면에서도 엄청난 성과를 얻었던 모멘텀이다. 그리고 아직 진행형이다.

개인적으로 거버넌스 투자전략을 수립할 때는 복잡하게 생각하지 말고 정의선 회장 개인 입장에서 나의 자산가치를 가장 크게 만드는 방법이 무엇일지 대주주의 이기심에서 시작하라고 강조해드렸다. 거창하게 사회정의-ESG-정부정책의 방향성 중심으로 접근하다 보면 미로에서 헤매는 경우가 많기 때문이다. 따라서 정의선 회장 개인지분이 많은 종목을 시작점으로, 실전투자를 베팅하는 대주주의 탐욕으로 접근시켜 투자실행을 하라고 강조했다.

정의선 회장의 개인지분 보유주 현황을 보면 다음과 같다.

현대차 그룹 오너 일가 지분 현황

2020년 8월 14일 기준

	정몽구 명예회장	정의선 회장
현대차	5.33%	2.62%
기아차	0	1.74
현대모비스	7.13	0.32
현대제철	11.81	0
현대글로비스	6.71	23.29
이노션	0	2.0
현대위아	0	1.95
현대엔지니어링	4.68	11.72
해비치호텔	4.65	0
현대오토에버	0	9.57

현대글로비스 23.2%, 비상장종목 현대엔지니어링 11.7%, 현대오토에버 9.5%, 현대차 2.6%, 기아차 1.74% 순으로 갖고 있다. 2020년 현대차그룹 거버넌스 실전전략을 가동했을 당시, 정의선 부회장 시절 담보가치 높이기 게임이라는 시각으로 제일 먼저 그리고 제일 많이 보유한 현대글로비스를 집중적으로 공략하는 전략을 수립해드렸다.

업황의 개선이니 실적이니 하는 시각보다 단순하게 지배구조의 에너지를 키우려면 보유지분의 담보가치를 높여야 다른 계획을 수립할 수 있기 때문에 그룹의 거버넌스 전략의 키 포인트는 대주주의 개인 지분 가치에서부터 시작한다.

현대차그룹의 거버넌스를 추적하기 시작한 것은 정몽구 회장의 건강상태에 대한 루머가 증시에 돌기 시작한 2019년 6~7월로 거슬러 올라간다. 2017~2018년 현대차의 미국 세타2 엔진 결함 대규모 리콜 사태와 늑장대응으로 검찰의 조사를 받으면서 다음과 같은 검찰의 기소중지가 나온 시점부터 현대차그룹 거버넌스를 추적하기 시작하였다.

2019년 7월 26일 서울중앙지검 형사5부는 현대기아차 법인과 신종운 전 품질총괄 부회장, 방창섭 전 품질본부장, 이모 전 품질전략실장 등을 자동차 관리법 위반 혐의로 불구속 기소했다. 정몽구 회장과 관련해서는 '건강상의 이유'로 기소중지를 결정했다. 증시에 간간이 정몽구 회장의 건강상태에 대한 루머가 돌긴 했지만, 최종적으로 확인을 하게 된 계기였다.

이때부터 정몽구 회장에서 정의선 회장으로 중심이 이동하는 지배구조의 변화를 추적하기 시작하였고, 그 과정에서 그 당시 정의선 수석부회장의 개인지분 보유현황을 체크했다. 그리고 코로나19로 증시가 급락한 이후 다시 크게 상승하는 과정에서 2020년 6월부터 방송, 카페를 통해 집중적으로 매수전략을 가동해드렸다. 그 가운데 정부는 ESG에 대한 정책을 강화하겠다는 방침을 설정하였고, 2020년 7월 현대글로비스는 지속가능경영 성과와 미래 비전을 담은 '2020 지속가능경영 보고

서'를 발간했다

지속가능 경영이란 다양한 이해관계자와의 균형 있는 성장을 통해 기업가치와 경쟁력을 높여 지속적인 성장을 추구하는 경영활동이다. 현대글로비스는 보고서에서 △신뢰와 나눔의 미래 가치 창출 △지속가능한 밸류 체인 구축 △사람을 우선하는 일터 조성을 3대 지속가능경영 방침으로 삼고, 이를 이행하기 위한 6가지 중장기 과제를 2025년까지 실행하기로 했다.

정몽구 회장의 건강상태, 그리고 정부의 ESG정책 방향성, 또 정의선 수석 부회장으로 후계구도 가능성의 연결고리가 형성되면서 그 어느 때보다 현대글로비스의 지속가능경영 보고서와 시장의 반응이 중요했다. 각종 악재로 현대차그룹 주가가 약세를 보이던 구간에서 현대글로비스가 10만원 저점에서 12.7만까지 상승하는 에너지가 나타났고, 수급의 변화가 생기는 징후가 포착되었다.

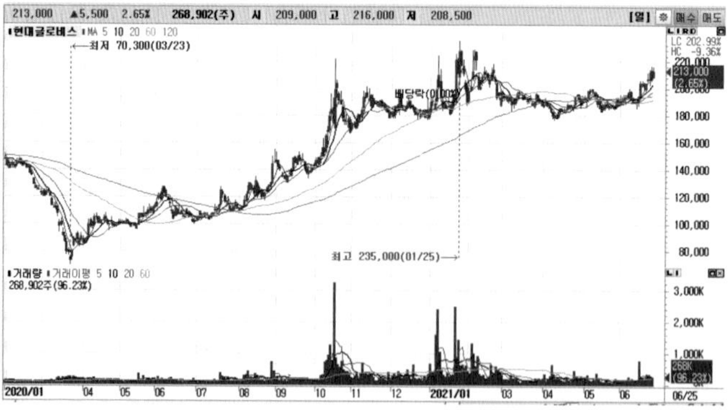

아니나 다를까 현대차그룹은 2020년 10월 15일 정의선 수석부회장을 회장으로 승진시키면서 본격적인 정의선 회장 체재로 개편하는 신호를 시장에 보냈다. 그런데 실전투자에서는 2020년 6~7월 불확실성 속에 정몽구 회장의 건강상태 이상에서 매수전략이 가동되었고, 그것을 확인시켜준 2020년 10월 14일 정의선 회장 승진 발표에서 현대글로비스 매도전략을 가동해드렸다.

실전에서는 미리 생각해 불확실성이 지배할 때 매수해야 하고, 팩트가 되어 주가가 저점에서 100% 이상 급등하면 재료노출로 보고 매도해야 한다. 현대글로비스 주가를 보면 2020년 6~7월 10~12만원 수렴 과정을 보이다가 상승각도가 가파르게 변하면서 2020년 10월 20일 22.2만원까지 급등하는 기염을 토했다. 거버넌스 개념으로 단기간에 100% 이상 주가 상승을 보인 것이다.

그 다음 전략으로는 현대글로비스 매도에서 현대오토에버로 이동하는 전략인데, 이 기업은 정의선 개인 지분이 그 다음으로 많은 기업이다. 현대엔지니어링이 상장된 기업이라면 현대엔지니어링을 꼽았겠지만, 현대엔지니어링은 IPO모멘텀이 등장할 때 현대건설이 작동할 것이라는 아이디어만 갖고 있기에, 실전에서는 정의선 개인지분 높이기 게임에서 다음 타자인 현대오토에버 매수전략으로 이동한 것이다.

정의선 회장의 체제로 이동할 경우 정몽구 회장 체제의 인적자원 개편과 계열사 통폐합 과정을 통해 자신의 경영 방향성, 그리고 실행할 인적자원 재편이 이루어지는 것은 당연한 수순이기 때문이다. 재미있는 것은 그 다음부터 현대오토에버 중심으로 계열사 통폐합 정책이 현대차 그룹의 보도로 확인되면서 현대오토에버의 주가가 급등하는 패턴을 보인 것이다. 현대글로비스가 급등하는 2020년 6월에서 10월 코스에 현대오토에버 주가 패턴을 체크해보고, 정의선 부회장이 회장으로 승진한 2020년 10월 15일 이후 현대오토에버의 주가 흐름을 체크해보기 바란다.

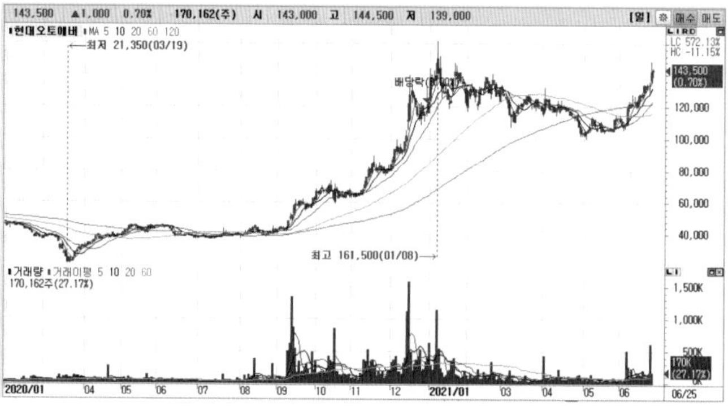

현대글로비스가 10만원에서 15만원까지 상승하는 동안 현대오토에버는 38,000~45,000원 영역에서 박스패턴 수렴과정을 보이다가 정의선 수석 부회장이 회장으로 승진한 2020년 10월 15일부터 현대차그룹 거버넌스 게임이 확산되었다. 현대글로비스가 15만원에서 22만원까지 순간적으로 급등한 후 20만원대에서 상승에너지가 축소되는 과정에서 그 다음 타자로 현대오토에버가 6만원대에서 16만원까지 급등파동을 보여준 것이다.

실전에서는 아래 패턴을 숙지하고 각도가 3번정도 바뀌고 지수함수의 끝자리인 카지노 각도로 생각하는 63.2도 이상 급등파동이 나오는 경우는 추격 매수하지 않고 보유한 물량을 매도하는 시점으로 잡는다.

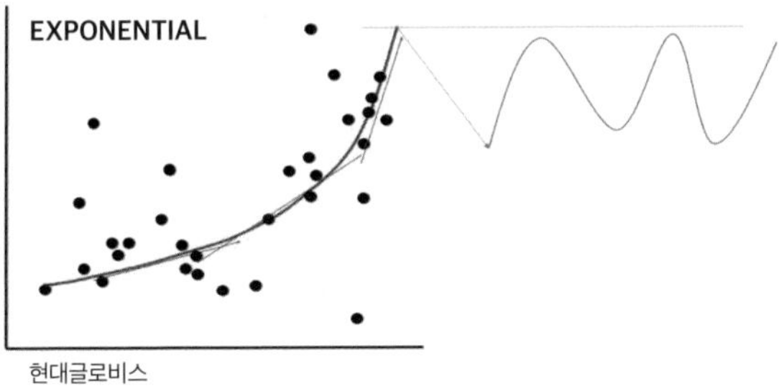

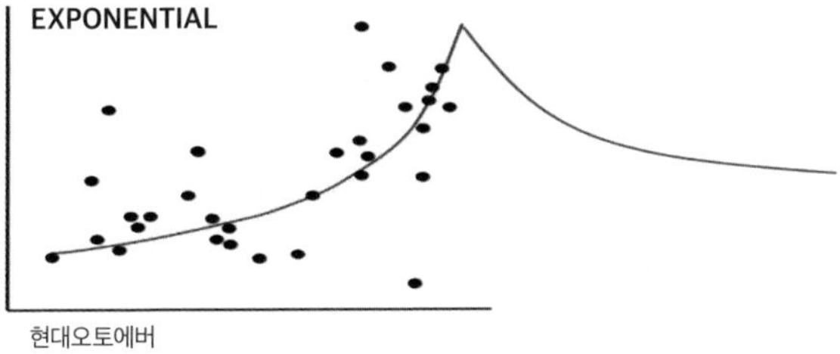

급격한 급등 후 위 패턴과 같이 지그재그 기간 조정하거나 상승한 진폭의 반 정도 하락 조정하는 양상을 보인다. 현대글로비스는 급등 후 지그재그 파동을 보이는 중이고 현대오토에버는 하락 조정하는 중이다. 현대오토에버 급등 이후 거버넌스 종목에너지는 현대차그룹의 핵심인 현대차, 기아차, 현대모비스로 집중 이동하는데 여기에 화려한 피날레를 보인 재료는 현대차+애플카 생산발표였다. 현대모비스 현대차가

2021년 1월 11일 사상최고치를 보였고 그 이후 기아가 기아+애플카 모멘텀으로 2월 고점을 보이는 시간차를 보이는 모습을 보였다.

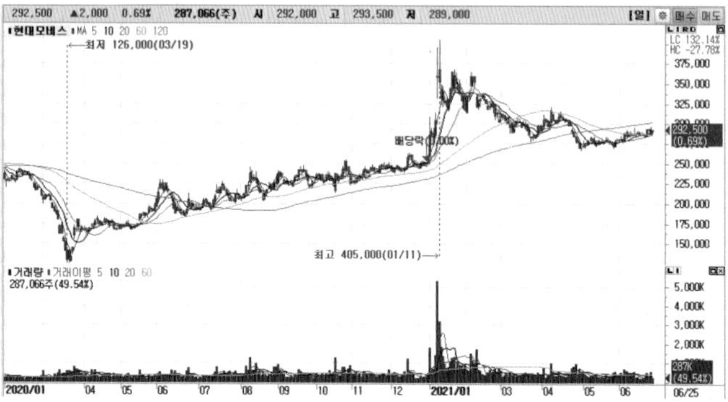

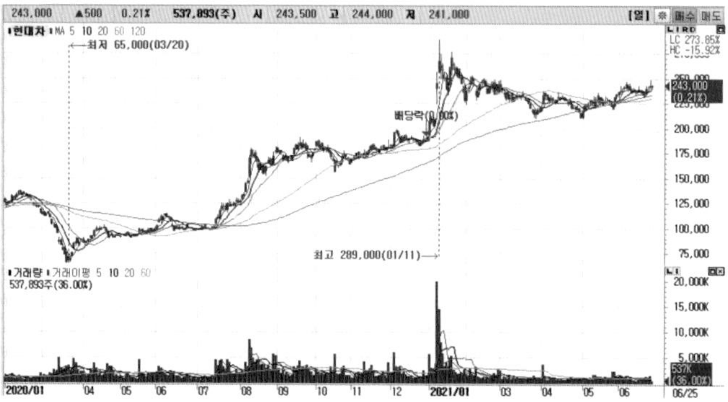

현대차와 현대모비스의 역사적 고점은 1월 11일, 종합지수 3266p 고점을 형성하는 그 시점에 현대차+애플카 모멘텀이라는 대형호재가 발표되던 날 화려한 피날레를 보인 것이다. 이 날 방송매체와 카페자료를

통해 보유하신 분들에게는 보이지 않는 설계자의 매도설계에 당하지 말고 100% 매도하라고 강조해드렸다.

합리적으로 생각하지 않고 투자자의 눈에 콩깍지를 씌워 묻지마식 추격 매수를 하게 만드는 이벤트를 실전투자에서는 항상 조심할 것을 강조한다. 삼척동자도 다 아는 내용을 사실로 알고 들어가는 순간, 정보의 비대칭성으로 이미 3~6개월 전에 알거나 그렇게 보이도록 설계한 보이지 않는 세력들의 매도물량을 받아주는 상황이 될 수 있다.

그 이후 동향은 위 현대차와 현대모비스의 주가 패턴을 보면 알 수 있다. 단기간 고점에서 급락 중인데 현대모비스는 40만원에서 27만원까지 하락한 상황이고, 현대차는 28만원에서 21~22만원 수준까지 하락한 상황이다. 단기 급락에 따른 뒤풀이 파동이 가능한 위치이며, 매수 진입 위치지만 적극적으로 매수하고 싶지 않다고 분석해드렸다.

현대모비스는 25~27만원 하단 매수 영역이고, 30~32만원 수준까지는 언제든지 기다리면 반등할 수 있다고 판단한다. 현대차는 21~22만원은 하단을 지지할 것 같고 25만원이 저항으로 작동할 것 같은데 트레이딩 구간으로 보고 수익률 게임은 10~20% 정도 5~6개월동안 박스권 매매전략이 가동될 수 있다고 판단한다.

가장 중요한 것은 정의선 회장의 거버넌스 에너지가 현대엔지니어링 IPO와 현대엔지니어링의 대주주인 현대건설로 중심이 이동되었다고 판단되기 때문이다. 여기에는 정의선 회장의 대주주 탐욕도 있지만 정부 정책방향성이 수소경제의 중심으로 이루어지면서 현대차그룹의 위상과 정부의 아파트 건설 공급 증가 정책, 재개발 정책, 지하화정책, GTX건설 계획 등 정부 SOC 정책이 겹쳐지는 현대건설, 현대로템, 현대제철에 집중하는 전략을 가동한 것이다.

이 부분은 한전부지 건설이 언제부터 시작하는가에 따른 이벤트 드리븐 전략으로 중요한 모멘텀을 제공할 것으로 보인다. 한전부지에 50층이 될지 70층이 될지는 모르겠지만, 다 완성된 후 기아의 위상이 어느정도 수준까지 높아질 것인지 생각해봐야 할 것이다. 또한 현대차 그룹의 순환출자 매듭이 풀리는 상황까지 어떻게 전개되는지 추적해야 한다.

현대엔지니어링이 상장되면서 현대엔지니어링의 대주주 구성 지분가치가 어느 정도 높아지는지 관련 기업의 주가를 추적해야 한다. 가장 핵심 부분으로는 정의선 회장이 직접 투자한 보스턴 다이나믹스의 미국 증시 상장, 그리고 정의선 회장의 개인 지분 가치가 높아짐에 따라 기아 지분 매수가 전개되는지 여부를 추적해야 한다. 기아-현대모비스-현대차-기아로 연결되는 순환 출자 고리를 드디어 끊어버릴 수 있을지 체크해야 할 것이다.

다음 일련의 과정이 가시권에 진입하려면 3~5년 정도 시간이 필요하다. 한전부지에 건물이 완성되고 그 과정에서 현대엔지니어링 상장 후 보스턴 다이나믹스 상장까지 걸리는 시간으로 최소 3~5년이 걸리기 때문이다. 그때까지 정의선 회장의 집중 전략은 현대건설-현대엔지니어링-현대제철-현대로템으로 판단한다. 그것에 영향을 미치는 부분을 이미지를 보면서 생각하는 훈련을 해 보길 바란다.

보스턴 다이내믹스 지분 구성

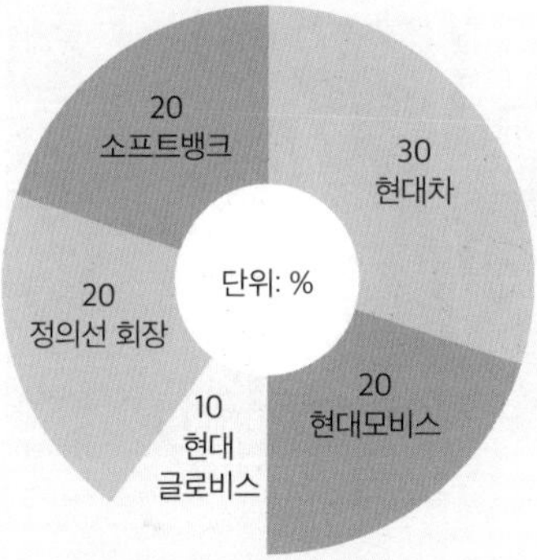

자료: 현대차

현대차 그룹사별 시너지

그룹사	내용
현대차	자율주행차 항공에 로봇기술 적용
현대모비스	AS 부품 공급에 로봇 배송 활용
현대글로비스	스마트 물류 시스템 구축

현대엔지니어링 주요 주주 현황

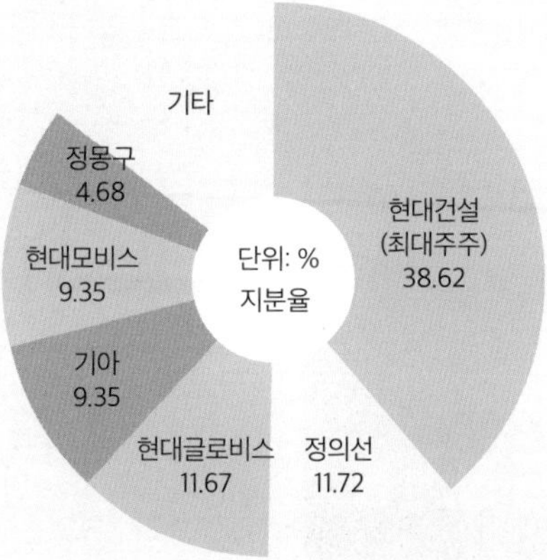

자료: 금융감독원

위 그림을 직관적으로 보았을 때 현대차그룹의 거버넌스 게임에서 향후 3~5년을 주도할 대상으로 아래 종목을 선정한다.

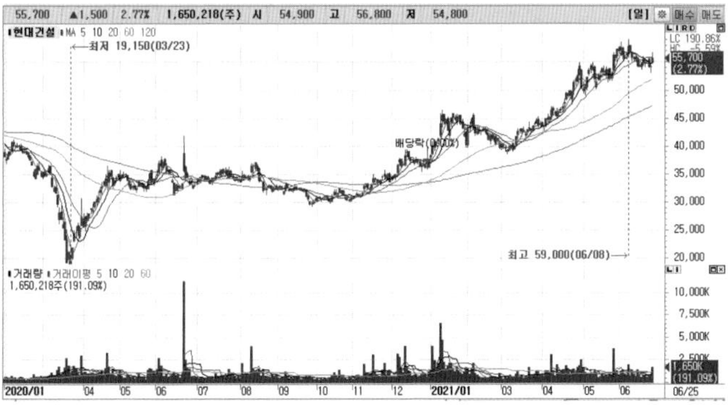
55,700 ▲1,500 2.77% 1,650,218(주) 시 54,900 고 56,800 저 54,800
현대건설
←최저 19,150(03/23)
배당락(0.00%)
최고 59,000(06/08)→
거래량
1,650,218주(191.09%)
2020/01
2021/01
06/25

54,500 ▼600 -1.09% 1,672,211(주) 시 56,000 고 56,100 저 54,100
현대제철
←최저 12,400(03/23)
최고 63,000(05/11)→
거래량
1,672,211주(103.85%)
2020/01
2021/01
06/25

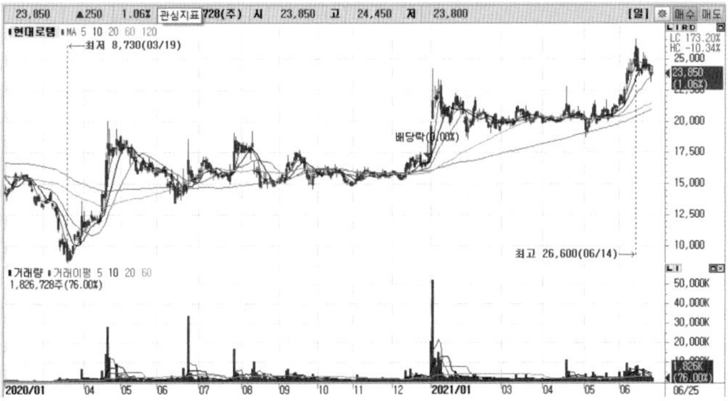
23,850 ▲250 1.06% 관심지표 시 23,850 고 24,450 저 23,800
현대로템
←최저 8,730(03/19)
배당락(0.00%)
최고 26,600(06/14)→
거래량
1,826,728주(76.00%)
2020/01
2021/01
06/25

어느 것이 먼저 상승하고 어느 것이 나중에 갈지는 모르는 일이다. 다만 미래의 방향성을 확인해보자면, 한전부지 건설이 완성되고 2022년 3월 대선 결과가 나오면서 다음 정부의 정책 방향성이 나올 것이다. 그 방향성에 따라 현대차 그룹 정의선 회장의 의지가 생각대로 될지, 여러 걸림돌 때문에 방향은 맞지만 멀리 돌아가면서 진행될 것인지, 투자 후 시세 변화를 체크하면서 향후 3~5년동안 실전매매를 통해 조절해 볼 생각이다.

여기서 의사결정의 집중 분산을 결정하는 빅데이터는 다음과 같다.

한전부지 GBC

삼성동 지하화-GTX 삼성역

잠실체육관 마이스사업

영동대교 지하화-경부고속도로 지하화

도시재생-재건축

용산-여의도-압구정현대 재개발

수소경제-수소충전소 수소전기차

정의선 회장 거버넌스

위 빅데이터가 만드는 변화를 측정하며, 그것과 연결되어 시가총액 에너지가 변화되는 변동성을 이용하면서 투자의 흐름을 조절해 볼 예정이다.

HOT ISSUE 25

공시를 보는 이유

HOT ISSUE 25

방송에서의 공시는 짧은 자막 한 줄로 먼저 송출된다. 이후 주가 움직임이 얼마나 크냐에 따라 방송에서 다뤄지는 빈도가 달라진다. 2020년 여름부터 한국경제TV에서 처음으로 공시 진단 코너를 다뤘다. 공시 진단 프로그램에서는 지분율 관련 공시를 많이 다뤘다. 최대주주의 지분율 변동, 국민연금의 매수, 매도 금액과 주가 변동률을 비교하는 시간을 가졌다. 관심이 없는 시청자도 있었겠지만, 해당 종목을 보유하고 있는 입장이라면 기업의 지분율 또한 중요한 매매 의사결정의 요인이 될 것이다.

공시라 하면, 흔히 제약바이오 임상 연구, 특허권 소식, 건설 조선 수주와 계약, 반도체 하청업체와의 계약 등이 떠오른다. 자본금을 늘리기 위한 유상증자와 무상증자, 기업의 물적 인적 분할과 재상장, 주요 주주총회 안건 등도 중요한 공시다. 주요 자막으로 다뤄지는 주요 공시를 정리해보면 이러하다.

실적 관련 공시	분기별 실적과 반기 보고서, 실적에 대한 전망이 발표된다.
증자 관련 공시	유상증자와 무상증자, 전환사채CB와 신주인수권부사채BW
주식 관련 공시	자사주와 액면분할, 액면병합
경영 관련 공시	배당 결정과 사업에 대한 공시, 대표이사와 관련한 사항

이외에도 주가의 급등락에 따른 공시, 지분 및 수급 변화에 따른 공시가 나온다.

가장 익숙한 공시 내용은 실적일 것이다. 분기별 실적 발표, 어닝 시즌을 앞두면 삼성전자, LG전자의 잠정 실적 발표에 투자자들의 촉각이 곤두선다. 삼성전자는 개장 10~20분 전에 실적을 발표하는 편이고, LG전자는 마감을 앞둔 오후 3시를 전후로 실적 공시를 낸다. 한편, 미국의 경우 은행주가 어닝 시즌의 개막을 알린다. 일반적으로 1~2월 사이가 4분기 실적 시즌, 4~5월 사이가 1분기 실적 시즌, 7~8월 사이가 2분기 실적 시즌, 10~11월 사이가 3분기 실적 시즌이다.

시장 컨센서스 대비 실적이 얼마나 잘 나왔고 못 나왔는지를 확인하는 것이 첫 번째다. 연 매출 1조 클럽에 가입한 기업들이 이번에도 소위 '깜짝 실적'을 냈는지 확인해야 하며, 실적이 감소했을 경우 어떤 비용 이슈가 있었는지 등을 체크하여 주가 흐름을 파악할 줄 알아야 한다. 영업이익의 적자, 흑자 전환 여부도 중요하며 분기 기준 최대 실적 달성 여부도 주가에 영향을 준다. 하지만, 언제나 그렇듯이 시장에서 외치는 '기대감'은 기준을 정해두기가 애매하다. 실적 감소에도 불구하고 향후 성장 기대감에 되려 오르는 반면, 실적이 잘 나왔다고 모두 상승하지는 않는다.

기업의 실적과 관련한 주요 재무제표 용어는 기본으로 알고 있어야 한다. 매출액은 말 그대로 수익과 매출Sales, 영업이익Operating income은 매출액에서 원가와 판매비용 등을 뺀 것이다. 비용에는 판매비용, 관리비용, 광고비용 등이 포함된다. 영업이익은 다른 숫자보다 기업 실적을 볼 때 더욱 중요한 요소로 꼽힌다. 해당 기업이 어떤 사업으로 꾸준히 이익을 창출하고 있는지를 확인할 수 있는 지표가 영업이익이다. 따라서 매출액 대비 얼마나 많은 영업이익을 냈는지를 살펴보기 위해 영업이익률(영업이익/매출액×100)을 비교하기도 한다. 단순히 영업이익률이 높다 하여 가치가 높은 것은 아니지만, 그 성장률에 따라 경쟁력을 평가하기도 한다.

공시는 어려운 내용이 아니다. 회사 입장에서 투자자에게 밝혀야 할 내용이 전달되는 방식이다. 시장 상황에 따라 차이가 있겠지만, 공시 내용에 따라 주가가 상승을 보일지 하락을 보일지 대략 가늠해볼 수도 있다. 대표적으로 무상증자는 큰 호재 중 하나로 꼽히는 공시다. 자본금을 증자(증가)하며, 새로운 주식을 기존 주주들에게 무상으로 제공하는 것으로, 주가가 상대적으로 저평가되어 보인다는 점, 유동성이 늘어났다는 점에서 긍정적이다. 이 때문에 무상증자로 인한 거래량 확대로 권리락 착시 효과도 발생하며 주가가 때로는 급등한다. 유상으로 자본을 늘리는 유상증자는 대표적인 악재로 꼽히지만, 반대로 유상감자는 긍정적인 공시다. 자본금이 지나치다는 판단 하에 자본을 감소시키며, 주주들에게 돈을 지급하는 방식으로 이루어진다.

한편, 코로나19로 직격탄을 맞은 기업들이 운영자금을 위해 유상증자를 단행했다. 운영자금을 확충하기 위해, 혹은 빚을 갚기 위해 유상증자를 한다고 발표하면 주가는 대다수 급락한다. 하지만 설비투자, 사업 확장을 위해 유증을 결정하는 경우는 상황에 따라 상승하기도 한다.

급등락이 이어질 수 있는 공시에는 인수합병 관련 사항도 포함된다. 하지만, 대부분의 경우 공시가 발표되기 전부터도 각종 언론 미디어에서 기대감을 높이는 기사가 나온다. 이 때문에 공식적인 공시가 나올 때에는 이미 고점인 경우가 더 많다.

2020년 대표적인 인수합병 이슈는 SK하이닉스의 인텔 낸드 사업부문 인수, 대한항공의 아시아나 인수 작업, 현대차가 미래 먹거리를 찾던 중 발표한 보스턴 다이나믹스 인수, LG전자와 마그나의 합작 법인 소식 등이 꼽혔다. 각종 빅딜이 진행되면서 일부 주가는 이상 급등 현상을 보였고, 이러한 소식 이후 현대차, LG전자는 관련 모멘텀이 강화되며 연초까지도 급등을 지속 중이다.

액면분할, 액면병합 공시도 자주 거론된다. 액면가란, 주권에 표시되어 있는 가격, 즉 회사가 설립된 날의 주식 가격이라 생각하면 이해하기 쉽다. 액면분할이란, 측정된 액면가를 나눠서 더 많은 사람들이 주주가 되도록 만드는 것이다. 대표적으로 2018년 삼성전자가 황제주에서 국민주가 된 경우를 떠올리면 된다. 200만원이 훌쩍 넘는 주식은 너무 비싸서 사고 파는데 어려움이 많았다. 따라서 거래량도 줄었고 유동성이 감소했는데, 이를 해결하기 위해 국민주로의 액면분할을 결정한 것이다. 하지만, 200만원짜리 1주를 보유하는 것과 2만원짜리 100주를 보유하는 것은 동일한 의미이기 때문에 기업 가치에는 영향을 주지 않는다. 반대로 액면병합은 유동성이 너무 심해 변동성이 큰 문제점을 해결하기 위해 액면가를 합쳐 올리는 방법이다. 최근 예시로 2020년 키이스트가 액면병합으로 5주를 1주로 합친 경우가 있다.

2020년 미국 시장에서는 유행처럼 액면분할stock split, stock divide이 자주 거론됐다. 테슬라, 애플이 자사 주가를 강하게 끌어올려 준 개인 투자자들Robinhooders에게 선물을 주듯이 액면분할을 결정한 것이다. 테슬라는 보통주 1주를 5주로 나누는 주식 분할 방안을 승인했고, 이후 주가는 더 강한 탄력을 받았다. 애플도 주가가 400달러를 넘어서자 역대 다섯 번째의 분할, 4대 1의 액면분할 계획을 발표했다. 과거 구글의 모회사 알파벳과 아마존닷컴도 액면분할을 실시한 적 있다.

액면가는 회사가 정한 기준 가격으로, 기업의 가치와 관계가 없다. 삼성전자와 NAVER 모두 액면가는 100원이다. 주가 자체는 NAVER가 삼성전자보다 높다. 하지만 시가 총액은 1주당 가격을 상장 주식 수만큼 계산하는 것으로, 상장주식 수가 훨씬 더 많은 삼성전자의 시총이 더더욱 높다. 삼성전자 액면분할의 경우, 액면가를 5,000원에서 100원으로 액면분할하여 주식 수를 50배 증가시킨 것이다.

무극선생의 TIP

투자하는데 가장 기본이 되는 것은 해당 기업의 일봉, 주봉, 월봉의 그래프를 보고 기술적 분석을 통해 투자판단을 하기 보다 그 기업의 사업보고서를 먼저 읽고 투자대상의 기업이 어떤 제품을 만드는지, 그 제품의 업황을 분석하는 것이 더욱 중요하다.

그러기 위해서는 그 기업을 분석하는 기준이 필요하다. 초보투자자도 접근할 수 있는 방법으로 다음과 같은 작업을 제시한다. 투자대상이 선정되었으면 그냥 매수하지 말고 다음 작업을 통해 매수하고자 하는 생각에 변화가 있는가를 체크해 보시길 바란다.

아래 두 개의 사이트에서 한국기업과 미국기업의 투자정보를 얻고 데이터 기준의 투자판단을 해보기 바란다.

http://dart.fss.or.kr/

https://www.sec.gov/edgar/browse/?CIK=34088&owner=exclude

위 사이트에서 투자하고자 하는 종목에 대한 정보를 찾아 읽어보고, 중요한 것은 노트에 기록하는 습관 그리고 상장되어 있는 종목에 대한 파일을 컴퓨터에 만들어 새로운 정보나 생각이 있으면 기록해 놓는 습관을 갖기를 바란다.

이런 데이터가 누적되면, 각 대상 종목이 서로 어떤 변수로 연결되어 있는지 체크할 수 있고, 이 부분이 투자를 실행하는데 결정적인 요인으로 작동할 수 있다. 그 다음 작업은 매매대상 종목을 검색하여 그 종목의 회사 공식 사이트를 들어가보는 것이다. 무슨 제품을 만들고 그 제품이 현재 시장에서 어떤 평가를 받는지 조사해 보는 것이다.

또한 나이스정보 코너로 가서 회사의 투자 정보를 하나 하나 읽어보고, 회사의 그래프를 보면서 일봉, 월봉, 년봉을 비교해가며 의미 있는 고점과 저점의 궤적을 추적해 본다. 공시 내용을 통해 사업보고서를 모두 읽어보고 자본금 변동 상황과 사업 내용을 읽어보고, 새롭게 투자하는 대상이 무엇인지 조사해보길 바란다.

투자 대상의 분기 보고서, 반기 보고서를 읽어보고 투자를 할지 말지를 판단하기 바란다. 그저 그래프 위치가 좋다는 이유로 매수 결정을 하는 것, 확인되지 않은 정보를 듣고 투자하는 결정을 자제하고 스스로 조사하여 투자 판단 능력을 키우는 것이 필요하다.

분기 보고서 상에서는 반드시 다음 항목을 체크해보며, 중요한 변화가 있는지 추적해야 한다. 예를 들어, 투자대상을 DL이앤씨로 결정했다면, 분기 보고서에서 자본금 변동 사항과 사업의 내용을 반드시 읽어보고 연결재무제표의 주석을 체크해보기 바란다.

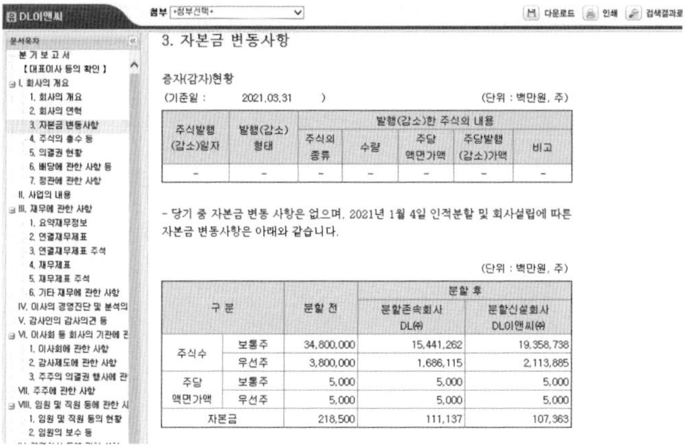

3. 자본금 변동사항

증자(감자)현황

(기준일 : 2021.03.31) (단위 : 백만원, 주)

주식발행 (감소)일자	발행(감소) 형태	발행(감소)한 주식의 내용				
		주식의 종류	수량	주당 액면가액	주당발행 (감소)가액	비고
-	-	-	-	-	-	-

- 당기 중 자본금 변동 사항은 없으며, 2021년 1월 4일 인적분할 및 회사설립에 따른 자본금 변동사항은 아래와 같습니다.

(단위 : 백만원, 주)

구 분		분할 전	분할 후	
			분할존속회사 DL㈜	분할신설회사 DL이앤씨㈜
주식수	보통주	34,800,000	15,441,262	19,358,738
	우선주	3,800,000	1,686,115	2,113,885
주당 액면가액	보통주	5,000	5,000	5,000
	우선주	5,000	5,000	5,000
자본금		218,500	111,137	107,363

II. 사업의 내용

1. 사업의 개요

당사가 수행하는 사업은 주요 공사형태 및 용역 제공방식에 따라 사업을 토목, 주택, 플랜트, 발전/환경사업 등으로 구분할 수 있습니다. 당사가 영위하는 사업을 사업부문별로 살펴보면 다음과 같습니다.

국내 주택, 토목 사업을 영위하는 DL건설(주), 사업부지 개발 및 아파트 신축, 분양(디벨로퍼)사업을 수행하는 PFV인 오산랜드마크프로젝트(주), 해외 건설공사를 수행하기 위해 설립된 해외 현지 법인 (Daelim Saudi Arabia Co.,Ltd, 달림(남경)건설관리유한공사, PT. Daelim Utama Construction, Daelim USA, INC., DAELIM INSAAT GELISTIRME A.S., Daelim RUS LLC)가 있습니다.

가. 사업부문 현황

구분		회사	주요 제품 및 서비스
건설부문	토목공사	DL이앤씨(주), DL건설(주), 해외 현지법인(1개사): DAELIM INSAAT GELISTIRME A.S.	토목공사 건설용역
건설부문	주택공사	DL이앤씨(주), DL건설(주), 오산랜드마크프로젝트(주), 해외 현지법인(1개사): Daelim USA, INC.	주택공사 건설용역, 부동산 관련 서비스

이런 기초적인 작업을 통해 투자할 대상 기업의 미래지도를 그려보고, 그 모멘텀이 생각대로 진행되고 있는지 동태적으로 추적하며, 투자한 종목과 함께 시간여행을 한다는 마인드로 투자를 해보시길 바란다. 목표를 달성했거나 그 투자종목을 매수하게 된 초기 조건의 기준이 훼손되는 등 새로운 변수가 생기면 매도하고 다른 투자대상을 찾아가야 한다. 이런 투자결정의 가장 핵심은 그 대상 기업의 공시내용이다.

HOT
ISSUE
26

기업의 자금 조달

CB, BW와 삼성

HOT ISSUE 26

자금을 조달하는 방식 중 주식연계채권이라는 방법이 있다. 전환사채, 신주인수권부사채 발행을 통해 자금을 조달하는 방식이다. 전환사채CB, Convertible Bond와 신주인수권부사채BW, Bond with Warrant는 모두 채권과 주식의 성격을 지닌다. 채권의 이자 수익을 받을 수 있고, 기업의 주가가 오르면 신주 발생을 요구해서 싼 가격에 신주를 인수할 수 있다.

전환사채는 채권이지만 발행회사의 주식으로 전환할 수 있는 사채를 뜻한다. 쉽게 말해 주식으로 바꿀 수 있는 회사채다. 빌려준 돈을 현금 대신 주식으로 받는 방식, 즉 빚이 투자가 되는 방식이다. 채권을 주식으로 전환할 때의 기준금액 '전환가액'이 중요한 변수로 작용한다. 전환가액은 주가보다 낮은 가격에 책정되며, 향후 주가에 따라 조정되곤 한다. 전환가액보다 주가가 오르면 주식으로 바꾸면 되고, 그보다 떨어지면 만기 시 원금을 챙기면 된다. 따라서 채권자 입장에서는 전환사채 투자가 일반 회사채보다 더 이득이며, 기업 입장에서도 자금을 더 편하게 확보할 수 있다.

신주인수권부사채라는 긴 용어는 어떻게 끊어 읽을까? 신주/인수권부/사채란 'bond with warrant권한 있는 채권'이다. 주식을 살 수 있는 권리warrant, 인수권가 부여된 사채bond라는 말이다. 새로 주식을 매입할 수 있는 권리라고도 해석된다. 발행회사의 신주를 인수할 권리를 가진 사채, 즉 약정 기간이 지나면 약정 가격에 약정 수량의 신주를 구입할 수 있는 회사채다. 행사가격은 주가보다 낮게 책정되며, 주가가 하락하면 다시 조정을 통해 행사 가격을 낮추기 때문에 채권자에게 유리한 조건의 채권이기도 하다. 기업 입장에서는 새로운 주식을 발행함으로써 자금을 조달할 수 있다는 점에서 긍정적이다. 또, BW를 매수하는 입장에서는 채권이자와 차익을 거둘 수 있다.

정리해보면 전환사채는 주식으로 전환할 수 있는 사채, 신주인수권부사채는 채권을 지닌 상태에서 새로 발행한 주식을 정해진 가격에 인수할 수 있는 권리가 있는 사채를 뜻한다. 두 방법 모두 일정한 조건 하에 돈을 받을 수 있는 권리를 뜻하는 채권이다. BW와 CB의 가장 큰 차이점은 '워런트 유무'다. 신주인수권부사채는 사채권과 신주 발행을 요구할 수 있는 워런트 권리를 분리해서 거래할 수 있다. 사채권은 유지하면서 워런트만 매각할 수 있다는 뜻이다. 하지만 전환사채는 사채권과 주식 전환권을 하나로 보기 때문에 신주를 받으면 사채권은 자동으로 없어진다.

채권자와 기업에게 모두 유리한 조건의 CB와 BW 발행인데, 왜 시장은 발행 공시에 긴장하거나 혹은 부정적인 반응을 보일까? 전환가액이 낮게 책정되기 때문에 단기적인 반응이 부정적인 것이다. 주주가 얻어야 할 돈이 채권투자자와 기업 경영자에게 돌아간다고 여기기 때문이다. 재무적 어려움이 있는 기업의 경우 CB, BW 발행은 부정적 여파를 가져올 수 있지만 재무 내용과 성장성이 좋은 기업의 경우 호의적인 반응이 나타날 수 있다.

증여세 납부를 위해 전략을 고심 중인 삼성그룹이지만, 사실 이재용 부회장의 경영권 승계 작업은 오래 전부터 이루어져왔다. 그 시작은 1996년 에버랜드의 전환사채 발행으로 거슬러올라간다. 당시 에버랜드는 회사에 손해가 발생했음에도 불구하고 전환사채를 헐값에 발행해 이 부회장에게 넘겼다. 시가보다 낮은 가격으로 주식을 넘겼다는 의미다. 당시 에버랜드 주식 가격은 주당 8만 원가량 거래됐지만 전환사채 만기 때 1주당 7,700원에 거래하기로 한 것이다. 이상하게도 기존 주주들은 비싼 주식을 헐값에 살 수 있는 채권을 포기했다. 검찰에서는 에버랜드 이사들을 기소했지만 대법원에서 무죄 판결이 나왔고, 결국 이 부회장은 에버랜드의 대주주가 되었다. 이 부회장은 전환사채 발행 이전에도 비상장 기업이었던 계열사들의 주식을 싼 가격에 매수해 상장 이후 비싼 가격에 되파는 방식으로 돈을 엄청나게 불려냈다. 삼성의 비상장 계열사였던 에스원, 삼성엔지니어링의 주식을 총 44억 원어치 사들였고 이후 상장하면서 1년 만에 600억 원으로 투자금액이 늘어났다. 이 부회장은 그 차익 중 일부로 에버랜드의 전환사채, 전체 주식의 62.5%에 달한 규모를 사들인 것이다. 왜 놀이동산 주식을 매수한 걸까?

당시에는 에버랜드–삼성생명–삼성전자–삼성카드–에버랜드라는 순환출자 구조가 이루어져 있었다. 에버랜드를 차지하면 삼성전자뿐 아니라 그룹 전체에 대한 지배력을 갖게 되는 구조다. 한편, 정부는 금산분리 원칙을 강화하는 방침을 밝혔고 결국 삼성의 순환출자 구조는 바뀌어야만 했다. 금산분리金産分離, 금과 산은 분리되어야 한다 원칙은 금융자본과 산업자본이 서로 분리되어 있어야 한다는 뜻이다. 은행의 자본을 지칭해 은산자본이라고도 한다. 이 원칙으로 인해 SK가 지주회사로 바뀌면서 SK증권을 팔아야 했고, 롯데도 롯데카드, 캐피탈, 손해보험 등을 매각 중이다. 다만, 삼성은 지주회사의 형태가 아니기 때문에 삼성생명, 삼성화재, 삼성증권 등 다양한 금융 기관이 산하에 있다.

이 부회장이 삼성전자 주식을 그냥 매수하는 방법은 가격 측면에서 쉽지 않았을 것이다. 그 대신 삼성전자의 지분 4%를 갖고 있던 삼성물산(삼성전자–삼성물산)을 차지하고자 했다. 더불어 삼성전자의 지분 7%가량을 갖고 있던 삼성생명, 그리고 삼성생명의 지분 19%를 갖고 있는 제일모직을 지배하는 전략(삼성전자–삼성생명–제일모직)을 세웠다. 계열사들은 일감 몰아주기 방식으로 에버랜드를 도왔고 이후 삼성물산과 합병할 수 있는 크기까지 성장했다. 에버랜드에 패션 부문이 합쳐지며 사명은 제일모직으로 변경되었고,

이후 제일모직과 삼성물산이 합병하는 방안을 계획한 것이다.

전환사채는 IMF 이후부터 금융시장에서 쓰이기 시작했다. 기업의 입장에서는 투자자금을 모으기 위해 전환사채를 발행하면 채권에 비해 이자비용을 줄일 수 있어 이득이다. 연구개발, 투자를 통해 발전하고자 하는 기업들이 선택하는 채권 형태가 전환사채다. 투자자 입장에서는 주가가 전환가격보다 오르면 주식으로 전환해서 시세차익을 얻을 수 있지만, 반대로 주가가 하락한다면 만기까지 보유함으로써 이자를 받는 방식을 택하면 된다. 사모펀드 투자 전략에 전환사채를 이용한 방식이 여럿 포함된다. 회사의 경영구조를 긍정적인 방향으로 개선함으로써 자본 건전성을 높이고 궁극적으로는 펀드 수익을 얻고자 하는 방식이다.

하지만, 전환사채는 적은 돈으로도 지분을 사들일 수 있다는 점에서 경영권 편법 승계의 수단으로도 악용되곤 한다. 소수의 투자자를 대상으로 발행하는 사모 전환사채의 경우 최소의 공시만 해도 되도록 절차가 간소화되어 있다. 또한, 콜옵션이 포함된 사모 전환사채는 현행법에서 금지되어 있는 분리형 신주인수권부사채와 유사하다는 점도 문제점으로 꼽힌다. 분리형 BW는 그동안 재벌의 경영권 승계 작업에 악용되어 왔기 때문에 자본시장법 상 금지하고 있다. 현행법에서 규제하고 있지 않는 사모 CB는 외관상으로는 제3자 배정 CB일지 몰라도, 실질적으로는 그룹 차원의 경영권 방어 목적을 위해 쓰일 수도 있다.

기업을 쪼개다. 물적분할에 이은 행보

최근 물적분할+IPO가 주목받고 있다. 2019년 3월 코스닥 시장에 상장한 에코프로비엠은 에코프로가 2016년 2차 전지 소재 사업부문을 물적 분할해 신설한 회사였다. 과거 에코프로는 전기 차용 양극재 사업으로 두각을 나타냈고, 2차 전지 소재 사업만 하는 에코프로비엠은 수요예측에서 경쟁률 대흥행을 기록하며 성공적으로 상장했다.

대기업 중에서도 SK그룹 내 에너지 중간지주사인 SK이노베이션이 2019년 4월 소재 사업을 물적 분할해 SK IETSK아이이테크놀로지를 설립했다. 미래 반도체라 불리는 전기차 배터리 관련 핵심 소재 사업을 하는 SK아이이티는 2021년 5월 11일 상장되었다.

2020년 11월 상장한 네패스아크도 소부장 업체 네패스가 테스트 사업 부문을 물적 분할해 신설한 회사다. 가장 최근 주목받았던 기업은 LG에너지솔루션이다. LG화학은 2020년 12월 배터리 사업을 분사해 LG에너지솔루션을 공식 출범했다. 예상보다 빠른 상장 기대감에 재평가가 이뤄지며 주가는 100만원을 돌파하기도 했다.

핵심 사업부를 물적 분할로 떼어내 다시 상장시키는 방법은 유상증자와 달리 대주주 지분을 지킬 수 있고 재무 부담 또한 우려하지 않아도 된다. 결국 자회사와 모회사가 모두 재평가 받을 수 있는 방식이다. 분할 방식은 인적 분할, 물적 분할 크게 둘로 나뉜다. 인적 분할은 기존 주주들이 지분율 대로 신설법인의 주식을 나누어 갖는 방식이다. 수평적인 방식의 분할로 알려져 있다. 물적 분할은 모회사의 특정 사업부를 신설 회사로 만들고, 그 지분을 100% 소유하여 지배권을 행사하는 분할 방식이다.

가장 대표적으로 이슈가 된 물적분할 기업은 LG화학이다. 10월 말, LG화학은 임시 주주총회를 열어 배터리부문 분사, 물적분할을 확정했다. 2대 주주인 국민연금과 소액주주들은 주주가치 훼손을 우려하며 반대해왔다. 배터리 사업이 LG화학 실적을 견인하는 역할을 해왔는데, 이 핵심 부문을 떼어내면 주가는 떨어질 것이란 우려였다. "치킨을 주문했는데 무만 왔다" "빅히트를 샀는데 BTS가 탈퇴했다"며 비유를 한 개인 투자자들도 많았다. 국내외 의결권 자문사들이 찬성한 사안에 대해 국민연금이 반대한 부분도 주목을 받으며 논란은 거셌다. 하지만, 당시에도 장기적으로는 주가가 오히려 상승할 것이란 전망이 많았다. 대다수 증권사에서는 신설법인으로 인해 배터리 부문의 기업가치가 더 높아질 것이고, 물적분할로 지분 대부분을 보유한 LG화학도 긍정적일 것이란 분석이었다. 일각에서는 목표 주가 100만원을 제시하기도 했다. 거짓말처럼 2021년 초 LG화학 주가는 2차 전지 모멘텀에 힘입어 100만원을 돌파하는 기염을 토했다.

물적분할로 인해 LG화학은 LG에너지솔루션의 주식을 완전히 소유하게 되며, LG에너지솔루션은 LG화학의 자회사가 된다. 기존 주주 입장에서는 LG에너지솔루션에 대해 간접 투자를 하는 것으로 이해하면 된다. 그런데 LG화학은 왜 물적분할을 택한 걸까? 이유를 간단히 생각해보면 IPO 아니었을까 싶다. 잘 나가는 배터리 사업을 떼어내 비상장 자회사를 만들고, 이후 IPO를 통해 투자금을 받기 위함이었을 것이다. 실제로 글로벌 전기차 시장 최상위 점유율을 차지하고 있는 만큼, 2021년 하반기 상장이 예상되고 있다. 업계에서는 LG에너지솔루션 기업 가치를 100조 원 내외로 전망하며, 역사상 최대 IPO로 기대하고 있다. 실제로 경쟁사인 중국의 배터리업체 CATL의 시가 총액은 150조 원을 훌쩍 넘어 있다. 자회사로 배터리 사업부를 넘긴 LG화학은 이제 석유화학, 첨단소재, 바이오 사업에 집중해야 한다. 물론 상장 이전까지는 2차 전지 모멘텀 기대감도 LG화학 주가로 반영 중이지만 말이다.

한편, LG전자는 캐나다 마그나와 전기차 파워트레인 합작법인 설립을 결정했다. 물적분할을 통해 신설회사 지분 100%를 갖고, 마그나가 지분 49%를 인수하는 방식으로 합작법인 설립을 추진한 것이다. 이 소식 이후 미래 먹거리 핵심으로 꼽히는 자동차 부품 사업 기대감도 더해지며 LG전자 주가는 우상향을 그렸다.

SK텔레콤도 물적 분할을 단행했다. 신사업 육성을 위해 최근 가장 '핫한' 모빌리티 사업, 인공지능과 자율주행 등의 사업부를 물적분할 방식으로 분사한다고 밝혔다. 시장점유율 70%에 달하는 T맵에 기반한 플랫폼 사업도 포함됐다. 기존과 동일한 지배력 행사를 위해 물적분할을 추진했다는 분석도 있었다.

이처럼 주요 상장사들이 '핵심 알맹이' 사업부를 떼어내는 분할을 추진하며 주가는 단기적으로 급등락을 보여왔다. 다수 기업들이 물적 분할 방식으로 기업을 쪼개는 방식을 택하고 있다. LG화학은 배터리, SK텔레콤은 모빌리티, 두산은 모트롤BG유압기, 대림산업은 석유화학, 디앤씨미디어는 웹툰 등으로 대다수 수익성이 높거나 미래 성장성이 기대되는 사업부를 분할한 것이다.

과거에는 지배력 강화를 위해 인적분할을 택했다면, 최근에는 지배구조 문제가 여럿 해결된 덕분에 경영 효율성 측면에서 물적분할을 선호하고 있다는 분석도 나온다. 인적분할은 분할된 소유권을 기존 주주들이 지분대로 나누어 갖는 것을 의미하지만, 물적법인은 신설법인의 지분을 모두 존속법인이 소유함으로써 의사결정이 보다 효율적이다. 소액 투자자들의 경우, 존속법인과 신설법인 모두 상장된다면 동일한 지분을 보유할 수 있기 때문에 인적분할을 선호한다. 반대로 물적분할은 신설법인이 여전히 존속법인의 수익으로 작용하는지 여부가 중요하며, 때로는 매각, 합병 등의 이슈로 주주가치가 훼손될 수 있다. 따라서 마이너스 효과에 대한 우려로 물적분할 이후 주가는 급락하는 모습도 보이는 것이다. 하지만 분할방식 자체보다는 기업이 시장 참여자를 얼마나 충분히 잘 설득하고 설명을 전달하는지가 더욱 중요한 부분이다.

무극선생의 TIP

실전투자 37년차에서 얻은 경험이 있다면 현장 위주로 전환되었고 시장 근본주의자로 바뀌었다는 것이다. 개인적으로도 초보투자자이면서 증권사 투자분석부에서 기초를 닦은 사람으로서 처음의 투자행로는 주어진 제도권의 행로대로 걸었던 것 같다. 기본적 분석에 충실하고 기술적 분석을 통해 매매기술을 익히고 top-down 방식을 통해 전 세계에서 일어나는 글로벌 변수를 다 파악하려 했다. 이에 연결된 합리적 투자판단하에 의사결정을 하고 유도된 투자대상이 나오면 집중적으로 투자하거나 여러 매체를 통해 추천까지 하는 투자의 길을 걸었던 것 같다.

그런데 이제는 그렇게 하지 않는다. top-down 방식을 통해 얻어진 결과물이 실전에서 효과적으로 나오는 경우도 있지만, 주어진 결과물을 나오게 만드는 판을 만드는 보이지 않는 설계자들에게 놀아나는 경우도 수없이 경험하고 투자의 실패를 맛보았기 때문이다.

깊게 생각해보면 현재 보이는 데이터로 예상되는 합리적 사고를 통해 인간의 능력을 최대 발휘한다고 해도, 신의 경지에 다가갈 수 없는 인간의 한계상황이다. 그 판을 만들고 설계하는 보이지 않는 세력들의 흐름 속에서 원하는 답안지를 내는 정해진 틀에서 정해진 투자대상을 찾는 투자자로 나의 결정이 정형화되는 것이다.

이제는 top-down 방식을 다양하게 요리한다. 합리적 인간사고로 정해진 틀에서 정해진 결과물을 얻어내고, 그것을 180도 뒤집어도 보고 옆에서도 보고 하늘 위에서도 보는 등 생각의 지평을 넓히는데 주력해보고 비합리적 사고로도 생각해보고 전혀 관계없는 데이터와도 연결시켜 보는 생각의 유희를 즐긴다. 거기서 나온 결과물을 시나리오 1-2-3-4로 작성하고 그 변수가 시장에 영향을 미치는 시점에서 마치 시장을 그 변수로 망치를 때릴 때 2000개 이상의 상장 종목이 어떻게 배열하는지, 배열의 속도, 군집현상과 변동성의 수치 데이터에 집중한다. 실전투자는 합리적 사고의 반대로 하더라도 시장에 순응하며 시장이 움직이는대로 단순하게 대응하는 실전전략을 실행한다. 시장을 예측하는 것이 아니라 시장에 반응한다에 더욱 가깝다.

마치 큰 가스통의 미세한 균열을 찾아내는 어느 TV 프로그램 속 장인 한 분이 가스통을 망치로 두드리는 모습같다. 40년 동안의 과정을 통해 귀신 같이 불량품을 찾아내는 일인자가 된 것이다. 망치로 때릴 때 들리는 소리의 음파와 가스통의 진동 느낌 등을 통해 가스통의 균열 여부를 찾아내는 그런 장인의 능력과 사고를 주식시장에 대입해본다. 시장에 망치를 두드려 시장이 이야기해주는 배열에서 시장의 흐름을 읽고, 그 부분에서 각도와 에너지가 유지되는 대상을 선정해 투자대상에 집중하는 시장 근본주의자가 된 것이다.

따라서 top-down 방식, bottom-up 방식뿐만 아니라 옆으로도 보고 뒤집어도 보고 하늘에서도 보면서 합리적 사고를 하고, 바로 보게 하는 표적을 제거해서도 본다. 이를 통해 얻은 결과물은 시장에 대입해 시장의 수치 움직임과 적합도가 높은 시나리오를 선택해 실전투자에 집중하는 것이다.

여기서 가장 근본적인 기준이 있다. 그 하나는 시장이 정답이다. 시장이 이야기해주는 수치, 빅데이터에 인간의 합리성을 대입시키지 말고 그냥 물 흐르듯 대응하는 전략으로 실전에 집중한다. 이렇게 하다보니 시장이 틀렸고 이번에는 다르다 라는 함정에 걸리지 않았고, 시장에서의 생존확률이 높아졌다는 것은 경험을 하면 할수록 더 생생하게 느낄 수 있었다.

다른 하나는 대주주의 이기심과 이해당사자의 이기심에 집중한다는 점이다. 합리적으로 이 시나리오가 회사에 좋고 합리적인 대안이라고 해도, 대주주나 이해당사자의 탐욕에 배치될 경우, 개인적으로 그 시나리오를 폐기하고 대주주 혹은 이해당사자의 탐욕에 근거하는 시나리오에 집중할 것을 권한다.

그렇게 해보니 언론과 리서치센터에서 논리적이고 합리적으로 분석한 투자전략보다 대주주의 보이지 않는 이기심에 의한 전략이 실전에서는 더 큰 성과를 냈다. 보이지 않는 이기심이라고 표현한 점은 눈에는 이렇게 보이게 하지만, 다양한 방식을 통해 지금은 보이지 않고 시간이 지난 다음 보이게 하는 방법으로 자신들의 탐욕을 얻는 것을 의미한다. 30년 이상 시장에서 이러한 경우를 수없이 보았기 때문에 이해당사자가 누구이며, 그들의 전략을 어떻게 사용할 것인가 하는 시각으로 조사했다. 분석을 통해 대상 종목의 흐름을 체크하다보면 시장은 이것을 보라고 하지만, 실제 목표는 저것인 경우가 많았다. 그리고 저것을 개인투자자는 노출된 정보나 보이지 않는 설계자의 설계로 인해 물량을 싸게 털리는 경우도 너무 많이 보았다. 따라서 동태적으로 추적하며 보이지 않는 이해당사자들의 이기심을 찾아내는데 주력한다.

그런 과정에서 가장 필수적인 부분은 신주인수권부사채와 전환사채에 대해 조사하는 것이다. 전환단가는 얼마에 누가 갖고 갔는지 추적하고 왜 이 시점에 신주인수권부사채와 전환사채를 발행했는지, 그 투자 역사도 추적하는 과정이 중요하다.

이 뿌리는 이 기업이 상장되기 전 시점부터 찾아야 하고, 그 진행과정에서 3자 유무상 증자도 병행했는지, 이해당사자 중 개인투자자, 사모투자, 기관투자자, 혹은 기타법인인지도 추적해야 한다. 여기서 큐선 돌리기나 파킹시켜서 주인은 a인데 눈에 보이는 것은 b나 c인 경우도 허다하다. 따라서 지속적으로 관찰하고 추적하면, 추적할 수 있는 증거물이 자주 등장하니 그 흔적 찾기에 집중하는 방법도 기본적 분석 및 기술적 분석보다 개인적으로 더 중요하게 집중한다.

여기에는 정부 정책의 변화를 유도하는 파워맨도 많고 법무법인, 정치인 등 인맥 연결고리를 추적해야 하는 경우도 자주 발생하며, 부작용으로 등장하는 법률 리스크도 추적해야 한다. 2020~2021년은 그 어느 때보다 인적분할, 물적분할이 많은 해였기에 그 이해당사자들의 이기심이 무엇인지 동태적 시간테이블로 추적해야 한다.

마치 그 해당기업을 2차원 x와 y축의 시간과 가격의 움직임을 평면적 사고로 접근하지 말고, 초끈이론 같이 끈이 움직이고 그 끈이 끌개가 되어 잡아당기는 대상(종목, 주가 이해당사자 탐욕 정책)의 변화도 같이 추적해야 한다. 동태적으로 유성이 움직이고 그 큰 유성에 작은 행성들이 어떤 주기로 같이 움직이는지 상상을 하면서, 꾸준히 추적하고 매매전략을 실행하는 동태적 의사결정이 그 어느 때보다 중요한 세상이 되었다.

개인적으로 이것을 거버넌스로 표현한다. 삼성 그룹의 거버넌스 지배구조 변화, 현대차 그룹의 거버넌스, SK그룹의 거버넌스, 녹십자 그룹의 거버넌스, 효성 그룹의 거버넌스, 한화 그룹의 거버넌스, LG그룹의 거버넌스 등 수많은 거버넌스 관련 종목의 변화가 2020~2021년 주식시장을 강타했고, 그 과정에서 이해당사자들의 탐욕을 잘 추적해 투자에 집중한 투자자는 어마무시한 투자 수익을 결과물로 얻어낼 수 있었을 것이다.

이 부분에 대해서는 유튜브에 내 이름을 검색해서 나오는 수많은 거버넌스 동영상 콘텐츠를 보시면 이해할 수 있을 것이다. 그 거버넌스 동영상 콘텐츠가 나온 시점에 그 대상 종목에 집중 투자를 실행하신 분들이 종합지수의 급등락 여부에 상관없이 엄청난 결과물을 얻은 시기가 2020년과 2021년이었다. 문제는 앞으로도 이 흐름이 지속된다는 것이다.

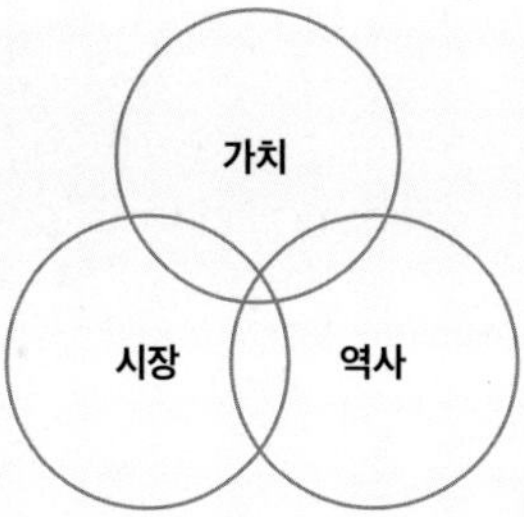

거버넌스에는 기업의 거버넌스만 있는 것이 아니고, 정치권의 거버넌스와 국가간의 거버넌스 게임이 미래지도를 그리는 데 아주 중요한 포인트가 된다. 여기서 생각의 훈련을 한 방식으로만 하지 말고, 다양한 렌즈를 통해

세상을 보는 훈련을 해보길 바란다.

개인적으로 이런 시각을 복잡계 시각이라 표현한다.

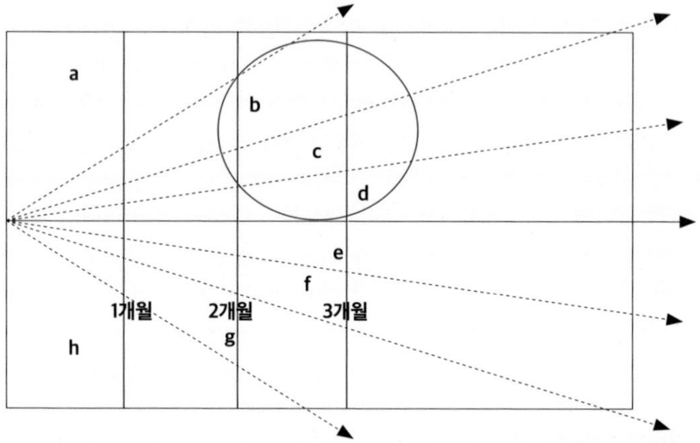

즉, 다양한 렌즈로 시장을 보면서 시장의 움직이는 2000개 이상의 데이터를 각도로 배열하고 동태적으로 지속가능한 빅데이터와 에너지의 흐름을 파악하길 바란다.

HOT ISSUE

27

특징주는 어떻게 찾는 걸까?

HOT ISSUE

27

장중 방송(9시 개장부터 3시 30분 폐장을 다루는 주식 방송)에서는 주요 캐스터 코너로 '특징주'를 다룬다. 이미 수많은 사람들이 알고 있을 법한 종목을 왜 또 다루는 걸까? 현 시세도 중요하고 해당 특징주로부터 파생되는 주식 시장의 움직임도 중요하기 때문이다. 패널들이 아직 다루지 못한 특징주를 찾아 시청자에게 전달하는 것도 중요하다. 이미 분석이 끝난 특징주는 특징주로서의 상승을 마쳤을 가능성도 있기 때문이다.

주변 지인들은 경제 방송국에서 일을 하면 좋은 주식 매매 기회가 많을 것 같다고 한다. 출연진으로부터 추천주를 따로 받지 않냐는 궁금증부터 방송 나오기 전 관심종목을 미리 매수할 기회가 있지 않냐는 선의의 궁금증들… 하지만 짧은 시간 동안 특징주 찾는 노력이 필요하기 때문에 특히 오전장 방송 시간에는 MTS 화면을 켜볼 여유도 없는 편이다.

특징주: 특징적인 움직임을 보이는 종목

특징적이라 하면, 유독 상승하거나 하락하는 종목을 의미하는 경우가 많다. 주식 방송 시황 캐스터의 경우, 특징주를 잘 골라낼 수 있으면 어느 정도 시장을 볼 줄 안다고 여긴다. 때로는 뉴스 검색창에 '특징주' 석 자를 검색하는 방법을 택하지만, 보조 수단일 뿐이다. 단순히 상승하고 하락하는 종목을 찾아내는 것 또한 아니다.

지수에 영향을 미칠 만한 대형 종목들의 움직임을 보고, 양 시장에서 상승, 하락 종목 수를 파악한 뒤, 개별 종목 흐름과 함께 테마를 엮어낼 수 있어야 한다. 뉴스 화면에 [특징주]로 쓰여진 종목, 이미 모두가 알고 있는 특징주 외에도 실시간으로 동반 급등하는 종목들, 뉴스나 공시에 따라 큰 폭으로 변화하는 종목들을 볼 수 있어야 한다. 정치 테마주처럼 정말 이해할 수 없는 이유(예를 들면, 사돈의 팔촌만큼 먼 사이…)로 엮여 급등하는 종목들도 봐야 한다. 유동성이 좋은 장에서는 테마를 따라 자금이 이동하는 경우가 많기 때문에 '테마'를 잘 찾아내야 한다.

단기적, 중장기적 수급 특징주도 있다. 외국인 기관처럼 대형 수급이 몰리는 종목의 경우, 업종 내 비슷한 특징을 지닌 종목들이 함께 급등하게 된다. 당일의 대형 수급도 중요하지만, 굵직한 큰 선상에서의 수급 동향도 차트 분석에 도움이 되기 때문에 확인해 볼 필요가 있다.

양 시장의 시가총액 상위 종목들, 100여개 상위 종목의 흐름을 보면 대략적인 지수 움직임을 예측할 수 있다. 코스피의 경우 시총 1위인 삼성전자의 비중이 나날이 커지고 있다. 2018년 말 17% 수준에서 2019년 말에는 23%대까지 커졌다. 2020년 말, 2021년 초까지 상승세를 이어가며 25%까지 확대되어 코스피 시장의 4분의 1을 차지하게 된 셈이다. 삼성전자만 2% 상승하면 코스피 전체 지수도 시총 비율에 맞춰 상승을 강하게 받쳐줄 힘이 있는 것이다. 제약바이오주가 상위주 상당 부분을 차지하고 있는 코스닥 시장의 경우, 바이오주 낙폭이 이어지면 '지수는 하락'이라는 공식이 어느 정도 성립한다. 물론, 상위 반도체 중소형주, 5G 통신장비주가 강하게 오른다면 '낙폭은 제한적'일 것이다.

양 시장의 전체 상승률 상위, 하락률 상위 종목을 확인하면 개별적으로 튀는 종목의 움직임을 확인할 수 있으며, 때로는 비슷한 테마로 엮일 수 있는 종목들이 함께 급등, 급락 현상을 이어간다. 2020년 말에는 테슬라 급등과 함께 '숨겨진 테슬라發 수혜주' 찾기에 급급했다. 2차 전지 전통적 테마에는 포함되어 있지 않던 관련주가 일제히 급등과 함께 VI가 발동되며 상승률 상위에 이름을 올렸다.

역사적 가격을 찍는 종목도 특징주다. 삼성전자라면 1만원대가 바뀔 때마다 주식 시장이 난리가 난다. 4만전자라 놀림받던 시절은 고사하고 이제는 8만전자 안착에 이어 10만전자에 대한 기대감까지 거세다. LG화학은 꿈의 100만원을 돌파했다. 물적분할 이슈를 뒤로 하고 2차 전지 모멘텀에 100만원마저 훌쩍 넘어서는 모습을 보였다. 그러나 그 이후 주가는 2021년 1월 14일 105만원으로 고점을 형성한 후 3월 24일까지 77만원까지 급락하는 현상이 나타났다.

그 시점에서 LG화학은 모 경제방송을 통해서 95~100만원 영역에서 매도하고 빠져나오는 전략을 수립해 드렸다. 이유는 LG화학보다 LG에너지솔류션이 상장되면 LG에너지솔루션에 집중하는 전략이 좋을 것 같으며, 중국과 미국의 기술전쟁 속에 배터리 표준과 테슬라 노이즈가 발생하면서 대한민국 배터리 3인방(LG화학, 삼성SDI, SK이노베이션)도 하락추세로 전환되고 있다. 2021년 7월 현재도 LG화학 87만원, 삼성SDI 72만원, SK이노베이션 27만원으로 급락 이후 되반등에너지는 형성되나 2021년 고점기준으로 하락한 상황에서 조정패턴을 보이고 있다.

소문에 사서 뉴스에 팔아라. 어디 하나 틀린 부분 없는 말이다. 특정 이유와 함께 급등, 급락하는 특징주는 곧 열기가 식기 마련이다. 모두가 알고 있는 기대감은 매력이 없기 때문이다. 주식 방송국에서는 '모두가 알게 될 특징주'를 가장 신속하고 정확하게 전달하는 역할이 중요하다. 중구난방으로 상승, 하락 특징주가 펴져 있는 HTS 화면을 깔끔하게 정리해주는 역할을 한다. 또, 가능하다면 아직 모두가 알고 있지 못하는 '숨겨진 특징주'를 찾아 전달하는 역할도 중요하다. 최근 특정 모멘텀이 존재했는지 증권사 리포트도 빠르게 찾아보고 비슷한 테마 내에서 같은 방향성을 보이는지 여부도 확인해보는 노력이 필요하다.

하지만 영원한 특징주는 없는 법이다. 개장 특징주라 하여 그 흐름이 오전 내내 지속되는 경우도 거의 없고, 오전장 특징주가 오후장 마감까지 이어지는 경우도 흔치 않다. 상승률, 하락률 퍼센테이지가 때로는 급변동하는 경우도 있기 때문에 주식 시장의 개별 움직임까지 샅샅이 찾아봐야 흐름을 따라갈 수 있다.

무극선생의 TIP

특징주에 대해 재미있는 글귀가 있다. "영원한 특징주는 없는 법이다." "모두가 알게 될 특징주를 가장 신속하고 정확하게 정리해주고 전달해준다."

우리 일반 투자자들은 증권방송을 통해 전달되는 다양한 뉴스와 종목정보를 기준으로 투자전략을 수립하고 투자실행을 한다. 거기서 효과적인 투자 결과물을 얻어내는 정보도 있고, 정 반대로 큰 손실을 보게 만드는 정보도 있다. 그래서 그것을 받아들이고 실행하는 투자자의 기준과 능력이 중요하다. 수많은 투자정보에서 소음을 걸러내는 능력을 키우는 행위를 투자근력 키우기라고 개인적으로 표현한다.

투자자들이 실패하기 쉬운 것은 누구나 다 아는 호재성 정보에 투자기준을 세우는 것이다. 이 호재성 뉴스를 나보다 정보의 비대칭성으로 몇 개월 전, 몇 년 전, 주가가 싸게 거래되었을 때 아는 투자층이 있었다면, 그 투자층은 이런 호재성 뉴스가 발표되는 시점에 어떤 투자행위를 하는지 시장에게 물어보는 것이 필요하다. 또한 이런 과정은 무공비급을 얻었다고 해도 바로 무림의 고수가 되는 것이 아니라 수많은 훈련과 실전경험을 통해 실전고수가 되는 것처럼, 기본적 재무제표 분석이나 기술적 분석의 다양한 기법을 통해 그것을 안다 해도 바로 고수가 되는 것이 아니다.

수많은 시행착오를 통해 투자근력을 키우는 과정에서 투자대상의 위험도를 감지하는 능력을 키우고, 초기조건이 성숙되는 시점에서 그 투자대상을 찾는 능력을 키워야 한다. 누구나 이구동성으로 이야기하는 급등 종목은 실전투자에서는 가장 피해야 할 대상이기 때문이다. 따라서 급등주가 되기 위한 초기 조건의 흐름과 변화를 감지해내는 능력을 키워야 한다. 이는 수많은 빅데이터에서 소음을 걸러내고 미래에 큰 변화를 줄 대상을 찾아내는 과정이다.

인공지능이 수많은 빅데이터를 검증하고 학습하듯, 여러분들도 수많은 빅테이터를 사진 찍듯 보고 기억하고 추적하고 변화의 미세한 초

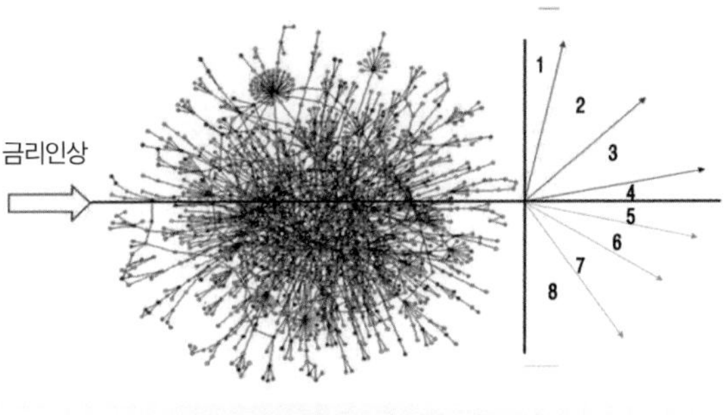

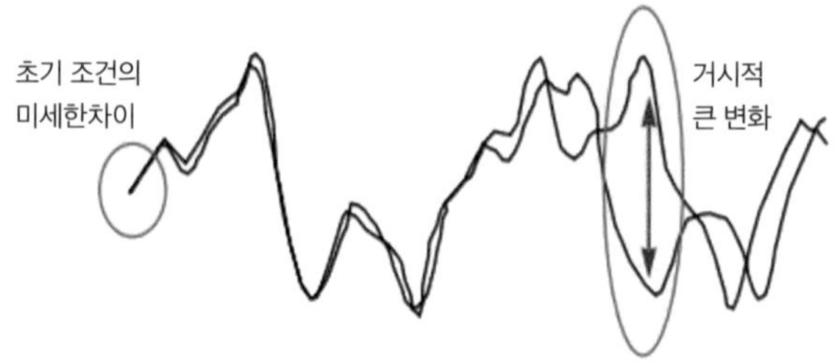

기변화를 감지해야 한다.

마치 장인이 가스통의 균열을 찾아내려고 망치를 두들기듯, 최근 미국 10년 국채의 금리 변화를 보며 연준의 테이퍼링, 기준금리 인상, 인플레이션 변수를 이야기한다. 그리고 이 때문에 시장이 발작증상을 보일 것이라 수많은 전문가들이 이야기한다. 또한 그 부정적 시각이 시장을 지배할지라도, 그 과정에서 2000개 종목 중 무소뿔처럼 혼자서 간다의 상승 각도를 유지하는 대상을 샘플링하고 그 대상 종목의 속성이 무엇인지 추적해야 한다. 그 종목이 어떤 특징과 속성을 갖고 있고, 초기 조건의 미세한 차이는 무엇이며, 이것이 나중에 어떤 변화를 가져다줄지 추적하는 방법이다.

실전 사례로 2020년 시장데이터를 조사하다보니, 시장은 2차 전지, 코로나19 진단 관련주로 모든 에너지를 집중했다. 당시 현 정부의 기본 정책 중 하나인 탈원전 정책으로 인해 주가가 크게 급락한 한전기술, 한전KPS에 미세한 초기조건의 변화가 생겼다. 윤석열 검찰총장 노이즈와 탈원전 정책 수립 과정에서의 문제점을 검찰이 조사한다는 변수가 초기조건이 되면서 다음 정부에서는 탈원전 정책에 대한 기본적인 수정 정책이 수립되지 않을까 하는 판단, 그리고 현재는 안 보이지만 나중의 거시적 큰 변화를 초래할 가능성에 집중하며 투자전략을 수립하자고 강조한다. 실전투자에서 한전기술, 한전KPS에 대한 집중 투자전략을 수립하고 방송 매체나 자료에 그 투자시각에 대한 브리핑을 전했다.

그 이후의 흐름은 설명하지 않아도 그래프 추이를 보면 누구나 다 확인할 수 있다. 초기조건의 미세한 변화가 일어난 단가가 15,000~18,000원대 영역인데 이 글을 쓰는 시점에서 주가는 45,000~55,000원대 영역에서 주가 변동성이 나타나고 있다.

초기 조건에서는 생각지도 못했던 2021년 5월 21일 한미정상회담 공식문구에 해외 원전수출에 미국과 협력해서 수출하자는 빅데이터를 보게 된 것이다. 즉, 현재 보이는 데이터와 합리적으로 유추할 수 있는

수준의 빅데이터를 갖고 투자전략을 수립하는 방법에는 한계가 있다.

전혀 다른 세상이 될 경우, 현재는 나쁘고 싸게 거래되는 것이 추후 주가가 크게 상승해 고공행진할 가능성 있는 대상종목도 시나리오별로 추적하고, 그 가능성에 베팅하는 확률 베팅 전략도 실전에서는 중요하다.

HOT
ISSUE
28

합리적 투자의 조건

HOT
ISSUE
28

투자란?

invest, 投資. 영어로 투자를 풀이하면 vest는 중세 시대 라틴어 vestis에서 유래한다. ‘옷을 입히다’라는 뜻이지만 ‘clothe with the insignia of a rank휘장이 달린 옷을 입히다’라는 의미가 담겨있다. 이탈리아어 investire, 프랑스어 investor 등으로 거쳐 ‘관직, 권한 등을 임명, 위임하다’라는 뜻으로 확장됐다.

한자로는 던질 투投, 재물 자資, ‘재물에 ~을 던진다’라는 뜻이다. 그 대상에 주식, 채권 등을 설정하면 우리가 흔히 아는 ‘투자’가 되는 것이다. 돈을 잘 굴리는 기술은 부러움의 대상이지만 모든 시선이 곱지만은 않다. 우리는 흔히 ‘투자’와 ‘투기’를 혼돈하기 때문이다. 投機(던질 투, 틀 기)는 불확실성 속 이익을 예상하고 차익을 얻기 위한 매매 거래를 의미한다. 부정적으로 표현되는 말이지만 실제로 주식 시장에서는 시세의 변동폭을 활용해 매매를 반복하는 사행적인 투기 행위가 발생하곤 한다. 이 때문에 투자 개념을 오해하는 사람들이 많다.

도박도 기술이 필요하다고 한다. 영화를 보면 카드 숫자를 세고 예측하는 기술로 이득을 얻는 모습을 본다. 투기와는 다른 개념이겠지만, 투자와도 거리가 멀다. 투자는 공부가 반드시 수반되어야 한다. 기업, 종목에 대한 기본적 분석부터 기술적 분석을 바탕으로 구체적인 투자 전략을 세울 수 있어야 한다. 나아가 국내외 정세를 읽고 흐름 속 기회를 찾고 위기를 피할 수 있는 혜안이 필요하다.

올해는 코로나19 사태로 주식 시장에서 기회를 노리는 개인 투자자들이 크게 늘었다. 올 여름 동안 유행처럼 번졌던 공모주 투자가 이를 입증한다. 1억을 넣고 1~2주만 받는다고 해도 공모를 통해 주식 시장에 참여한 투자자들이 수두룩하다. LG화학이 물적 분할을 결정하면서 국민 청원까지 등장했다. 미국 테슬라 주가가 여름까지 고공행진하자 미국 주식 시장에도 손을 뻗는 개인 투자자들이 크게 늘었다. 대주주의 양도소득세 기준 논란도 거세지면서 홍남기 부총리는 책임 사의를 표명하기도 했다. 하지만 개인 투자자들 중 제대로 된 투자를 하는 사람들은 과연 얼마나 될까? 자신만의 투자 철학을 세우고 잘 지키며 투자하는 사람들은 몇이나 될까? 시장의 가치를 이해하고 기업에 투자를 하는 사람은 과연 있을까? 그리고 가장 중요한 질문. 공부하고 제대로 '투자'하는 사람들은 더 좋은 수익을 보장받을까?

인간과 투자 / 합리적인 인간

2017년 노벨 경제학상을 수상한 리처드 탈러Richard H. Thaler 시카고 대학 교수의 저서인 '넛지Nudge'는 팔꿈치로 슬쩍 찌른다는 뜻으로, 선택의 여지를 남김으로써 합리적이라고 생각하는 방향으로 유도하는 행위를 설명한다.

단순한 의미에서 주식 시장에서 '넛지'는 어떻게 활용될까? 악용되는 경우도 많다고 본다. 거래량이 유독 높은 종목이 잠시 급등하는 경우도 있고, 급등으로 인한 VI가 발동되었지만 이내 차익실현 물량이 대거 출회되면서 시초가에 마감하는 경우도 많다.

행동경제학은 인간의 심리적인 특성을 이용해 현상을 분석하고 문제에 대한 대안을 제시하는 학문이다. 관습적, 직관적, 심리적인 요인이 작용하면 현실에서는 이성적, 합리적이지 못한 일들이 발생한다. 특히 인간의 비이성적 선택은 주식 선택에서 큰 영향을 주기 때문에 주의가 필요해 보인다.

그렇다면 인간은 주식 시장에서 합리적인 선택이 가능할까? 자신만의 뚜렷한 투자 철학을 인공지능처럼 학습한다면 어느 정도 가능하지 않을까? 하지만 끝을 모르고 오르는 종목을 보유하고 있거나, 바닥이 어디까지인지 모르게 하락하는 종목을 보유 중이라면 어렵겠지만. 투자 경험을 통해 쌓은 자신만의 주식 노하우를 투자 철학과 투자 전략으로 준비한다면 극단적인 상황을 제외하고는 어느 정도 합리적인 의사 결정을 할 수 있다.

주식 시장에서는 '캘린더 효과'가 발생한다. 시기에 따라 증시가 오르거나 떨어지는 현상이다. 1월 효과, 서머 랠리, 산타 랠리 등이 대표적인 예다. 투자자들이 합리적인 근거 없이 휴일 이후의 다음 날 주식이 오를 것이라는 낙관적인 기대를 하는 성향이 이에 해당한다. 이유 없이 캘린더 효과를 따르는 것은 투자 심리를 잘못 이해하고 실패할 가능성이 높겠지만, 이 시기의 전후 주가 흐름을 잘 활용하여 투자 전략을 타진해보는 것 또한 좋은 생각이다. 우리는 인간이기에 때로는 합리적, 이성적이지 못한 결정을 내리지만, 전체 투심의 비이성적 특성을 잘 활용해 수익을 얻는 투자 전략을 세워보는 것은 역발상으로 합리적인 투자를 할 수 있는 방법일 것이다.

투자에서 가장 어려운 것은 사람 마음이 아닐까? 투자는 어떤 주식을 언제 어떻게 매매할지를 결정하는 일이다. 하지만 그 과정 속에서 차분하게 자신을 다스리는 기술이 필요하다. 정보에 휩쓸려선 안 된다. 우리는 뉴스, 방송뿐 아니라 광고, 스팸 문자까지 하루 종일 다양한 종목을 듣곤 한다. 관심 종목에 대한 전문가의 투자의견도 엇갈린다. 특징주의 상승, 하락 이유 또한 여럿이다. 정보가 너무 많아도 탈인 것이다.

우리는 사람이기 때문에 수익에 환호하고 손실에 절망한다. 당연한 이치다. 투자로 수익을 추구하는 것은 당연하지만, 그만큼 손실 또한 발생할 수 있다는 점을 기억해야 한다. 투자로 인한 수익과 손실로 일희일비해서는 안 된다.

비이성적인 심리로 좌우되는 행동에도 불구하고 '투자 심리'는 시장의 방향성을 짚어주는 역할을 한다. 정부 정책에 대한 개인, 기관의 반응이 엇갈리듯이, 투자 심리도 때로는 방향성이 부재하다. 심리적 요인으로 주식 시장이 좌우되는 경우는 많지 않지만, 시장 참여자들의 투자 심리가 살아있는지, 위축되어 있는지 확인하는 노력은 중요하다. 누군가가 특정 주식을 팔아야만 내가 매수를 할 수 있듯이, 주식 시장은 다양한 시장 참여자들이 함께 하는 유기적인 공간이기 때문에 그 심리를 파악해야만 한다.

하지만 개인적인 심리를 잘 조절하여 자신만의 투자 철학을 지키고 현명한 판단을 적절한 시기에 내리는 것은 중요하다. 심리학 자체만으로 주식을 할 수는 없지만, 자신의 심리적 변화를 잘 파악하여 신중하게 투자를 해야 한다.

리스크와 선택

리스크risk는 위기다. 기대expectation, 예상하는 수준에 비해 리스크가 낮아지느냐, 높아지느냐 둘로 나뉜다. 예상과 결과가 어느 정도 차이를 보이는지, 그 불확실성 요인이 바로 리스크다. 한편, 기대보다 더욱 악화될 가능성이 있는 위험danger과는 다르다. 위험 요소로부터 기대치를 달성하는 경우는 드물기 때문이다.

투자에 있어서 리스크 관리가 중요하다는 이야기는 방송에서도, 인터넷 상에서도 많이 거론된다. 위험한 종목과 투자 방식에서 멀어지는 것, 수익과 손실 구간을 정하는 것, 포트폴리오 내

분산 투자부터 현금 비중을 어느 정도 미리 확보하는 것 등 여러 방법이 있다. 현 증시 상황에서 위험 요인이 발생할 때 잘 회피하고 수익을 보존하는 것도 리스크 관리에 해당한다.

하루하루 변동성을 보이는 시장이기에 리스크 관리는 확실하면서도 유연한 대처가 가능해야 한다. 리스크에 대응하는 개인의 정도를 잘 파악하고 이에 맞춰 현명한 투자 결정을 내릴 수 있도록 자신만의 룰을 정해둬야 한다.

다음은 주식 투자에 영향을 주는 주요 리스크 요인이다. 신용 리스크credit risk는 부도bankruptcy로 인해 자금을 회수하지 못할 가능성이 있는 요소다. 시장 리스크market risk는 각종 시장 요인의 변동성에 따라 시장가치가 하락할 수 있는 요소다. 금리, 환율, 대외환경 등 시장 요인이 바뀌면서 얼마나 민감하게 가치가 변화할 수 있는지를 가늠케 한다. 그 외에도 자금의 유동성 부족 문제, 경영관리 등의 운영 리스크 등이 발생할 수 있다.

인생은 선택의 연속이다. 대학 전공을 고르는 일부터 학업을 연장할 것인지 바로 취업 전선에 뛰어들 것인지 현명한 판단이 필요하다. 수많은 인간 관계를 유지하고 정리하는 일, 배우자를 선택하는 일, 직장 내에서의 의사 결정, 가정 내에서의 지혜로운 판단까지 우리는 늘 선택을 하며 살아간다.

주식 투자는 종목을 선택하고 단기 투자일지, 중장기 투자일지를 결정하고 매수와 매도 시기를 정해야 한다. 삶의 굵직한 선택에 비하면, 투자 과정의 선택은 비교적 단순하고 번복도 가능하고 주어진 기회가 많다. 모의 투자로 연습을 해볼 수도 있고 크지 않은 액수로 주식 투자 연습을 해볼 수도 있다. 실전 투자를 통해서도 분산 투자를 통해 리스크를 분산하는 방법 등 선택을 바꾸어가며 실력을 쌓을 수 있다. 시간과 세월이 지나면서 쌓여가는 인생 경험처럼 투자 실패와 성공 경력도 우리의 선택을 더욱 성숙하고 발전시켜주지 않을까 하는 생각이 든다.

수익 극대화 vs 손실 최소화

기준이 다르겠지만 보통 투자 잘 하는 사람은 수익을 안정적으로 잘 내는 사람이다. 로또 복권처럼 단시간에 일확천금을 버는 투자자도 부러움의 대상이겠지만, 리스크를 최소화하고 수익을 안정적으로 꾸준하게 낼 줄 아는 사람이 지속 가능한 투자자다.

수익을 극대화하면서 손실을 최소화하는 것이 가장 이상적이겠지만, 쉽지 않다. 그렇다면 투자자 입장에서 양자택일의 상황에 놓인다면 어떤 것을 택할까? 투자 Risk를 어느 정도로 수용하고 있느냐에 따라 대답은 다를 것이다. 위험 중립neutral인 사람은 동일한 기대값을 기준으로 의사 결정을 하는 투자자로, 회피도 선호도 하지 않을 가능성이 높다. 위험 선호loving인 사람은 불확실한 상황을 선호하는 경향이 높은 투자자로, 다양한 투자처를 찾을 것이다. 반면 위험 회피aversion인 사람은 확실한 상황을 선호한다. 불확실과 확실 사이에서 어떤 상황을 더 선호하는지를 아는 것이 중요하다. 투자에 있어서 목표 수익률을 선정하고 여기에 맞춰 투자 전략을 수립해야 한다. 만약 수익과 손실의 퍼센테이지가 동일하다고 가정할 때, 현실적으로는 어떤 방법이 더 이득일까?

투자에 있어 중요한 것은 매수 시기와 매도 시기 결정 그리고 Risk management이다. 리스크는 회피하는 것이 아닌 '관리'하는 것이다. 우리 모두는 성공 투자를 꿈꾸지만 현실적인 목표와는 거리가 멀다. 따라서 리스크를 관리하며 실패를 거듭하고, 그 실패를 통해 작은 교훈을 하나씩 얻는 연습이 필요해 보인다.

몇 개월, 몇 년이 지나도록 원금 회복까지 기다리는 사람들도 많다. 하지만 세상은 하루가 무섭게 바뀌고 있으며 주식 시장은 이를 귀신처럼 빠르게 선반영한다. 당시 매수 때의 '매매 논리'가 여전히 유효하다면 기다리는 것 또한 이유가 있겠지만, 리스크 관리를 통해 현 시점에서 더욱 좋은 종목을 찾아보는 것이 보다 현명한 선택 아닐까?

주식 시장은 제로섬 게임Zero-sum game 일까?

제로섬 게임은 손실의 총합이 0이 되는 게임을 의미한다. 즉, 나의 이득과 다른 사람의 손실을 더했을 때 '제로'가 되는 게임이다. 내가 얻는 만큼 상대가 잃는 방식인 만큼, 경쟁은 치열해진다. 과연 주식 시장은 제로섬 게임일까?

주식 시장에선 매수자가 있으면 매도자가 있어야 하기 때문에 얼핏 보기에는 제로섬 게임 같다. 호실적과 함께 끝없이 우상향하는 종목일 경우, 모두가 '승자'다. 투자자들은 수익을 보고 차익 실현할 뿐이다. 반대로, 우하향하는 종목에서는 모두가 '패자'

로 집계된다.

하지만 현실에서는 추가적으로 자금이 이탈하고 유입되기 때문에 제로섬 게임일 수 없다. 또한 우리는 주식 거래를 통해 배당을 받고 증권사에 수수료를 지불한다. 주식 투자로 자금을 확보한 기업이 투자를 늘리고 일자리를 확보하는 등 선순환을 보이는 경우에도 '제로섬'은 아니다. 다른 기업들과의 관계 등 사회 전반에서의 유기적인 과정을 떠올려 보아도 '제로섬'과는 거리가 멀다.

기회비용

은행 예금 금리로 이자를 얻겠다는 사람을 찾아보기 어려운 시기다. 주식 계좌 없는 사람도 찾아보기 어렵다. 대학생부터 전업 주부까지 주식 투자의 꿈을 갖고 있고, 바쁜 일에 치이는 직장인들마저 주식으로 목돈 만들기 꿈을 이루고자 한다.

주식 투자에서 '기회비용'은 어떤 가치를 뜻할까? 나의 선택으로 인해 발생하는 것과 포기한 모든 것들에 대한 가치와 비용을 뜻한다. 주식 투자로 손실을 기록했다면, 해당 주식을 선택함으로써 잃은 모든 것들에 대한 가치와 비용을 의미할 것이다. 선택을 잘 하기 위해서는 기회비용을 잘 계산할 줄 알아야 한다. 손실로 인해 좋은 교훈을 얻었다면, 잃은 비용을 어느 정도 상쇄할 수도 있을 것이다.

무극선생의 TIP

투자자에게 가장 하고 싶은 이야기가 있다면 자신의 투자철학을 수립하라는 것이다. 개똥철학이라도 좋다. 자신이 중심이 되고 자신이 가장 잘 지킬 수 있는 투자철학을 만드는데 집중해야 하고 남의 옷을 입지 말라는 것이다. 자신의 투자호흡도 모르고. 무슨 40년 이상 주식을 사업투자로 하는 워런 버핏의 투자철학을 따라가려고 하는지…

그냥 폼잡는 투자자가 많다는 것이다. 워런 버핏 투자 스타일을 실전에서 추구하지만 실행하는 분은 많이 보지 못했다. 말은 그럴싸하게 따라하고 있고 SNS로 버크셔 해서웨이 주총에 참여하고 인증샷 남기는 투자자도 나중에 보면 스스로 지쳐 중도탈락하는 경우를 수없이 봤기 때문이다.

투자의 세상에서 가치투자를 표방하고 워런 버핏 투자철학을 추구한다고 하지만, 10년마다 한 번씩 점검해보면 어느 순간 사라지신 분도 있고, 가치투자자에서 다른 성향의 투자철학으로 전환하신 분도 있다. 그 흐름에는 궁극적으로 결과물이 쌓였는가 아닌가에 달려있는것 같다.

투자에 대한 기본 이념과 방법론은 철저하게 공부하는 것이 정답이다. 그러나 시장은 정답이 없다. 실전에서 시장이 정답이다 해놓고 여기서는 시장은 정답이 없다라고 하니, 이것 뭐 이상한 사람 아니야 하고 생각할 수 있다.

실전투자에서는 시장의 데이터 움직임 대로 생각하지 않고, 물 흐르듯 실전대응하는 흐름에서는 시장이 정답이다 라고 하지만, 투자철학 측면에서는 시장에서 정답을 찾으려고 하는 것은 잘못된 접근법이라고 생각된다.

그냥 각자도생으로 자신에게 가장 적합한 투자철학과 방법을 찾아 수많은 변수에 움직이는 시장에서 생존하는 투자자가 되는 것이 제일 중요한 것 같다. 한 시점에 큰 부를 이룬 선후배가 나타나지만 시간이 지나도 여전히 유지하고 키우는 투자자보다는 한 세월 풍미하다가 어느 순간 투자의 세계에서 사라진 투자 세상의 전설 같은 영웅들을 하도 많이 봐서 그런지, 시장에서 영웅이 되려 하지말고 생존하는 투자자로 목표를 잡자. 너무 거창하게 목표를 잡지 말고 수신제가치국평천하에서 수신제가까지만 하면서 물 흐르듯 생존하는 투자자가 되길 바란다.

치국평천하까지 목표 잡고 몸에 힘 들어간 수많은 선후배님들을 보았지만, 아직까지 투자세상에서 생존해 지속가능성을 보이고 있는 투자자를 몇 분 밖에 보지 못해 그런 생각이 드는지 모른다. 85년도에 시작한 투자인생으로 2021년까지 산전 수전 공중전을 다 겪다보니, 언제부터인지 소식을 서로 안 전해도 아직 생존해 계시네 하는 소식을 들으면 마음 한켠에서 안도하며 기쁜 마음이 생긴다. 이 바닥 현실이 냉정하고 살벌해서 그런지, 돈의 세상이 원래 그런 것인지 모르겠지만, 소크라테스 철학자의 너 자신을 알라를 좌우명으로 삼고 오늘도 투자인생을 걷고 있다.

소크라테스의 제자인 플라톤은 작용 반작용이 작동해서 그런지 이상정치를 표방하고 스승님의 철학과 다른 철학을 추구했다. 투자의 세상에서 플라톤형 이상을 추구하는 투자자보다는 겁이 많고 소심하지만 생존에 집중하고 물 흐르듯 시장에 순응하는 투자자가 되기를 권한다. 오죽하면 각종 투자 그룹들의 투자 철학책과 투자 전략서를 읽는 것보다 노자의 도덕경이 최고의 투자서이니, 한 권의 투자 지침서를 소개하라 하면 노자의 도덕경을 추천하겠는가? 따라서 현존하는 투자 이론서와 투자 철학과 개념은 기본이니, 다 습득하고 자신의 것으로 체득하길 바란다. 그러면서 자신이 중심이 되어 자신의 투자철학으로 자신의 투자자산을 키워 나가는 투자자가 되기를 바란다. 그러기 위해서는 순서를 잘 정해 한 걸음 한 걸음 다지면서 나아가길 바란다.

요새 비트코인 투자에 몰입하는 2030세대 투자자들을 보면서 오죽하면 그러려니 하지만, 모 방송매체를 통해 7,000~8,000만원 영역에서는 1억원이 넘는다며 아무리 유혹해도 이 비트코인을 300~1,000만원 수준에서 매수한 이해당사자들의 매물을 이겨낼 수 없으니 일단 매도하라고 했는데, 잘 빠져나왔는지 모르겠다.

시드머니가 작으면 투자행위에서 가격이 급하게 올라가는 변동성이 큰 상품을 추구하게 되어있다. 변동성 칼날에 투자자 본인이 다치는 위치를 체크할 수 있는 능력이 되어야 하는데, 대부분 그렇지 않은 투자자가 많고 아무리 크게 벌어도 변동성 칼날에 크게 다치면 재기하는데 어려운 상황이 된다. 따라서 자신의 투자철학과 투자호흡을 찾는데 주력하고, 소득의 선순환을 만드는데 더 집중하길 바란다.

소득 매트릭스

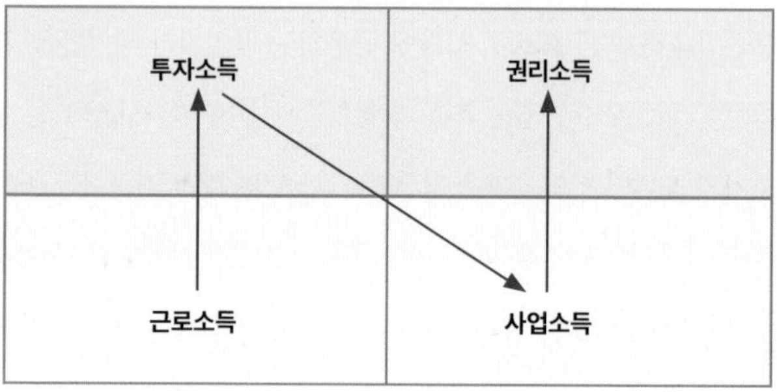

먼저 위에 소개한 4가지 소득에 대해 사전적 정의가 무엇인지 알아보자.

근로소득

일반적으로 노동력을 제공한 반대급부로 받는 대가를 말한다. 우리나라의 소득세법에 의하면 봉급, 급료, 임금, 세비, 연금, 상여, 퇴직급부 및 이러한 성질을 갖는 급여소득에서 필요경비 공제 또는 특별공제를 차감한 금액에 세율을 적용해 소득세를 원천징수하게 되어 있다. 이러한 소득세 징수 후의 소득이 실질적인 근로소득이다.

투자소득

주식, 채권, 원자재 등 다양한 자산에 투자해서 얻은 소득을 말한다.

사업소득

개인이 계속적으로 행하는 사업에서 생기는 소득을 말한다. 일반적으로 사업이란 독립적인 지위에서 영리를 목적으로 계속 반복적으로 행하는 사회 활동을 의미하고, 이러한 사업에서 발생하는 소득이 사업소득이다. 사업소득은 사업에서 발생하는 소득이라는 점에서 자산소득인 이자 소득, 배당 소득과 구별되고, 부동산 임대소득은 부동산 임대를 내용으로 하는 소득이라는 점에서 사업소득과 구별된다. 참고로 사업의 범위는 소득세법에 특별히 규정한 것을 제외하고는 통계청장이 고시하는 그 해 한국표준산업 분류에 의한다.

권리소득

권리소득은 주식에 대한 배당, 저축에 대한 이자, 부동산에 대한 임대소득, 특허권, 인세, 지적재산권 등 기초자산에서 발생하거나 권리에서 파생되는 소득을 말한다.

일반적으로는 보다 많은 근로소득을 위해 좋은 직장을 얻어서 보다 많은 연봉을 받는 근로소득자를 목표로 시작한다. 그런데 향후 미래지도를 1인 투자자 사고로 그리는 경우에는 근로소득에서 최종 목표인 권리소득을 확보하기 위한 투자여행을 떠나야 한다. 천릿길도 한 걸음부터 아니 이제부터 주식 투자로 창업한다고 생각하며 천천히 한 발 내디뎌 보자.

우리나라의 경우 아직까지는 부동산 불패 신화가 여기저기 존재하고, 주식 투자보다는 부동산 투자열기가 더 높다. 그러나 앞으로는 주식 투자도 부동산 투자와 같은 전략으로 실행하면서, 최종적으로는 주식과 부동산에서 권리소득을 획득하는 목표로 나아갈 것이다. 그렇게 하기 위해서 가장 먼저 해야 하는 것은 시드머니를 확보하는 근로소득 스케줄을 확인하는 것이다.

하나의 근로소득이 아닌, 수입을 위한 파이프라인을 다양하게 만드는 작업을 미리 준비해야 한다.

평생직장이라는 개념이 없어지고 있으므로 20~30대에 직장생활을 시작하면서부터 투자소득과 근로소득을 병행하는 투자전략을 수립해야 한다. 직장생활을 시작하면 처음부터 적금이나 예금을 들기 보다 주식으로 저축하는 전략을 제안한다. 지속가능성과 미래 성장성이 있는 종목을 선정해 기준 적립식 투자방식으로 매달 일정 금액을 적금하듯 해당 종목을 매수해 저축해 가는 것이다. 예를 들면, KT를 대상으로 일정 금액 혹은 금액을 한정시키지 않고, 투자 가능한 금액만큼 해당 종목을 매수해 투자기간을 3-5-10년 방식으로 실행해 가는 것이다.

목돈 마련이 목적이므로 여기서 매매방법은 고려 대상이 아니다. 일정 기간 동안 적립식 투자방식으로 저축하고 그 기간이 완료되면 다시 거치식으로 보유 전략을 수립해 가며 목표가액을 달성할 때까지 시간 투자여행을 한다. 이런 투자과정에서 권리소득으로 배당이 어느 정도 들어오는지를 확인하면서 투여 자산 대비 배당수익률도 계산해보고, 자신의 투자 포트폴리오를 자신의 자금 계획에 맞게 조절해 가는 능력을 키운다.

20~30대 정규직 직원이 아니어도 상관없다. 알바를 하더라도 생활하는 데 사용되는 경비를 제외하고 남는 비용으로 적절한 투자대상을 선택하여 같은 방식으로 적립식 투자를 실행한다. 그러면서 투자에 필요한 지식을 공부하고 다양한 투자상품에 대한 연구를 하고 시장을 읽는 훈련을 해 나간다.

자영업을 하든 주식 투자를 하든 반드시 수입을 위한 파이프라인을 하나로 단일화하지 말아야 한다. 전업투자자가 되더라도 주식에만 전념하지 말고 다른 일 한 가지는 찾아 생활비를 주식 투자로 벌어야 하는 시스템이 되지 않도록 하는 것이 중요하다. 전업투자자로 투자소득을 갖고 개인의 생활비와 가족의 생활비, 교육비 등을 조달하는 것은 그리 만만치 않고, 매달 고정비가 필요하다 보면 실전 투자에서 좋지 않은 상황에도 주식을 매도해야 하는 경우가 발생하기 때문이다. 따라서 주식으로 창업하려는 투자자들에게 아무리 시드머니가 많다 해도 온전히 주식 투자에만 집중하지 말고 자신이 잘할 수 있는 다른 직업을 찾아 병행해 갈 것을 권한다.

근로소득과 투자소득이 같이 어우러진 시스템을 만드는 것이 중요하다. 전체 시드머니가 10억 이상이 될 때까지는 이런 구도로 갈 것을 권한다. 그러나 시드머니가 10억 이상 되면 온전하게 사업소득의 단계로, 자신의 1인 투자회사를 만든다 생각하고 본격적인 전업투자자의 길을 가도 괜찮다.

기초자산이 10억 이상 되면 거기서 나오는 권리소득이나 투자소득으로 가족의 기초생활비가 어느 정도 조달되며, 그 사이 쌓아 온 투자교육 훈련이나 투자내공이 카오스 같은 시장의 변동성에도 크게 손해를 입는 상황까지 가는 국면은 만들지 않는 투자직관과 투자호흡을 갖췄을 것이기 때문이다.

실제로는 이때부터가 아주 중요하다. 10억에서 100억, 1,000억원의 자산가로 크는 과정에서 그 동안 투자 훈련에서 경험한 금액의 큰 변동성에 생각지도 못한 탐욕과 공포의 심리적 공황 상태를 경험할 수 있다. 따라서 이때부터는 계좌를 3~5개로 쪼개 다양한 투자호흡으로 투자 대상종목을 구분해 투자하는 방법을 습득하고, 투자뇌의 구조를 다음과 같이 만드는 데 집중하기 바란다.

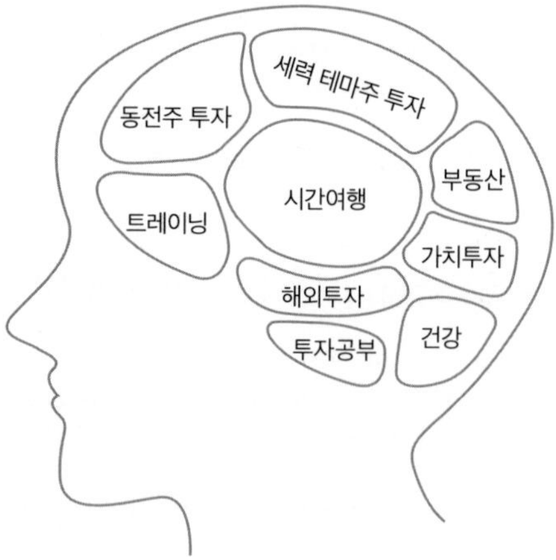

한 마디로 말해 10년 시간여행하는 투자 계좌를 설정해 놓는다. 예를 들어 현재로 판단하자면, KT, 차바이오텍이나 앞으로 10년을 주도할 대한민국 지형 지도의 변화를 가져올 도시재생 스마트시티 지하화 프로젝트, 한강 스카이라인의 대변화를 가져올 한강변 아파트의 재건축 러쉬 등에 해당하는 대상종목을 선정해 2020~2021년 사이 5~10배 이상 급등한 종목처럼 가능성 높은 종목을 찾아 시간여행하는 계좌를 하나 만든다. 아직은 투자대상을 목표시간까지 저축하는 개념이지, 매매하는 개념이 아니라는 것을 염두에 두고 실행하는 것이 가장 중요하다.

다음은 가치투자로, 우량주 중심으로 가치투자 기준에 맞게 대상을 찾아 가격이 가치보다 저평가된 종목을 찾는 것이다. 그 기준을 찾는 방법과 기업을 분석하는 훈련을 병행하며 실전투자에 접목해 실행하는 계좌를 하나 만든다. 그리고 세력 테마주에서 시장이 만들어 내는 정책 테마와 다양한 사업 테마를 찾아 테마주 변동성을 시스템화하고 그것에 적합한 투자전략을 찾아 트레이딩하는 계좌를 하나 만든다. 시간여행을 하는 감각으로 동전주, 쓰레기 잡주로 통하는 종목을 선정하는 데 이것도 변동성이 있더라도 매매를 자주 하지 않는다. 그 종목이 목표단가에 이르면 비율 매도하고, 아직 목표단가에 이르지 않은 다른 동전주로 이동한다. 그런데 동전주 투자는 중심종목의 수익금만 갖고 운용하는 것이지, 전체자산에서 배분해 따로 투자하는 것이 아니라는 것을 명심하길 바란다.

이런 식으로 포트폴리오에 최초로 선정된 종목의 개수가 하나하나 줄어드는 과정을 경험해 가며 실전매매와 접목한 계좌를 하나 만든다. 이처럼 다양한 투자전략과 그 투자전략에 맞는 계좌를 다르게 형성해야 한다. 한 계좌에 다양한 성격의 투자종목과 투자호흡이 섞이면 조절하기가 힘들고, 이것 때문에 저것의 매매가 흐트러지는 상황이 발생한다.

자산가가 되면 권리소득의 단계로 가기 전 사업소득의 단계에서 실패할 확률이 높아진다. 그러므로 철저히 계좌관리와 자금배분, 시장을 읽을 줄 아는 수준이 되어야 완전한 전업 투자자로서의 단계로 넘어가겠다는 원칙을 지켜야 한다. 마음이 너무 앞서 투자소득의 단계에서 성급히 사업소득의 단계로 가면 이도 저도 안 될 수 있다. 목표로 한 시간여행투자 계좌를 건드려야 하는 상태가 되면, 이러한 상황이 되었다는 징후로 생각하면 된다. 이런 부분을 항상 미리 생각해 두고 투자호흡과 자금배분 조절능력을 키우고, 자기만의 투자철학을 키우는 데 집중해야 한다. 이것을 가능하게 만드는 것은 무엇보다 건강이므로 1인 투자자는 건강을 철저히 관리해야 한다는 것을 명심하길 바란다.

HOT
ISSUE
29

전업개미의 하루 일과

HOT ISSUE
29

전업 개인투자자들은 늘 바쁘다. 9시부터 3시 30분 사이 잠깐 주식 계좌를 확인하는 투자자들도 많지만 장전부터 장후까지 국내 시장뿐 아니라 일본, 중국 증시도 확인하고 마감 후부터는 유럽 증시, 잠들기 전에는 미국 증시 개장 상황까지 확인하는 투자자들이 있다. 동학개미와 서학개미의 역할을 모두 하는 전업 개인투자자들이 실제로 존재한다.

이른 아침 일어나자마자 해외 증시와 간밤의 주요 뉴스를 모두 확인한다. 새벽 3시, 4시에 일어나 방송을 준비하는 외신캐스터의 역할이기도 하다. 국내 증시 마감 후부터 새롭게 나온 소식들, 저녁 10시, 11시를 전후로 움직이는 미국 증시의 장중과 마감까지의 흐름, 발표된 주요 경제지표, 주요 인사의 발언과 증권사

전망, 개별 종목의 움직임, 국제유가와 금의 가격, 주요 반도체 지수(디램 익스체인지사의 DXI 지수, 필라델피아반도체지수) 등을 모두 확인한다.

여기서부터는 장중 캐스터의 역할이다. 국내 주식 시장에는 어떤 영향을 줄까 생각하면서 국내 증권사에서 7시를 전후로 업로드하는 리포트 내용을 살펴본다. 오늘 장에서는 어떤 종목, 업종에 대한 분석이 나왔으며 목표 주가가 상향 또는 하향되지는 않았는지 확인한다. 8시 40분부터 20분간은 개장 전 동시호가 시간이다. 동시호가는 동시에 접수된 호가 또는 시간의 선후가 분명하지 않은 호가를 의미한다. 정규장을 전후로 동시호가 시간이 존재한다. 장 시작 동시호가는 8시 30분부터 9시까지, 장 마감 동시호가는 3시 20분부터 30분까지다. 이 시간대 동안 접수된 주문은 모두 동일한 시간에 주문을 낸 것으로 간주되며, 개장과 폐장 때 일괄 처리된다. 일반 호가 거래 원칙은 가격과 시간, 수량 우선 원칙이 적용되지만 동시호가에는 '시간 우선의 원칙'이 배제된다.

장 시작과 마감 전에 주문이 몰리는 경우가 있기 때문에 거래 폭증을 막고 공정하게 처리하기 위해 마련된 제도다. 동시호가의 매매 방식은 단일가 매매며, 시초가와 종가가 이 시간을 거쳐 결정된다. 동시호가 시간에는 코스피, 코스닥 지수의 예상 지수도 확인할 수 있으며, 시총 상위주의 움직임을 예상해보거나 양 지수의 상승률과 하락률 상위 종목 흐름을 짚어봄으로써 그날 장의 흐름을 가늠해볼 수 있다. 하지만 실제 뚜껑을 열어보아야 제대로 알 수 있다. 동시호가에서의 지수와 주가의 움직임은 개장을 해야 제대로 확인해볼 수 있기 때문에 언제까지나 '예상' 지수, '예상' 주가임을 기억해야 한다.

9시 개장부터는 투자자들이 가장 바쁜 시간이다. 전일 투자계획을 세웠던 종목에 대한 매매 전략을 실천에 옮기는 투자자들도 많기 때문에 9시부터 10시 사이에는 돈의 움직임이 아주 빠르다. 매수와 매도 절차가 빠르게 이뤄지면서 10시로 가면서 점차 그날 주식 시장의 테마와 움직임 방향성이 어느 정도 가닥으로 잡힌다. 10시부터 11시 사이에는 해당 테마 내에서 더 튀고 빠지는 종목이 보이며, 더 강한 흐름을 보이는 쪽에 시장의 투심은 옮겨가곤 한다. 오전장 흐름이 매일같이 쉽게 정리되지는 않는다. 때로는 개별주 장세가 펼쳐지고 순환매도로 재빠르게 옮겨가는 양상이 나타나곤 한다. 방향성이 아예 잡히지 않는 어려운 날도 있다. 그런 날은 쉬어가는 날이라고 여기면 될 것 같다.

수요 수급 주체는 개인과 외국인, 기관이다. 주요 수급 주체가 매수, 매도하는 업종과 장중 수급흐름의 변화를 잘 짚어내야 한다. 기관 내의 금융투자, 투자신탁, 연기금 등이 어떤 방향성을 보이는지 확인해보면 전반 수급의 변화를 가늠해볼 수 있다. 외국인 투자자들의 경우 지수 자체를 매수하는 경향을 보이곤 한다. 프로그램을 이용해 코스피200 지수를 매매하는 등 바스켓으로 묶어 거래를 하기도 한다. 따라서 프로그램 매매 현황에서 차익거래와 비차익 거래의 흐름을 확인할 필요도 있다.

12시 오후장부터는 차분한 마음 가짐이 더욱 필요하다. 수익률 성과를 분석해보기도 하면서 그 동안 나왔던 리포트 등을 확인하며 마인드 컨트롤을 할 필요가 있다. 오후 시간대 주식 방송을 하면 처지는 기분도 느껴지곤 한다. 오전 장중 방송은 재빠르게 눈과 손을 움직이면서 내용을 잡고 전달하기 바쁜 반면, 오후 장중 방송은 오전의 내용을 정리하면서 현 시점에서의 전략도 새로 세워보고 그 와중에 더 오르거나 빠지는 종목에 대한 분석, 새롭게 튀는 종목에 대한 전략을 세워보는 여유가 필요하다. 한편, 장 마감 30분 전인 오후 3시부터는 매수 타이밍을 노리는 투자자들이 많아지는 시간이기도 하다.

정규매매 거래 시간 이전과 이후에도 주문 접수는 이뤄진다. 장전 시간외 거래는 8시 30분부터 40분 사이 전일 종가 기준으로 거래가 되며, 장후 시간외 거래는 3시 40분부터 4시까지 당일 종가 기준으로 거래가 이뤄진다. 시간외 단일가 매매는 4시부터 저녁 6시까지 이뤄지는 거래다. 시간외에서 특징주로 꼽히는 종목들이 때로는 익일 개장 특징주가 되곤 한다. 시간외 상승률, 하락률 상위 종목은 한 번쯤 들여다보는 것도 도움이 된다. 미국 증시의 시간외 거래도 우리 증시에 때로는 영향을 준다. 정규장을 전후로 프리마켓Pre-market과 애프터마켓After-market, 시간외 거래 시간이 있다. 서머타임이 적용되는 3월부터 10월 동안은 정규장이 우리 시간 저녁 10시 30분부터 새벽 5시까지며, 서머타임을 적용하지 않는 11월부터 2월 동안은 밤 11시 30분부터 아침 6시까지를 장중이라 한다. 한편, 프리마켓은 정규장 개장 두 시간 반 동안이며(서머타임 기준, 저녁 8시~10시 30분) 애프터마켓은 마감부터 한 시간 동안이다. (서머타임 기준, 오전 5시~6시)

차트 보는 방법이 어렵다고 느껴 시도조차 하지 않는 투자자들이 많다. 차트를 보는 것은 해당 기업의 역사를 보는 것이며 투자자의 심리를 반영한 숫자들의 조합을 읽는 것이다. 내 종목 주가는 언제 오를 것인지 기다리는 것보다 얼마에 팔 것인지를 생각하는 것이 더 좋은 투자 전략이다. 정답은 아니지만 해답을 찾는 과정 중 기본은 차트 읽기에 있다. 하루하루 주가의 흐름을 '일중'이라 하며 그 일중 흐름을 '일봉'이라 하며, 일주일 단위는 '주봉', 월 단위는 '월봉'이라 한다. 캔들을 시간 순서에 따라 나열한 것을 '봉차트(캔들차트)'라 한다.

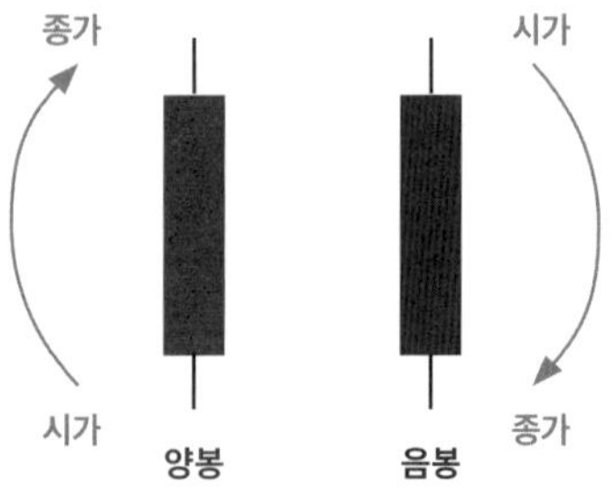

주식 방송을 보면 강한 양봉을 그려내고 있다, 음봉으로 전환했다 라는 표현을 자주 사용하는 것을 볼 수 있다. 시작하는 가격을 시가, 마감하는 가격을 종가라고 한다. 시가보다 주식 가격이 꾸준하게 올라 종가가 그 위에 형성되면 '양봉'이라 한다. 우리나라는 양봉을 빨간색으로, 음봉을 파란색으로 표시하며, 미국은 상승을 초록색, 하락을 빨간색으로 표시한다. 방송국에서는 장 상황이 좋지 못하다고 예상되는 날 푸른색 옷 입기를 꺼려하며, 시장에 좋은 기운을 조금이라도 불어넣고자 일부러 붉은색 옷으로 바꿔 입는 경우도 더러 있다.

강남 아파트 가격처럼 고공행진하는 주식, 지금이라도 사야 하나?

너도나도 주식 하는 시대가 도래했다. 한국갤럽 조사에 따르면 국민 10명 중 3명은 주식 투자 중이다. 20대 투자자는 2020년 말과 2021년 초 사이 15%나 급증했다. 2020년 한 해 동안 개인 투자자가 매수한 금액은 무려 64조원이다. 은행 금리는 변변치 않고 주택 투자는 물 건너간지 오래니 이제라도 주식을 해야겠다며 새로 계좌를 트는 사람들도 흔히 보게 된다.

주식 투자 행렬에 들어서도 소외감을 느끼기는 매한가지다. 도대체 어떤 주식을 사야 수익이 난단 말인가. 너도나도 사는 주식이면 떨어지지 않을까, 괜히 어려운 주식 들어갔다가 손해보고 나오는 투자자들도 많다. 하락하는 장을 매수 기회로 보고 '영끌(영혼까지 끌어모아 투자)', '빚투(빚내서 투자)'가 계속되고 있다. 심지어 2020년 한 해 은행권 가계대출은 연간 사상 최대인 100조 원 넘게 급증한 것으로 나타났다. 신용대출, 마이너스통장 등 대출 규모도 급증한 셈이다. 이런 투자 광풍 속에선 모두가 수익을 봐야 했을 텐데, 그건 쉽지 않았을 것이다.

무극선생의 TIP

전업투자자가 무엇이라고 생각하는가? 일반적으로 전업투자자 하면 하루 종일 주식 투자를 직업으로 삼고 사는 사람, 그리고 그 투자를 통해 생활비를 조달하는 투자자라고 생각한다.

그런데 이는 잘못된 시각이다. 그들은 생계형 트레이더이지, 전업투자자가 아니다. 전업투자자라고 칭하려면 시간에서 자유롭고, 소유하는 돈이 자유로운 수준이어야 하고, 주식시장이 열리는 것과 동시에 같이 모니터를 켜고 시장이 마감할 때까지 트레이딩할 필요가 없고, 생활비를 확보하기 위해 손실을 감안하고 주식을 매도해야 하는 상황에 얽매이지 않아야 한다.

직장을 그만두고 작은 사무실을 얻어 사무실 비용을 내고 주식 투자를 통해 수익을 내 그 수익금으로 생활비와 자신이 필요한 것을 사는 비즈니스 구조는 투자가 잘 될 경우에도 힘들지만, 그렇지 않는 경우가 닥치면 귀중한 기초자산마저 훼손하는 상황이 발생할 수 있다. 또 이런 현상이 빈번하게 발생하면 투자심리가 불안해지고 매매 조절도 뜻대로 되지 않아 실패할 확률이 높아진다. 그래서 직장을 그만두고 하루 종일 투자 모니터 앞에서 매매하는 식의 생계형 트레이더가 되려는 사람들에게 이런 비즈니스 구조는 시간 차이가 있을 뿐 성공하기보다는 망하는 구조이니 하지 않는 것이 좋다고 권한다.

다음 사진은 한 투자자가 전업투자자라면 무기를 잘 갖춰야 한다는 글과 함께 올린 것이다.

개인적으로도 40대 시절에는 이보다 더 많은 모니터 6개로 다양한 그래프와 다양한 시스템 툴을 이용해 시장과 싸워 보았는데 그때 건강을 많이 잃었다. 모니터가 많을수록 좋은 것이 아니라 사람의 기가 빨려 번아웃 현상을 자주 경험하게 되었고, 그로 인해 매매 흐름과 투자의 직관, 투자 호흡이 망가졌다.

지금은 단말기를 2~3개로 줄이고 중간 중간 끊어서 보는 훈련을 하고 있다. 진정한 전업투자자가 되려면 주식 시장, 투자 대상 종목 및 영향을 미치는 인간관계의 연결고리를 물 흐르듯 할 수 있는 투자 환경을 먼저 만드는 것이 중요하다. 매달 필요한 생계비를 투자로 조달하는 구조의 전업투자는 어려우므로, 제대로 된 투자 환경이 완성되기 전까지는 투자수익을 재투자하고 저축할 수 있는 시스템을 만들어야 한다. 즉, 직업을 가진 상태에서 전업투자 준비를 해야 한다. 다른 직업을 통해 매달 생계비를 확보한 상태에서 주식, 채권, ETF를 통한 투자 행위를 통해 형성된 자금은 생계비와 연계되지 않게 눈덩어리 굴리기 시스템을 형성해야 진정한 전업투자의 단계로 갈 수 있다.

우리나라에는 진정한 전업투자자를 양성하고 교육하는 과정이 아직 없다고 할 수 있다. 개인적으로 전업투자자 교육은 투자의 본질과 투자 철학에 대한 투자 선배들의 생각, 그리고 실행과정에서 경험했던 다양한 사례 분석을 케이스스터디로 먼저 공부하는 것이 중요하다고 생각한다. 그런데 현재 진행되는 대부분의 전업투자자 교육은 전업트레이딩 교육과정으로 HTS 사용방법에 대해 먼저 집중 강의하는 형태이다. 이것은 시장에 대해 아무것도 모르는 사람들에게 정선 카지노에서 슬롯머신 사용법을 가르치는 것과 크게 다르지 않다.

대학교 전공 과정을 4년 공부해도 그것을 현장에서 실제로 사용하고 숙련된 사람이 되기까지는 평생이 걸리기도 하는데, 국내 증권 시장에서 행하는 전업투자자 교육은 단기간에 트레이딩 기술을 배우는 것에만 집중하고 종목에 대한 연구와 방법은 HTS를 통한 시스템 툴에서 찾아내는 방법만 가르치고 있다. 그것을 실제로 이해하고 들여다보는 능력을 갖추기 전 바로 전쟁터에 내보내는 경우가 허다하다. 그래서 대부분의 투자자는 실전투자 과정에서 경험하며 터득하는 과정에서 투자원금을 대부분 까먹는 경우가 많다. 선택 종목과 전략에서 나오는 리스크에 대한 이해가 부족한 상황에서 트레이딩 기술만 먼저 습득하려다 보니 성공할 확률보다 실패할 확률이 높아지는 것이다.

자신의 투자철학을 찾아라 "살아남는 기업들의 유일한 공통점은 '자기다움'을 만들고 지켜간다는 것이다." 이 말은 전업 투자자들에게 정말 필요한 구절이다. 자신의 투자철학을 체득하는 과정이 자신의 투자

철학에 앞서간 선배 투자자들의 투자철학과 기법을 내 것으로 만드는 것이다. 투자철학에서 자기다움을 만드는 것은 아주 중요하다.

한때 우리나라에서는 워런 버핏 따라하기가 유행한 적이 있고, 그와 관련된 책이 부지기수로 나오고, 가치투자자들의 교과서로 누구나 한 번쯤은 관련 책을 읽어 보았을 것이다. 그런데 워런 버핏 투자원칙이나 개념을 익혀 자신의 것으로 체득하지 못하면 대부분 중도에 실패하는 경우가 허다하고, 뱁새가 황새 따라가다가 가랑이 찢어지듯이 자기에게 맞지 않는 투자철학을 억지로 추종하다가 주화입마走火入魔 당하는 경우가 비일비재하게 발생한다. 워런 버핏의 투자철학을 추종하는 것은 가능할지 모르지만 완전하게 그의 투자호흡과 철학대로 투자실행한다는 자체가 말이 안 되기 때문이다

따라서 눈높이를 낮춰 워런 버핏의 투자철학을 자신의 투자호흡으로 체득하는 훈련이 필요하다. 마찬가지로 앞서간 수많은 투자자들의 투자철학이나 이론을 공부하고 자신의 것으로 체득하는 것이 더 중요하다. 투자 선인들의 투자철학을 자기다움으로 만드는 과정은 전업투자자로서 반드시 실행해야 하는 목표이다.

투자자로서 자기다움을 만든다는 것은 매매할 대상과 매매하지 않을 대상을 구분하는데서 시작된다. 개인적으로 시장에 처음 접근하는 투자자에게 무수히 많은 투자정보나 전문가에 의지하지 말고 자기다움을 만드는데 3~5년 목표를 잡으라고 전한다. 그 기간 동안 이런 패턴의 종목 혹은 재무구조가 뒷받침되지 않는데 시장의 모멘텀 속에 급등하

는 종목은 매매하지 않기를 바란다.

주식은 싸게 매수해서 비싸게 판다는 단순 기준 하나만 설정하고 2000개 이상의 종목 중 매매하지 말아야 할 대상을 선정해 먼저 그 종목을 제거하는 법부터 시작해보길 바란다.

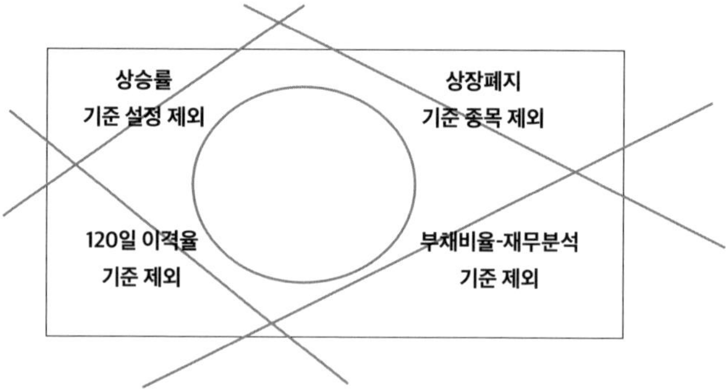

투자자에게 가장 중요한 것은 유가증권과 코스닥의 상장 폐지 기준을 습득하고, 그 가능성이 높은 대상은 매매에서 제외하는 것이다. 상장 폐지 당하지 않기 위한 인위적 급등주가 나오는 경우도 있으나, 이런 급등주에 현혹되어선 안 된다. 그 쪽 세상은 나하고 관련 없다 하는 마인드로 옆에도 가지 않는 투자기준을 세우시기 바란다.

다음으로 재무분석을 철저히 공부해가며 부실기업 기준에 해당되거나 리서치센터의 보고서를 읽어보며 업황이 악화되는 섹터의 종목은 매매기준에서 제외시켜보자. 급등한 것만큼 단순하면서 강력한 악재의 기준은 없다. 상승률을 기준으로 어느 상승률부터는 매매하지 않는 기준을 설정해 급등 위치에 진입하면 매매자체를 하지 말아야 한다.

여기는 선수의 영역으로 생각하고 자신의 투자 기준과 실력이 높아졌다 생각할 때, 일정 자금에 한정하여 급등주 패턴을 연구하고 매매하길 바란다. 가격 기준별로도 매매 자금 배분과 투자 호흡을 다르게 적용하는 기준을 만들어 투자에 임하는 것도 필요하다. 이렇듯 자신에게 맞는 투자법을 찾는 것이 주식 투자에서는 가장 중요하다.

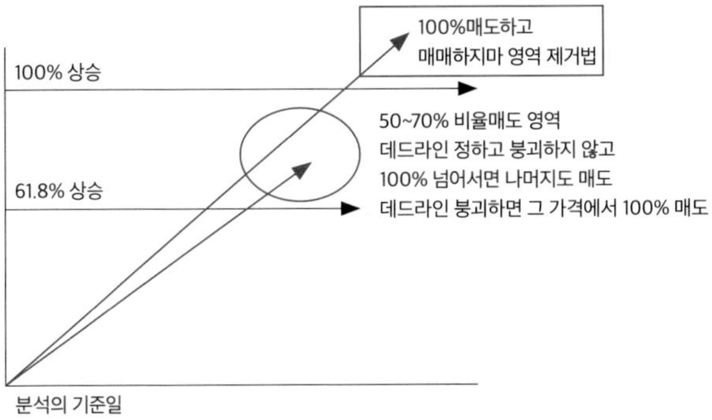

가격대 기준과 매매대상의 시가총액을 기준으로 매매패턴과 투자금의 배분, 보유기간 등을 시스템화시키는 노력을 해보길 바란다. 실전매매를 통해 매매대상에 대한 기록을 남기며, 실전투자 경험에서 나타난 경우의 수를 빅데이터로 남겨두는 것이 필요하다. 이런 노력이 투자의 근력을 키워줄 것이며, 어떤 변동성에서도 그 매매대상에 대해 조절하고 대응하는 능력을 키울 수가 있다. 실전투자에서 매매대상에 대한 미래 판단도 중요하지만, 예측불가능한 상황 속에서 대응 능력을 키워 가는 것도 필요하기 때문이다.

HOT
ISSUE
30

저평가주 찾는 마법공식
feat.퀀트

HOT ISSUE 30

저평가되어 있는 좋은 주식은 어떻게 찾을까?

당일 아침에 나오는 증권사 리포트를 보고 저평가주인지 아닌지를 찾는 것은 이미 늦었다. 해당 기업의 기본적인 재무제표 자료를 바탕으로 현 주가가 저평가된 상황인지 고평가된 상황인지 스스로 판별할 수 있어야 한다.

매 분기 돌아오는 실적 시즌에서 중요한 키워드 중 하나는 EPS다. Earnings per share, 주당순이익은 기업이 벌어들인 순이익을 발행 총 주식 수로 나눈 값으로, 1주당 얼마나 많은 이익을 창출했는지를 알 수 있는 지표다. 미국 주식 시장 거래를 하다 보면 EPS가 자주 거론되는데 그 수치가 높을수록 이번 어닝시즌에서 더 많은 이익을 냈다고 이해하면 된다.

기본적으로 알아야 할 투자 개념으로는 PER, PBR, ROE가 있다. 세 가지 지표는 삼각 관계처럼 서로 연결되어 있다.

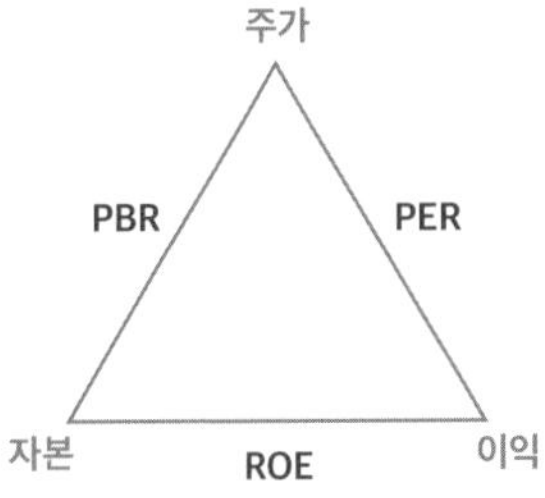

PER, Price Earnings Ratio는 주가수익비율로, 주가를 EPS로 나눈 수치다. 현 주가가 1주당 수익의 몇 배가 되는지를 알 수 있는 값이다. PER이 높다는 것은 주당순이익에 비해 주가가 높다는 것이고, 반대로 PER이 낮다는 것은 주당순이익에 비해 주식 가격이 낮다는 것(저평가)을 의미한다.

PBR은 Price Book-value Ratio, 주가순자산비율로 주가가 순자산에 비해 몇 배로 거래되고 있는지를 나타내는 지표다. 'book value장부가격'라는 말, 즉 회사가 청산을 할 경우 주주가 배당 받을 수 있는 자산의 가치를 측정한다. PBR이 1이라면 주가와 자산이 같음을 의미하며, 투자자들은 투자금액을 그대로 회수하게 된다. PBR이 1미만이라면, 주가는 자산가치보다 낮게 평가되는 상태로, 투자자들에게 투자금액 이상의 돈을 돌려줄 수 있다는 뜻이다.

ROE, Return on Equity는 자기자본이익률, 투입한 자기자본이 얼마만큼의 이익을 냈는지를 나타내는 숫자다. 당기순이익을 자기자본으로 나누는 방식으로 계산한다. ROE가 높다는 것은 자본 대비 이윤을 많이 창출한 것이며, 숫자가 높아질수록 투자 수익률이 좋다는 의미를 나타내는 지표다.

기본적인 재무제표를 통해 현 주가의 위치를 가늠해볼 수 있는 방법이다. 하지만 이 세 가지 지표가 결코 전부는 아니다. PBR이 1미만이면(분자인 주가<분모인 장부가치) 저평가라고 당연히 떠올릴 수 있겠지만, PBR은 부채를 반영하지 않는다는 점을 기억해야 한다. PER도 기업의 수익성만으로 주가를 판단하는 기준이기 때문에 자산 처분, 상황 등의 내용은 반영되어 있지 않는다는 점을 유념해야 한다.

조금 복잡하지만 EV/EBITDA이브이-에비타로 불리는 개념이 있다. 쉽게 이해하자면, EV는 기업 가치, EBITDA는 이익을 의미한다. EV(Enterprise Value)는 시가총액과 순차입금을 합한 금액으로, 인수합병 시 거론되는 기준 금액이다. EBITDAEarnings before Interest, Tax, Depreciation, and Amortization, 세전 기준 영업현금 흐름는 이자와 세금, 감가상각 비용 등을 빼기 이전의 순이익을 의미한다. EV/EBITDA는 기업의 현금흐름을 창출할 수 있는 능력을 측정한다. 지금과 같이 돈을 벌 경우(EBITDA), 투자한 금액을 버는데(EV) 얼마나 많은 시간이 걸리는지를 알 수 있는 지표다. 낮을수록 저평가된 기업으로 평가받는다. 복잡하고 어려워 보이지만 기본적인 재무 자료에다 자동으로 계산되어 나오는 지표다. 방송 시 참고하는 정도로만 활용했던 지표들이다. 대학 시절 경영학 전공 재무 수업에서 듣고 멘붕이 왔었던 개념들이다. 미적분을 배우지 않았던 문과생들에게 공학 계산기를 사용하게 해줬던 기억이 난다. 당시에는 어려웠던 개념이지만 실제 우리가 거래하는 상장 기업들에 숫자를 대입해 활용해보니 실용적인 투자 지표로 활용된다는 점에 놀랐었다.

수학, 물리학을 잘하는 사람들은 주식을 더 잘할까? 영화에서 수학천재들이 카드 카운팅으로 카지노를 농락하던 모습처럼 실제 주식도 그런 방식이 통할까? 많은 물리학자들이 실제 금융업계에 뛰어들었다. 'Quant' 퀀트는 주식시장에서 수학, 통계, 물리학을 활용하는 방식으로 수익을 예측하는 방법이다. 20세기 초, 프랑스 수학자 루이 바슐리에가 퀀트의 문을 처음 열어 주가의 미래를 예측하고 확률적 이론을 도입했다. 미국 월가에 퀀트를 가져와 제도화한 사람은 물리학자 피셔 블랙이다. 계량금융을 주식 부문에 도입해 기존에 없던 투자은행 업무가 생겨난 것이다. 투자의 귀재로 불리는 워런 버핏과 가치투자의 창시자로 불리는 벤자민 그레이엄, 그를 계승하는 월터 슐로스, 성장주 투자의 아버지로 불리는 필립 피셔, 월가의 영웅으로 불리는 피터 린치 등…

그 동안 쌓인 데이터를 기반으로 공부하고 전략을 활용해볼 수 있는 기회는 모두에게 열려있다. Guru구루는 산스크리트어(인도 고대어)로 '스승'을 뜻하는 말이다. 투자의 대가를 지칭하는 단어이기도 하다. 미국 증권거래위원회 SEC의 공시를 확인하면 투자 대가들의 포트폴리오 전략을 공부할 수 있다. 미국 증권법상 자산규모가 1억 달러 이상인 기관은 보유지분 현황 보고서를 공개해야 한다. 모든 보유자산을 공개하지는 않고 있지만, 대가의 투자전략을 엿본다는 의미에서 참고해볼 만한 정보라 생각이 든다.

'스케줄 13F'라고 불리는 이 보고서를 활용하거나 대형 기관, 헤지펀드 등에서 정리한 사이트도 쉽게 찾아볼 수 있다.

요즘 초등학생은 학교에서 AI 코딩 교육을 받는다. 논리력과 창의력, 문제해결 능력 등을 기를 수 있다 하여 저학년 아이들도 학원에 다닌다고 한다. 최근 들어서는 증권가가 '코딩'에 빠졌다. 프로그래밍 언어를 통해 자신이 정한 규칙을 바탕으로 주문을 넣을 수 있는 프로그램을 만드는 방법이다. 주가의 흐름을 수학적으로 분석하여 수학적인 알고리즘(규칙)을 만들어 이해하고 예측한다. 더 나아가, 매수 매도 시기와 가격 설정까지 자동화한 거래 방식이다. 선물 옵션 시장에서는 기계적인 알고리즘 처리 방식이 자주 활용되고 있으며, 심지어 미국에서는 아주 짧은 시간 단위로 주문을 걸어 작은 수익을 하루에도 수백 번 이상 활용하는 전략high frequency trading을 빈번하게 사용한다.

새롭게 발전을 거듭 중인 각종 이론과 투자 전략은 우리에게 또 다른 놀라움을 줄 것이다. 수학 모형과 퀀트 발전은 금융공학에 큰 영향을 끼쳤지만 완전한 맹신도 능사는 아니다. 일각에서는 지나친 추종 때문에 2008년 미국발 금융위기 사건이 터졌다고 비판한다. 수학과 물리학을 바탕으로 나온 수식들은 기업의 과거를 이해하고 미래를 예측하는 참고 자료로 사용해야 할 뿐, 무조건적으로 퀀트 전략을 따르는 것도 해답은 아니다.

무극선생의 TIP

1990년 5월쯤 매트릭스라는 영화가 세상을 강타했다. 인간의 기억마저 AI에 의해 입력되고 삭제되는 세상. 진짜보다 더 진짜 같은 가상 현실 '매트릭스'. 그 속에서 진정한 현실을 인식할 수 없을 정도로 지배되는 인간들의 모습을 그린 영화다. 시작 전 0과 1 두 숫자가 빗물처럼 내리는 화면 속, 가상세계가 0과 1로 만들어진 세상인가 추측을 하게 했고 로렌스 피시언이 맡은 모피어스가 그 '매트릭스'를 빠져나오면서 AI에게 가장 위험한 인물이 된다. 세상이 만들어진 가상세계라는 것을 알리고 인공지능에게 지배당하지 않고 본연의 인간이 사는 세상을 만들기 위해 자신과 함께 인류를 구할 마지막 영웅 '그'를 찾아 헤맨다. 마침내 '모피어스'는 낮에는 평범한 회사원으로, 밤에는 해커로 활동하는 청년 키아누리브스가 연기한 '네오'를 세상을 구할 '그'로 지목하는데… 꿈에서 깨어난 자들, 이제 그들이 만드는 새로운 세상을 만드는 영화였다. 여기서 신선한 충격을 받았는데 그 당시에는 완전하게 이 영화가 이야기하는 세계관과 철학을 이해하지 못했다.

개인적으로 1985년은 대우증권에 입사해 가장 잘 나가던 시절로 투자철학이니 투자이론 공부보다는 머니메이킹에 온 힘을 쏟았었다. 1988년 88올림픽과 자본시장 개방, 증권사 대형화 정책이 추진되는 과정에서 200~300p에서 놀던 종합지수 주가가 1000p를 향해 거침없이 상승하던 시절이었다. 200~300억대 하던 증권사 자본금을 3000억 이상으로 하는 대형화 정책이 추진되면서 하루가 멀다 하고 증권사의 유무상 증자가 터지던 시절이었다. 그러던 중 1991~1992년 시장이 급락하면서 유동성 부족 현상을 메꾸려는 정책 중 신용으로 매수한 주식도 담보로 잡아주는, 지금 생각하면 어처구니없는 정책을 수립하고 실행하다가, 거기서도 시장이 무너지자 어느 날 하루를 정해놓고 강제담보정리를 실행하는 정책이 있던 시절이었다.

그 날은 나의 인생에서 지옥 같은 날이었다. 그 많던 구좌의 숫자가 하루 아침에 없어지는 경험을 하였고 동료선배는 정신줄을 놓고 나 죽을거야 소리치면서 대치동 큰 사거리에서 달려오는 버스로 달려드는 아수라장 같은 날이었다. 주식을 강제로 청산하는 날이 지나 세상은 다시 아무 일이 없다는 듯이 돌아갔다. 하지만 승자와 패자가 구분되었고 패자는 역사의 뒤안길로 사라지는 운명을 몸으로 느꼈다. 소주 잔을 들이켜며 눈물을 흘리는 선배님 앞에서 아무 생각도 나지 않아 멍하니 그 선배를 쳐다보았다. 갑자기 매트릭스 영화가 생각나면서 지금 현실이 가상세계에서 일어난 일이고 꿈에서 깨어나면 나의 자산이 온전하게 있던 시절로 돌아가는 생각을 하게 된 나 자신을 발견하게 되었다. 그 이후 투자의 현실은 혹독하였고 생계를 위해 학생을 가르치는 학원 알바를 뛰면서 3년 동안 다시 재기의 꿈을 다지며, 정말 한없이 공부했던 것 같다. 무엇을 잘못했고 무엇을 놓쳤고 자만심과 탐욕이 가져온 결과는 누구도 책임져 주지 않고 그것을 결정한 온전히 본인의 몫이라는 것을 지옥 같은 세상에서 체험하고 느끼게 되었다.

다행히 운이 좋아 1995년 외국계 증권사에 취직이 되어 재기의 발판을 마련하였고, 그러던 중 1997년 대한민국 경제가 망하는 IMF가 터지며 주식 시장이 다시 박살나는 세상이 왔다. 그런데 미리 지옥을 경험해서였는지, 그 상황에서 2020년 3월 코로나19로 급락한 수준은 비교도 안 될 정도의 급락 장세 속에 대한민국 대 그룹들이 하나 둘 도산하고 망하면서 구조조정의 칼날이 불어닥쳤다. 대한민국 경제는 IMF통제 하에 들어가는 형국 속에 주가는 거의 휴지조각 수준으로 급락하는 상황이 발생했다.

그 시점이 개인적으로는 재기의 원동력이 되었다. 폭락한 주가에 적은 금액이나마 1995년부터 외국계 증권사에서 근무하면서 모아둔 시드머니를 원천으로 1997년부터 2005년까지의 급등 장세를 온전하게 내 것으로 만들 수 있는 투자 호흡과 투자 철학을 체득할 수 있었다.

여기서 구구절절 과거 경험담을 이야기하는 것은 그 과정에서 가상세계 인공지능과 인간의 투자심리를 극복하는 방법 속에 물리학, 통계학, 수학이 기반이 되는 기계적 알고리즘 사고를 실전투자에 접목하게 되었기 때문이다. 새로운 나만의 투자세상과 가상세계를 만들어 가상세계 네오의 역할을 다양하게 구분해 현실 세상에는 '나' 하나이지만 가상세계에서 투자하는 '나'는 가치투자 방식의 나, 기술적 트레이딩 위주의 나, 인공지능 기계적 사고의 알고리즘 기법을 이용하는 나를 만들었다. 자금을 구분해서 운용해보고 실제로 결과물이 어떻게 차이가 나는지 실전 경험을 통해 체득하는 과정을 실행해 본 것이다. 즉, 실전투자에서 기차분석 도구도 아주 유용하게 사용된다. 투자대상 기업의 주당순익의 미래변화를 예측하는데 집중하는 것도 중요하지만, 매매기준을 알고리즘화시켜 이런 패턴에서는 이렇게 대응하는 기준을 만드는 것도 필요하다.

개인적으로 사용하는 알고리즘 중 카지노 각도가 있다. 이 각도에서는 매매하지 않고 그 종목을 보유하고 있을 때 매도하는 기준이다. 카지노 각도란, 각도가 63.2도 이상 급등하는 패턴의 종목을 이야기한다. 카지노 각도로 급등하는 과정에서 20일 이평선과 고점을 4등분해 중심가격을 붕괴하면, 미래전망이 아무리 좋다 해도 일단 exit하고 다음 매매전략을 수립한다.

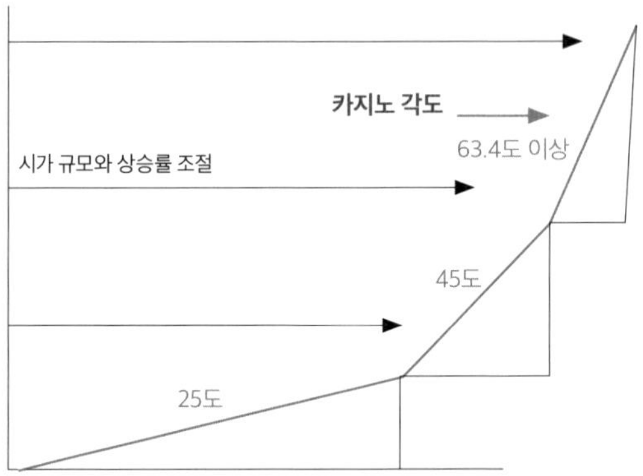

위 그림 같이 시스템 로직을 만들어 매매대상의 시가총액 기준, 상승률 기준을 구분하고 각도가 63.4도, 각도구간에서 20일 이평선을 기

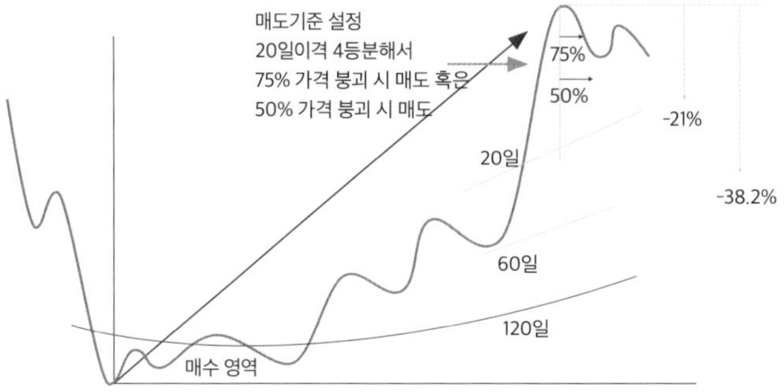

점으로 분석, 기준일 현재까지 고점을 4등분해 50% 가격 혹은 75% 가격 위치가 무너지면 매도해 다음 진입로직을 만들어보자. 실전에서 매매대상별로 어떻게 작동하는지 기록해보길 바란다. 그렇게 하다보면 시가총액 기준별, 상승률별 기준이 설정될 것이며, 블루칩에서의 기준과 세력주에서의 기준이 다르게 작동하는 것도 체크할 수 있다.

개인적으로 세력주의 경우, 변동속도가 너무 빠르고 진폭도 커서 20일 이평선 기준으로 50% 가격 위치보다 75% 가격 위치를 exit하는 기준으로 설정하기도 한다. 이렇듯 수많은 실전사례를 통해 얻은 시스템 로직을 자신의 투자호흡으로 만들어 물 흐르듯 투자에 임하는 것이 투자의 자기다움을 만드는 것이라 생각된다.

HOT ISSUE

31

재무제표 읽는 방법

HOT ISSUE

31

대학 시절 배웠던 재무제표 읽는 법을 되새겨보고자 한다. 방송 준비시간은 너무 짧아서 실적의 핵심 포인트만 짚어서 전달하곤 한다. 컨센서스(시장 예상치)를 넘어섰는지 그 이하로 나왔는지, 영업이익이 흑자로 돌아섰는지, 역대 최대 매출을 기록했는지 등 투자자들은 실적 발표의 주요 포인트만 듣고 이에 반응한다. 실적 발표 이후 기업에 대한 분석을 직접 해보거나, 혹은 분석 리포트를 하나하나 이해하려 시도하다 보면 어떤 기업 성장률이 좋은지 저평가 위치에 있는지 등을 파악할 수 있다. 회사가 돈을 제대로 벌고 있는지, 아니면 잃고 있는지 파악 정도는 스스로 할 줄 알아야 한다.

재무제표는 크게 손익 계산서와 재무상태표로 나뉜다. 매출과 비용, 자산과 부채가 주요 포인트다. 손익 계산서는 얼마를 쓰고 얼마를 버는지, 즉 매출과 비용을 확인할 수 있으며, 재무상태표에서는 가진 돈과 빚이 얼마나 되는지, 자산과 부채를 확인할 수 있다. 기업의 가계부라 불리는 손익 계산서를 보면 매출액, 영업이익, 경상이익, 당기순이익이라는 용어가 등장한다. 매출과 영업이익이 실적 발표에서 가장 먼저 속보로 나가게 되는 지표다. 실제 판매한 금액을 모두 합친 금액이 매출이다. 판매량과 가격을 곱한 금액이다. 비용을 포함하지 않았기 때문에 매출만으로는 해당 기업의 실적을 파악하기 어렵다. 재료비와 인건비 등 매출 원가를 뺀 금액을 매출 총이익이라고 부른다. 더 나아가 홍보 비용, 광고 비용 등의 지출을 판관비(판매비, 관리비)라고 부른다. 매출 총이익에서 기업의 판매와 관리, 유지 비용인 판관비를 뺀 비용이 영업이익이다.

한편, 기업의 본업 이외에도 수익과 손실이 나곤 한다. 투자로 인한 손실, 화재로 인한 손해 등이 포함된다. 영업이익에서 비영업 손익/손실을 정산한 금액이 세전 수익이다. 세전 이익에서 법인세 비용, 즉 세금을 뺀 액수가 당기 순이익(순수 이익)이 된다. 당기순이익을 주식 수로 나누게 되면 EPS Earnings per share 주당 순이익을 알 수 있다.

일반적인 경우 영업이익과 당기순이익 액수는 큰 차이를 보이지 않는다. 하지만 큰 차이가 날 경우 비정상적인 변수가 있음을 의미하기도 한다. 모두 같은 이익을 뜻하지만, 당기순이익은 영업활동 이외의 일시적, 비정상적인 활동도 포함하기 때문이다. 영업외이익은 주기적으로 발생하는 이익이 아니기 때문에 주가에 큰 영향을 주지는 않는다. 기업의 핵심 역량을 보여주는 지표는 영업이익이다. 영업이익을 매출액으로 나눈 지표는 영업이익률이며, 이 숫자는 매출을 기반으로 얼마만큼의 이익을 지속적으로 내고 있는지를 보여주는 지표다.

순이익이 커지면 재무상태표에서 자기자본금이 증가하게 된다. 재무상태표는 기업의 자산을 보여주는 자료로 이해하면 된다. 한편, 대차대조표에서는 자산=부채+자본이라는 개념이 중요하다. 회사의 보유 자산은 소유한 자본에 부채를 더한 개념이다. 자산은 유동 자산과 비유동 자산으로 나뉜다. 현금과 매출 채권, 재고 등이 유동 자산이며, 비유동 자산은 쉽게 현금화하지 못하는 것들, 즉 토지와 건물, 라이선스 등 유형 자산과 무형 자산 등이 포함된다. 부채는 빚, 빌려서 조달한 재원이라는 뜻이다. 그리고 자본은 사업의 기본이 되는 돈을 의미한다. 기업 고유의 재산을 자본이라 한다.

실적을 가장 빠르게 확인할 수 있는 방법은 전자공시시스템을 통한 조회다. DART Data Analysis, Retrieval and Transfer system는 상장법인의 공시 서류를 인터넷으로 제출 및 조회할 수 있는 종합 공시 시스템이다. 전자공시보다 자세한 내용을 확인하려면 각 기업의 IR Investor Relations을 확인하거나 컨퍼런스콜 내용을 확인하면 된다.

재무제표나 방송화면 하단 자막을 보면 연결 기준, 별도 기준, 개별 등 여러 용어가 우리를 헷갈리게 한다. 실제 공시를 확인해서 자막을 넣다 보면 어떤 언론사는 연결 기준 실적을 반영하고 어떤 곳은 별도 기준을 쓰는 등 상이하다. 연결 재무제표는 해당 기업의 재무제표뿐 아니라 종속기업의 내용을 모두 포함한다. 지배기업과 종속기업의 자산과 손익, 현금흐름을 모두 합쳐서 작성되는 방식이다. 별도 재무제표는 종속기업을 제외하고 지배기업만의 재무제표를 작성한 것이다. 삼성전자 등 대형주는 계열사를 여럿 갖고 있다. 삼성전자만의 재무제표가 별도 재무제표, 계열사를 포함한 재무제표가 연결 재무제표가 된다. 한편, 종속기업이 없는 기업의 경우 개별 재무제표를 작성하게 된다.

2021년 초 삼성생명은 수천억 원의 배당 계획을 밝혔다. 2020년 코로나19로 악화된 영업환경에서도 선방한 실적을 발표했지만 배당 규모를 줄였다는 점에서 예상 밖이라는 반응도 나왔다. 또, 연결기준으로 배당 성향과 규모를 결정한다는 내용을 함께 전했다. 일각에서는 연결기준 재무제표를 사용하면 자회사의 실적에 따라 재무구조가 더 잘 나오는 경우가 있으며, 때로는 자회사 실적 덕분에 실적이 좋은 회사로 왜곡되어 보이는 경우도 발생한다.

삼성생명은 故 이건희 전 회장의 지분이 20%에 달하는 회사다. 상속세 재원으로 삼성생명 배당금이 쓰일 가능성도 높기 때문에 고배당 논란 등을 피하고자 배당성향을 연결기준으로 산출하지 않았냐는 분석도 나왔다. 계열사를 활용해 배당 여력을 늘리는 방식을 연결기준 산출 방식으로 쓰고 있으며, 시장에서는 주주친화적인 배당금 정책이라는 평가도 나오고 있다.

무극선생의 TIP

재무제표의 분석은 투자의 기본 중 기본이다. 기본을 무시하면 기초가 부실해지고 그것에 기반한 투자판단에 오류가 발생할 가능성이 많아진다. 개인적으로 초보 투자자들은 주식투자를 처음 할 경우 기업 공부부터 하기를 바란다. HTS상 기술적 분석보다 기업을 먼저 분석하는 훈련부터 하자. 내가 매수하고자 하는 대상 기업의 사이트를 반드시 들어가 보고, 거기에 나오는 내용을 하나 하나 읽고 생각하고 정리하는 과정을 거치면서 투자할 만한 기업인지 체크해보는 것이다. 그 체크해보는 기준이 재무제표 분석이다.

재무제표는 기업의 경영에 따른 재무상태를 파악하기 위해 회계원칙에 따라 간단하게 표시한 재무 보고서를 뜻한다. 재무제표는 기업 내 재무 상태를 정확하게 보고하여 기업의 재무 현황을 보고하기 위해 작성된다. 재무제표의 종류에는 재무상태표와 손익계산서, 자본변동표, 현금흐름표로 구분되며 필요한 재무 정보에 따라 사용되는 문서가 다르다고 볼 수 있다.

재무상태표의 경우 일정 회계 시점부터 자산, 자본, 부채에 따른 재무상태를 나타내고 확인하는 문서이며, 손익계산서는 일정 회계 기간 동안 발생한 수익과 비용을 대조하기 위해 작성하는 문서를 말한다.

현금흐름표란 일정 기간 기업이 경영활동에 따라 발생하는 현금의 흐름을 파악하기 위해 나타내는 표를 뜻한다. 자본변동표란 자본의 규모와 변동 상황을 제공하는 재무제표로 보통 주식 투자를 위해 주주들에게 제공되는 재무제표 서식이다. 재무제표는 기업의 경영상태를 나타내주는 것으로 반드시 작성되어야 하며, 감사를 통해 기업의 재무 상태를 분석하고 보고하는 경우도 있다.

전문회계사 수준까지 가면 좋겠지만 실전투자자는 기본적인 재무제표를 읽을 수 있는 지식과 훈련을 해두면 좋고 리서치센터에서 발간되는 기업보고서를 읽고 이해하는 수준까지는 기본적으로 공부해두어야 좋다. 매매하고자 하는 대상 기업의 속성과 매출액과 영업이익의 추세적 흐름을 추적하고 방향성을 체크하는 것이 실전에서 필요하다.

매출액 추이가 계속 우상향의 방향성이 전개되는지, 아니면 어느 시점부터 우하향으로 전환되는지 변곡구간을 체크해보자. 그 시점 주가의 방향성과 연동해 분석하는 것이 필요하고 영업이익이 흑자를 지속적으로 내는지, 우상향 증가추세가 유지되는지, 아니면 적자로 전환되었는지 동태적으로 추적하는 것이 필요하다. 여기서 간단한 시스템 로직을 만들어 개인적으로 p-max, p-min파동이라고 이름 지었다. 아래 사례 설명을 통해 투자 대상종목을 이런 방법으로 만들어 방향성이 우하향에서 우상향으로 전환되는 구간에, 주가가 싸게 떨어져 있는 시점에서 매수 타이밍을 잡아보길 바란다.

실전 사례로 2020년 기아차가 급락하는 과정에서 코로나19 때문에 매출액 감소와 영업이익의 하락 추세를 보였다. 주가의 바닥수준을 찾는 과정에서 한 번에 매수하지 말고, 2~3번 분할 매수해 가면서 매출액 하락이 멈추고 상승전환할 가능성, 영업이익의 변화도 마이너스에서 플러스로 전환되는 국면을 찾아보자. 분기별 주가의 고점을 이은 선을 p-max, 파동 분기별 주가의 저점을 이은 선을 p-min 파동으로 표시한

기아차 P-max P-min 파동

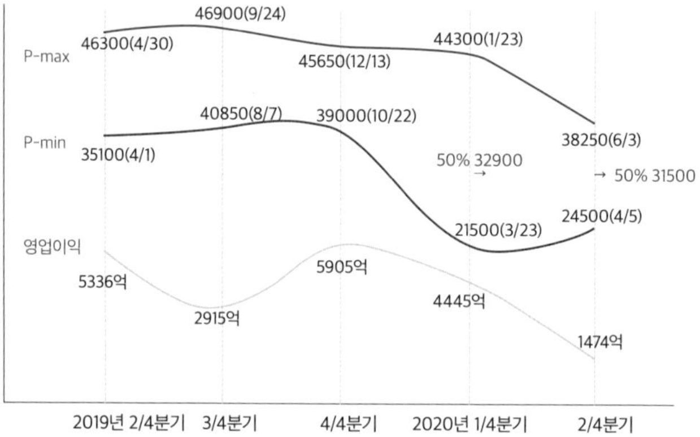

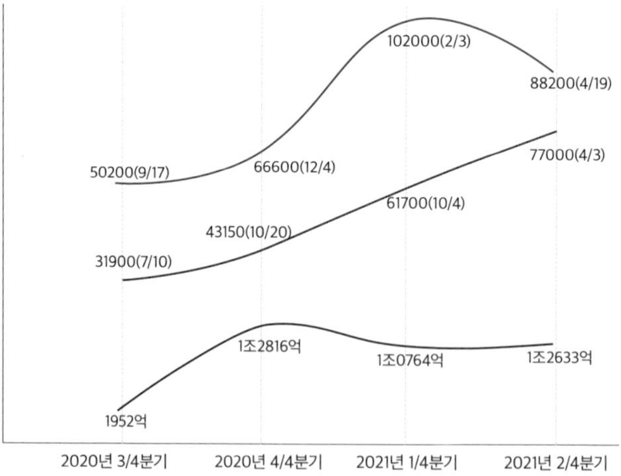

다. p-max 파동과 p-min 파동의 중심가격을 추적하고 중심가격이 낮아졌다가 높아지는 시점과 p-min 파동이 우하향에서 우상향으로 전환되는 시점을 매수 타이밍으로 설정한다. 2020년 7월, 8월에서 그러한 징후가 포착되어 기아차 32,000~35,000원 매수전략이 가동되었다.

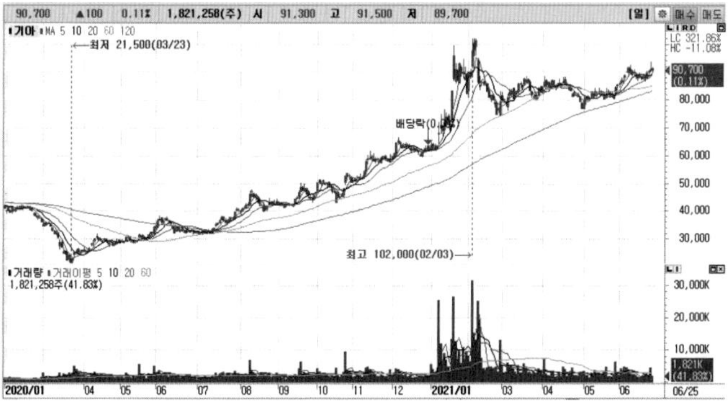

p-max, p-min 파동 방향의 변화를 기준으로 저점에서 매수해서 고점에서 매도하는 훈련을 해보기 바라며, 그 과정에서 대상기업의 재무제표와 연관된 데이터를 조사하고 분석하는 훈련을 병행해보기 바란다.

HOT ISSUE

32

파생상품

선물과 옵션, 그리고 ETF

HOT ISSUE 32

현물 시장에서 주식만 투자하는 투자자들도 파생상품에 대한 이해는 필수적이다. 파생상품 시장도 이제는 현물시장 못지않게 성장했기 때문에 그 영향력을 이해할 수 있어야 한다. 파생상품과 일반 주식 상품과의 가장 큰 차이점은 만기일의 유무다.

선물 상품에는 주가지수선물, 개별주식선물이 있다. 미리 정해져 있는 만기일에 코스피200이 오르고 내릴지에 베팅하는 선물 거래가 주가지수선물이다. 레버리지(돈을 빌려 수익을 극대화하는 것)라는 부채를 사용하여 선물 계약을 할 수 있다는 점에서 high risk, high return이라는 특징을 지닌다. 개별주식선물은 대표 우량주를 기준으로 그 주식이 미래 어느 날에 상승할지 하락할지에 베팅하는 거래다.

옵션 상품에도 주가지수옵션, 개별주식옵션이 있다. 코스피200이 만기에 오를 것으로 생각하면 콜옵션, 하락할 것이라 생각하면 풋옵션을 매수한다. 만기일에 미리 정한 가격으로 사고팔 수 있는 권리를 사는 방법이 옵션 거래다. 선물과 옵션 거래의 가장 큰 차이점은 권리 부여의 유무다. 선물은 미래 만기일에 미리 정한 가격으로 사야 할 의무가 있는 것이고, 옵션은 미래 만기일에 미리 정한 계약을 원치 않으면 꼭 매입, 매도할 의무가 없는 것이다. 즉, 옵션에 들어가는 권리라는 특징은 행사해도 되고 포기해도 된다는 특징이 있다.

은행 창구에 가면 어디선가 들어본 듯하지만 익숙하지 않은 상품 투자를 권유 받곤 한다. 창구 직원은 언제나 수수료를 받는 직원일 뿐, 당신의 수익률을 보장해주지 않는다는 사실을 잊지 말자. 굉장히 다양하고 많은 파생상품이 우리를 유혹한다. ELW, ELS, ETN, ELF, ETF 등 E로 시작하는 비슷한 영문 약자를 가진 상품들이 복잡한 이름으로 우리에게 소개된다. ETF를 제외하고는 다소 위험한 상품으로 생각하면 쉽다.

파생상품 중 가장 많이 접하는 상품은 ETF일 것이다. 2002년에 출범한 Exchange Traded Fund, 상장지수펀드라고도 불린다. 개인도 주식 시장의 여러 종목과 지수를 바스켓으로 묶어 사고팔 수 있는 방법이다. 펀드와 주식의 장점을 합친 상품으로, 분산투자를 하는 동시에 주식처럼 실시간 매매를 할 수 있다는 점에서 돋보인다. 주가지수의 구성종목으로 펀드는 구성되며, 그 펀드의 수익률은 해당 지수를 따라간다는 특징이 있다.

어떤 종목에 투자해야 할지 모르겠다고 고민하는 투자자라면 ETF가 그 대안이 될 수 있다. 선물이나 옵션처럼 만기가 없기 때문에 방향성만 잘 예측하면 장기 투자에도 적합한 방법이다. 코스피200이 여러 ETF의 기초지수로 가장 많이 쓰인다. ETF 운용사에 따라 ETF 브랜드명도 다양하다. 주식 시장을 보면 KODEX, TIGER, KOSEF 등의 이름이 들어간 상품을 한두 번쯤은 들어봤을 것이다. ETF는 주식시장 자체를 추적 지수로 두는 시장추종형 ETF, 업종지수를 따르는 섹터형 ETF, 테마형 ETF, 파생상품형 ETF, 해외지수 ETF 등이 있다. 이름만으로는 어떤 기초자산을 기반으로 하는지 찾기 어렵기 때문에 ETF 운용사 홈페이지를 통해 구성종목을 자세히 확인해야 한다. 또한, ETF 상품은 주식에 비해 거래량이 많지 않아 마음대로 팔 수 없다는 단점이 있기 때문에 유동성, 즉 평균 거래량을 미리 확인하는 절차가 필요하다.

1~2년 전부터 각광받고 있는 ELW는 옵션과 비슷하다. 주식, 지수 등의 자산을 미리 정한 시점과 행사 가격에 매매할 수 있는 권리를 사고 판다는 점에서 비슷하다. 현물시장에서 거래되는 ELW는 주식처럼 투자할 수 있도록 만든 상품이다. 주식워런트증권, ELWEquity Linked Warrant는 주식, 주가지수를 기초자산으로 하여 미래의 정해진 가격에 사고 팔 수 있는 권리를 나타내는 증권을 의미한다. 즉, 옵션과 마찬가지로 ELW도 권리이기 때문에 살 때는 콜 워런트, 팔 때는 풋 워런트라 부른다. 주당 발행가격이 1,000원 전후로 결정되기 때문에 소액투자자들도 상장 ELW를

쉽게 투자할 수 있다. 옵션에 비해 만기도 긴 편이며 소액으로도 투자가 가능하기 때문에 옵션보다 개인 투자자에게 적합한 상품으로 알려져 있다.

ELW의 중요한 특징 중 하나는 유동성공급자LP, Liquidity provider가 있다는 점이다. ELW는 증권사가 발행하지만, LP가 매수, 매도 호가를 제공해 거래가 원활하게 이뤄지도록 만든다. 옵션의 경우 시장 수급에 의존하지만 ELW는 LP가 의무적으로 호가를 제시함으로써 유동성을 공급한다. 하지만 파생상품은 언제까지나 high risk, high return으로 이뤄지기 때문에 개인투자자에게 적합한 상품일지라도 과도한 레버리지 이용이나 비중 확대는 유의할 필요가 있다.

은행에서 예적금 통장 다음으로 가장 많이 추천하는 상품은 ELS다. ELW보다는 위험성이 낮지만 ETF보다는 리스크가 높은 상품이 ELS다. 한때 국민 재테크로도 불렸던 Equity-Linked Securities, 주가연계증권은 중위험, 중수익으로도 꼽히지만 주식, 채권보다는 손익구조가 복잡하며, 원금 보장 상품도 존재하지만 만기 전까지 현금화하기는 쉽지 않다는 특징을 지닌다. ELS는 주가와 연계된 지수형 증권 상품이다. 원금보장 여부를 선택하고 조기상환도 가능하다는 점에서 리스크를 분산시킬 수 있으며, 도마뱀이 꼬리를 끊고 도망치는 모습의 '리자드형' 구조도 각광받고 있다. 변동성을 줄이고 수익을 챙길 수 있는 전략의 ELS도 존재하지만, 수익률, 조기 상환, 기초자산 등 다양한 조건을 반드시 확인하고 투자를 결정해야 리스크를 줄일 수 있다.

코덱스레버리지, 코덱스인버스 같이 특정 지수의 수익률을 얻어낼 수 있도록 만들어진 지수연동형 펀드, ETF가 기대 수익률은 재미없을지라도 더욱 안전한 투자처다. 상품이 구체적으로 어떻게 구성되어 있고 운영되는지 알기 어려운 상품에 대한 투자는 위험한 선택이다. 수익을 얻을 수 있는 확률보다 리스크가 훨씬 더 높다. 하지만 현물시장과 파생시장 흐름을 함께 살펴봐야 주가 전반의 방향성을 파악하고 예측할 수 있기 때문에 다양한 파생상품에 대한 이해는 필수다.

무극선생의 TIP

개인적으로 투자에서 가장 강조하는 것은 파생시장을 반드시 이해해야 한다는 것이다. 매매하지 않더라도 시가상위 종목의 흐름과 바스켓 매수 매도 에너지의 흐름, 매매주체별 동향에 의한 시가상위 종목의 방향과 변동을 감지해 낼 수 있다.

여기서 제일 먼저 상품의 속성을 이해해야 하는 것은 코덱스200이다. 코덱스200을 기준으로 2배 상승 시 움직이는 상품이 코덱스200 레버리지, 2배 하락 시 코덱스 인버스*2이다. 2021년 5월 28일 현재 코덱스 레버리지와 인버스곱의 그래프와 포트 구성이다.

코덱스 레버리지는 최근월 선물 98% 구성과 나머지는 삼성전자 19.5%, 코덱스200 18.5%, 코덱스200tr 14.7%, SK하이닉스 3.6% 등으로

NO	종목명	종목코드	수량	비중 (%)	평가금액 (원)	현재가 (원)
1	설정현금액	CASH00000001	5,481,626,218	-	5,481,626,218	
2	원화예금	KRD010010001	-100,726,601	-	-100,726,601	
3	F202106	KR4101R60000	50.93	98.16	5,380,754,500	
4	삼성전자	005930	13,427	19.50	1,068,789,200	80,100
5	KODEX 200	069500	24,026	18.56	1,017,140,710	42,595
6	KODEX 200TR	278530	58,148	14.70	805,640,540	13,930
7	SK하이닉스	000660	1,596	3.65	200,298,000	125,000
8	KOSEF200	069660	4,422	3.41	187,116,930	42,605
9	NAVER	035420	360	2.35	128,880,000	358,000
10	카카오	035720	897	2.05	112,125,000	122,000
11	LG화학	051910	131	1.92	105,193,000	832,000
12	삼성SDI	006400	146	1.69	92,856,000	640,000
13	현대차	005380	401	1.61	88,420,500	232,000
14	셀트리온	068270	301	1.48	80,969,000	273,500
15	POSCO	005490	195	1.28	70,200,000	357,000

구성되어 있다. 이것과 코스피200 종목과 비교해가며 동태적 흐름을 추적하고, 코스피200 종목 중 시가상위 20종목을 매일 기록하며 가격의 변화를 기억해보자.

순		종목명	현재가	전일대비	등락률(	거래량	주식수(천주	시가총액	비중
1	신	삼성전자	80,100	▲ 500	0.63%	12,360,199	5,969,783	478,179,582	24.9
2	신	SK하이닉스	125,000	▼ 500	0.40%	2,332,971	728,002	91,000,296	4.75
3	신	NAVER	358,000		0.00%	439,112	164,263	58,806,295	3.07
4	신	LG화학	832,000	▲ 29,000	3.61%	409,642	70,592	58,732,829	3.07
5	신	삼성바이오로	827,000	▲ 10,000	1.22%	118,554	66,165	54,718,455	2.86
6	신	카카오	122,000	▼ 3,000	2.40%	3,685,820	443,857	54,150,575	2.83
7	신	현대차	232,000	▲ 11,500	5.22%	2,394,356	213,668	49,571,019	2.59
8	신	삼성SDI	640,000	▲ 4,000	0.63%	177,042	68,765	44,009,299	2.30
9	신	셀트리온	273,500	▲ 4,500	1.67%	596,212	137,917	37,720,172	1.97
10	신	기아	84,700	▲ 3,900	4.83%	6,187,345	405,363	34,334,275	1.79
11	신	POSCO	357,000	▼ 3,000	0.83%	596,742	87,187	31,125,700	1.62
12	신	현대모비스	278,500	▲ 7,000	2.58%	558,619	94,793	26,399,877	1.38
13	신	삼성물산	138,000	▲ 500	0.36%	263,125	186,887	25,790,417	1.35
14	신	SK이노베이션	274,000	▼ 3,000	1.08%	689,307	92,466	25,335,565	1.32
15	신	LG전자	151,500	▲ 2,000	1.34%	612,753	163,648	24,792,644	1.29
16	신	LG생활건강	1,530,000	▲ 12,000	0.79%	21,571	15,618	23,895,841	1.25
17	신	KB금융	57,000	▲ 1,600	2.89%	1,559,587	415,808	23,701,051	1.24
18	신	SK텔레콤	317,000	▼ 3,000	0.94%	257,964	72,060	22,843,065	1.19
19	신	신한지주	42,250	▲ 750	1.81%	1,400,797	516,600	21,826,331	1.14
20	신	엔씨소프트	852,000	▲ 1,000	0.12%	69,042	21,954	18,704,827	0.98

코스피 200개 종목을 다 체크할 수 없기 때문에 대표 20개 종목으로 구성종목의 변화와 전체 200개 중 차지하는 비중, 가격위치를 체크해가며 매일 변동성을 기억해 놓는 훈련을 해보자.

위 데이터는 2021년 5월 28일 종가인데 삼성전자가 코스피200 종목에서 24.9%를 차지하고 SK하이닉스는 4.75%을 차지한다. 여기서 롱-숏펀드의 알고리즘 매매에서 시가상위 20개 종목의 변동성의 흐름을 파악하는 것이다. 개인적으로 매일 매일 데이터를 3시간 단위로 복사해 놓고 시장을 복기하면서 비교하는 훈련을 한다. 일간 빅데이터도 주말에 지난 5일 동안의 변화를 비교해보는 훈련을 통해 어느 시가상위 종목의 고가와 저가의 변동폭이 어느 정도이고 흐름은 어떻게 전개되는지 추적하며 실전에 대응해본다.

5일 단위로 코스피200 종목의 변화를 추적하면서 평균적으로 한달 정도 지난 다음에 코스피200 종목의 수치변화를 분석해보는 것이다.

2021년 6월 25일 데이터와 비교해보자.

No	종목	현재가	대비	등락률(%)	거래량	매도호가	매수호가	시가총액(억)	비중(%)
1	삼성전자	81,600	▲ 400	0.49	13,481,405	81,600	81,500	4,871,342	21.06
2	SK하이닉스	128,500	▲ 2,500	1.98	2,531,018	128,500	128,000	935,483	4.04
3	카카오	154,500	▼ 2,500	-1.59	12,271,446	155,000	154,500	685,871	2.96
4	NAVER	410,000	▼ 9,500	-2.26	1,382,051	410,000	409,500	673,479	2.91
5	삼성전자우	74,800	▲ 500	0.67	1,658,293	74,900	74,800	615,519	2.66
6	LG화학	838,000	▲ 7,000	0.84	199,611	839,000	838,000	591,563	2.55
7	삼성바이오로	849,000	▼ 6,000	-0.70	60,580	850,000	849,000	561,740	2.42
8	현대차	243,000	▲ 500	0.21	537,893	243,000	242,500	519,213	2.24
9	삼성SDI	688,000	▼ 2,000	-0.29	247,888	688,000	687,000	473,099	2.04
10	기아	90,700	▲ 100	0.11	1,821,258	90,700	90,600	367,664	1.59
11	셀트리온	265,500	▼ 13,000	-4.67	1,113,863	266,000	265,500	366,168	1.58
12	POSCO	352,000	▲ 2,000	0.57	580,216	352,500	352,000	306,897	1.32
13	현대모비스	292,500	▲ 2,000	0.69	287,066	292,500	292,000	277,269	1.19
14	LG생활건강	1,763,000	▲ 8,000	0.46	24,354	1,763,000	1,756,000	275,348	1.19
15	SK이노베이션	290,000	▼ 3,500	-1.19	729,986	290,000	289,500	268,150	1.15
16	LG전자	163,500	▼ 500	-0.30	1,132,098	164,000	163,500	267,564	1.15
17	삼성물산	136,500	▲ 1,500	1.11	280,954	136,500	136,000	255,100	1.10
18	KB금융	57,300	▲ 1,200	2.14	983,536	57,300	57,200	238,257	1.03
19	SK텔레콤	326,500	▼ 500	-0.15	151,383	327,000	326,500	235,276	1.01
20	신한지주	41,650	▲ 900	2.21	1,468,806	41,650	41,600	215,163	0.93

특징적인 것은 삼성전자 주가는 5월 28일 80,100원과 6월 25일 81,600원으로 상승했지만 비중이 24.9%에서 21.06%로 감소한 것을 알 수 있다. 제일 특징적인 것이 카카오와 네이버의 부상이다. 시가 상위 종목 3~4위로 부상하면서 LG화학이 가격은 변함없으나 순위가 6위로 밀린 것을 확인할 수 있다. 이런 흐름의 변화를 체크하면서 알고리즘 롱숏 전략에서 어느 종목이 숏바스켓 흐름으로 어느 종목이 롱바스켓 흐름으로 전개되었는지 체크해보는 것이다. 그리고 코덱스인버스곱을 보면 투자자들이 착각하기 쉬운 부분은 시가상위 개별종목이 코덱스200 레버리지 ETF와 같다는 점이다.

코덱스인버스곱은 최근 월물 선물이 189% 구성되어 있고 10%가 코덱스인버스로 구성 되어있는 상품이다. 즉, 선물 변동성의 흐름을 체크하는 것이 코덱스인버스곱 투자의 기준이 되는 것이다. 이것은 현물=코스피200과 선물의 오차를 추적하며 베이시스의 변화와 미결제약정의 변화를 추적해야 실전대응할 수 있다는 의미다.

순			종목명	현재가	전일대비	등락률(	거래량	주식수(천주	시가총액	비중
1		신	삼성전자	80,100	▲ 500	0.63%	12,360,199	5,969,783	478,179,582	24.9
2		신	SK하이닉스	125,000	▼ 500	0.40%	2,332,971	728,002	91,000,296	4.75
3		신	NAVER	358,000		0.00%	439,112	164,263	58,806,295	3.07
4		신	LG화학	832,000	▲ 29,000	3.61%	409,642	70,592	58,732,829	3.07
5		신	삼성바이오로	827,000	▲ 10,000	1.22%	118,554	66,165	54,718,455	2.86
6		신	카카오	122,000	▼ 3,000	2.40%	3,685,820	443,857	54,150,575	2.83
7		신	현대차	232,000	▲ 11,500	5.22%	2,394,356	213,668	49,571,019	2.59
8		신	삼성SDI	640,000	▲ 4,000	0.63%	177,042	68,765	44,009,299	2.30
9		신	셀트리온	273,500	▲ 4,500	1.67%	596,212	137,917	37,720,172	1.97
10		신	기아	84,700	▲ 3,900	4.83%	6,187,345	405,363	34,334,275	1.79
11		신	POSCO	357,000	▼ 3,000	0.83%	596,742	87,187	31,125,700	1.62
12		신	현대모비스	278,500	▲ 7,000	2.58%	558,619	94,793	26,399,877	1.38
13		신	삼성물산	138,000	▲ 500	0.36%	263,125	186,887	25,790,417	1.35
14		신	SK이노베이션	274,000	▼ 3,000	1.08%	689,307	92,466	25,335,565	1.32
15		신	LG전자	151,500	▲ 2,000	1.34%	612,753	163,648	24,792,644	1.29
16		신	LG생활건강	1,530,000	▲ 12,000	0.79%	21,571	15,618	23,895,841	1.25
17		신	KB금융	57,000	▲ 1,600	2.89%	1,559,587	415,808	23,701,051	1.24
18		신	SK텔레콤	317,000	▼ 3,000	0.94%	257,964	72,060	22,843,065	1.19
19		신	신한지주	42,250	▲ 750	1.81%	1,400,797	516,600	21,826,331	1.14
20		신	엔씨소프트	852,000	▲ 1,000	0.12%	69,042	21,954	18,704,827	0.98

기준일자 2021-05-28 조회 보유종목 전체 다운로드

NO	종목명	종목코드	수량	비중(%)	평가금액(원)	현재가(원)
1	설정현금액	CASH00000001	200,840,808	-	200,840,808	
2	원화예금	KRD010010001	179,860,068	-	179,860,068	
3	KODEX 인버스	114800	5,478	10.45	20,980,740	3,800
4	F 202106	KR4101R60000	-3.6	-189.37	-380,340,000	

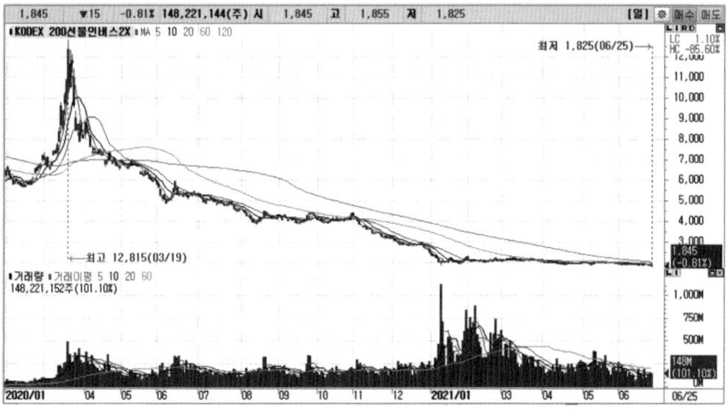

현재 투자자들 중 코덱스인버스곱으로 인해 큰 손해를 보고 있는 분들이 많다. 2021년은 2,200~2,300원 상단 1,800~1,900원 하단의 박스 속에서 내 자산이 녹아나고 있는 현상이 전개되고 있다. 크게 물린 투자자들은 물타서 빠져나오려는 전략을 수립하는데 코덱스인버스곱 상품은 최근 월물 선물의 방향성과 변동성을 먼저 추적해야 한다. 시가상위 20개 종목의 흐름과 비교해가며, 물타기 전략보다 보유물량 상단 하단의 변동성을 이용해 물량을 늘리는 작업을 하는 방법으로 빠져나오는 것을 권해드린다.

언제 폭락장이 오는가? 인버스곱으로 타이밍을 찾는데 3,000원대 이상 매수해 물려 계신 분들은 그 시기가 언제인지, 시간에 녹아날 수 있다는 점을 숙지해야 한다. 물타지 말고 물량 늘리기 전략으로 매수 단가는 잊어버리고 보유한 물량이 1000주라면 시간과 변동성을 이용해서 1,000주를 1,500~2,000주로 만드는 노력을 먼저 해보길 바란다. 개인적으로 크게 물린 투자자에게 사용하는 방법을 물량 늘리기 전략이라고 하는데, 자세한 내용은 지면상 여기서는 생략한다.

HOT ISSUE 33

파생상품 이해하기

만기일

HOT ISSUE 33

매일 반복적으로 주식 시장을 보게 되면 종목 자체의 이슈도 중요하지만 시장 전체라는 큰 그림의 중요성을 깨닫게 된다. 나무도 중요하지만 숲도 봐야 한다는 것이다. 개별 종목 하나하나가 좋은 호재가 있다 할지라도, 시장 전반에 영향을 줄 수 있는 악재가 하나 떨어지면 개별주도 탄력받기 어렵다. 코로나19 같은 글로벌 팬데믹 상황, 게임스톱발 헤지펀드 위기 사태, 불확실성이 포함된 선거, 각종 규제에 대한 우려 등이 해당된다. 만기일도 그중 하나다. 만기일이라 하면 방송국에서는 오늘은 만기일인 만큼 수급 상황도 마감까지 잘 확인해야 하며 변동성 여부도 체크가 필요하다고 언급한다.

만기일에는 수급 동향을 잘 확인해야 한다. 꾸준히 장중 매수가 들어오다가도 마감 전 동시호가를 기점으로 순매도가 거세게 나오며 지수가 큰 변화를 보이는 경우도 있기 때문이다. 국내 선물 만기일은 3월, 6월, 9월, 12월 두 번째 목요일이고 옵션 만기일은 매월 두 번째 목요일이다. 선물과 옵션 만기일이 동시에 겹치는 날짜, 주가지수 선물과 옵션, 개별주식 선물과 옵션 4가지 파생상품의 만기일이 겹치는 날을 네 마녀의 날Quadruple witching day이라 부른다. 주식 시장이 마녀의 심술처럼 예측하기 어려운 비정상적인 모습을 보여서 그런 이름이 붙었다. 미국 증시는 3월, 6월, 9월, 12월 세 번째 금요일이 선물 만기일이고 매월 세 번째 금요일이 옵션 만기일이다.

선물 시장이 없던 시절 투자 환경과 전략은 훨씬 단순했다. 저평가된 종목을 발굴해 매수하고 매도하는 이익실현 방법이 전부였다. 하지만 파생상품 시장이 등장하면서 기초자산 시장과의 비교가 가능해졌다. 파생상품은 주식을 기본 자산으로 하여 2차적으로 만들어진(파생된) 상품을 의미한다. 환율, 금리 등 변동에 따른 손실위험을 줄이기 위해 미래에 해당하는 일정 시점에 일정한 가격으로 주식, 채권 등을 거래하기로 약속한 금융상품이다. 가장 많이 거래되는 상품은 선물과 옵션이다.

'선물'은 나중에 어떤 물건을 정해진 가격으로 사고팔 것을 계약하는 파생상품을 의미한다. 즉, 만기일에 미리 정한 가격으로 사고파는 개념이다. '옵션'은 선물과 비슷하지만 조금 복잡한 개념이다. 어떤 물건을 미리 정해진 가격으로 살 권리를 사고 파는 것을 뜻한다. 선물은 계약이기 때문에 만기일에 이행을 꼭 해야 하지만, 옵션은 권리이기 때문에 포기가 가능하다. 미리 정한 가격으로 사는 권리를 콜옵션, 반대로 파는 권리를 풋옵션이라고 한다.

선물과 옵션 모두 특정 일자에 정해진 가격으로 사고 파는 것을 정하는 개념이다. '특정 일자'가 바로 만기일이라고 하는 날이다. 선물 상품은 크게 상품 선물과 금융 선물로 나뉜다. 농산물부터 원유, 비철금속 등에 투자하는 선물이 상품선물이고, 주가지수나 금리, 통화에 투자하는 선물을 금융선물이라 한다. 주가지수 선물 거래가 가장 활성화되어 있다. 코스피와 비슷하게 움직이는 새로운 지수 코스피200 지수가 여기서 등장한다. 코스피200 선물은 코스피200 현물을 복사한 것과 비슷한 개념이다. 선물옵션거래를 위해 만들어진 코스피200 지수는 200개의 종목으로 구성된 포트폴리오를 사고 파는 선물거래가 이뤄진다.

프로그램 매매는 알고리즘에 따라 컴퓨터가 자동으로 매수와 매도를 하는 것을 뜻한다. 거래할 종목을 매번 고르는 것이 아니라 알고리즘에 따라 수십 개의 종목을 바스켓으로 묶어 거래하는 것이 특징이다. 프로그램 매매는 차익거래와 비차익거래로 나뉜다. 선물 가격과 현물 가격의 차이가 날 경우 비싼 상품을 팔고 싼 상품을 매수하는 전략이 차익거래다. 선물 가격과 현물 가격의 차이는 베이시스basis라고 한다. 베이시스가 클수록 현선물 차이로 인한 프로그램 매매가 활발하게 이루어진다.

만약 국내 주식이 하락할 것이라는 판단 하에 기관이 선물을 매도하면 그 가격은 하락하게 된다. 현물 가격이 선물보다 비싼 '백워데이션'이 발생하고, 외국인은 선물 하락을 보고 프로그램 매매 차익 거래를 하게 된다. 즉, 베이시스가 커져 현물을 매도하고 선물을 매수하는 전략, '매도 차익거래'가 발생하며 지수는 하락하게 된다. 반대로, 국내 주식에 대한 긍정적인 전망으로 기관이 선물을 매수하면 선물 가격은 상승한다. 이 경우, 베이시스는 플러스 값을 가지며, 현물보다 선물이 더 비싼 '콘탱고' 현상이 나타난다. 콘탱고가 지속되면 지수는 상승하게 되는 것이다.

차익 거래는 선물이 현물보다 높아지면 프로그램 매수를 통해 선물을 매도해 현물을 매수하게 되며, 반대로 선물이 현물보다 낮아지면 프로그램 매도를 통해 현물을 팔아 선물을 매수하는 방식을 의미한다. 현물 매수가 늘어나면 주가는 상승하고, 프로그램 매도가 늘어나면 하락은 더욱 거세진다. 한편, 비차익 거래는 지수 흐름과 함께 움직일 수 있도록 대형 우량주 15~20개 종목으로 바스켓을 구성하여 자동으로 매매하는 방법이다.

만기일에는 프로그램의 차익 거래 때문에 예측이 어렵다고 한다. 기관 투자자들이 선물을 매도하고 현물을 매수하면서 프로그램 차익잔고는 쌓인다. 하지만 차익은 이미 이익이 발생한 특징을 갖기 때문에 그 현물을 매도할지 매수할지 여부는 알 수 없는 것이다. 지수의 방향성을 예측할 수 없어 선물옵션 동시만기일을 '위칭데이'라고 부른다.

선물, 옵션 등 파생상품의 역할은 뭘까? 현재 시장의 흐름을 판단할 때 선물 시장 지수와 수급을 확인하는 경우도 많다. 외국인이 선물 매수 포지션인지 매도 포지션인지를 확인해보면 시장의 방향성을 어느 정도 가늠할 수 있게 된다. 하지만 개인 투자자 입장에서는 파생상품을 투기 거래로 보는 시각도 존재한다. 현물 주식을 보유 중인 투자자가 현물 주식보다 싸게 지수 선물을 매도하면 보험처럼 투자 위험을 줄여줄 수 있다. 외국인과 기관은 그러한 위험을 분산하고자 '헤징Hedging'이라는 전략으로 파생상품에 투자하는 것이다. 파생상품은 주식시장의 유동성을 높이는 역할도 한다. 위험을 헤징하면 마음 편히 현물주식 거래를 할 수 있으며, 현물과 선물의 차익 거래가 활성화돼 주식 시장의 유동성은 늘어나는 효과가 발생한다.

한편, 우리나라 선물도 현물시장의 등락을 좌우하는 모습을 보이며 일명 'Wag the dog' 현상, 꼬리가 개의 몸통을 흔드는 현상이 발생하고 있다. 외국인과 기관에 비해 개인 투자자가 여럿 피해를 보게 되는 부작용이 발생할 수 있는 것이다. 1987년 미국 증시 '블랙 먼데이Black Monday' 사건에서는 선물이 주가 하락을 심화시키며 부작용을 일으켰다. 뚜렷한 악재가 없었음에도 다우지수가 개장과 함께 22% 급락을 보였고 전 세계 주식시장이 그 폭락에 영향을 받았던 사건이다. 포트폴리오 가치 하락을 막기 위해 선물에서 매도 포지션을 취했던 '포트폴리오 보험 전략'이 그 원인으로 꼽혔다. 보험을 든 것처럼 주식 가치의 하락을 선물시장에서 이익으로 상쇄시키는 전략이다. 결국 선물과 현물 시장이 서로의 영향을 받아 악순환 고리가 이어져 꼬리(선물)가 몸통(현물)을 흔드는 희대의 사건이었다.

차익거래로 주가가 크게 움직이는 상황은 만기일에 많이 발생한다. 하지만 최근 들어서는 평소 장중 거래에서도 비슷한 현상이 발생하곤 한다. 이럴 때에는 다급하게 주식을 사고 파는 행위보다 잠시 물러서서 지켜보는 전략도 괜찮아 보인다. 기업의 기초체력이 변함없고 주식 시장 내외의 상황이 안정적인 가운데 수급만 꼬이는 상황이 발생하는 것이라면 잠시 손을 떼고 시장을 지켜보는 것도 좋은 전략이다. 떨어졌다 해서 급히 매수했다가는 무슨 악재가 있었을지 모르는 상황이기 때문에 이 경우에는 저가 매수로 나서기 보다는 지켜봐야 한다. 보유 종목이 급락을 보였다 해도 수급이 개선되는 시점에서 기업 자체에 문제가 없다면 다시 회복되는 경우도 많이 있었다.

무극선생의 TIP

개인적으로 시장의 흐름과 방향성을 파생시장에서 읽는다. 파생을 알아야 시장의 흐름을 읽을 수 있고 시가 상위종목의 고점과 저점을 판단할 수 있다고 본다. 인간의 합리적 사고보다 알고리즘 패턴을 숙지하고 기계적 사고로 대응하는 영역으로 파생시장에서 선물매매와 옵션매매를 실전에서 실천해보자. 매주 목요일 만기일인 위클리 옵션의 변동성을 통해 시장의 에너지도 읽어보자.

미국 시장이 상승해도 파생시장에서 올려놓고 시세 죽이기 게임을 할 수 있고, 미국 시장이 하락해도 파생시장에서 급락시켜놓고 상승시키는 머니 게임을 할 수 있다고 생각해야 한다. 그리고 그 바스켓 매매에서 구성성분과 변동폭을 체크해가며 시장의 에너지를 판단하는 것이다.

이 책은 앵커의 시각으로 시장의 빅테이터를 읽어내는 방법을 제시하고 그 빅테이터로 사례를 공부한다는 차원으로 전개한 것이다. 그 빅테이터를 실전에서 사용하는 방법도 무극선생의 TIP 코너를 통해 실전 전략으로 풀어본 것이다. 파생전략은 다른 저서를 통해 집중하는 기회를 가져볼 생각이다. 개인적으로 실전은 멘탈이 중요하고 자신의 투자호흡을 만드는 것이 중요하다.

개인적으로 자주 사용하는 말로 마무리한다.

"주가는 싸게 사서 비싸게 파는 것이다."

"주가가 쌀 때에는 각종 부정적 시각 데이터가 난무하는 시점이다 등의 중력을 극복하는 멘탈과 자금배분이 제일 중요하다."

"비싸게 사서 더 비싸게 파는 다른 바보를 찾는 노력을 하지마라. 니가 바로 호구가 될 수 있다."

"급등한 종목 너무 좋아하지마라. 카지노 각도인 60도 각도에서 뒤진다."

"정배열종목에 크게 다친다(특히 100% 이상 급등한 종목, 정배열 상태 상황에서 나오는 투자정보에 흥분하지 마라. 보이지 않는 설계자들의 설계에 당하는 위치다.)"

"떨어지는 칼날을 잡아라(시가 상위종목 혹은 20~30대 그룹주 중 악재로 급락하는 상황에서 떨어지는 칼날을 잡아라. 2~3번에 분할해서 매수하다보면 큰 기회가 온다.)"

"세력주나 저가주는 떨어지는 칼날 초기에는 매수한다는 생각하지 말고 버려라. 휴지가 될 수 있다."

"모든 투자자가 한 방향과 한 종목을 바라본다면 그 방향과 종목은 절대 매매하지마라."

"이것이 있으면 저것이 있고 이것이 생기면 저것이 생기는 그 연결고리를 찾는 것이 중요하다."

"개인적으로 기술적분석과 가치분석은 절대법칙이 없다고 생각한다. 그것을 이용하는 투자자의 탐욕이 변동성을 만든다."

"가치분석보다 직관투자를 더 중요하게 생각한다. 그 직관을 얻기 위한 현장근무자의 노력과 근력으로 부단한 노력을 해야 직관이 생긴다. 그냥 생기는 것이 아니다."

"시장을 합리적 사고로만 보지 말자. 30~40%만 맞는 것 같다."

"나머지 세상은 불확실성과 불확정성이 지배하는데 그 세상에서 투자기준은 확률적 사고로 접근하고 기준을 세우려는 생각보다는 대응하는 것이다."

"물 흐르듯 대응하는 능력은 몸과 마음이 다르게 작동하면 안 된다."

"기계적 사고로 알고리즘 패턴을 만들어 시장에 순응하자."

"어떤 이슈가 시장을 때리면 그것에 의해 배열되는 종목의 흐름에 순응한다."

"모든 총체적 에너지(기업의 실적, 글로벌 변수의 흐름, 주가의 방향의 총합)의 방향성이 중요하다."

또한 파생상품에 대해서 더 집중적으로 공부할 분들은 여기 소개하는 동영상을 통해서 공부해 보시기 바란다.

부록: 참고할만한 무극선생의 유튜브 강좌

삼성그룹

이재용 영장청구, 삼성의 미래는?

https://youtu.be/d7jOz2mhbrM

이건희 회장 타계 후 삼성그룹의 변화 총정리

https://youtu.be/tTvCmLr95QM

이건희 유언장 시나리오와 삼성그룹투 투자전략 1편

https://youtu.be/sSEiokVX5xU

이건희 유언장 시나리오와 삼성그룹투 투자전략 2편

https://youtu.be/fY4ptokqTv0

이재용 부회장 공판일 영향은?

https://youtu.be/zBMDor7I7QE

이재용 불법승계2차 재판시작, 삼성그룹 2차 쓰나미 올까?

https://youtu.be/1hGCNjKXw5s

삼성생명 상속세, 삼성그룹주 투자전략 1편

https://youtu.be/wUbibZl1vd4

이건희 상속세 발표임박, 삼성그룹주 대응전략 2편

https://youtu.be/5c9TtAIyRak

상속세 낸 삼성그룹 대응전략과 5월 증시 전망 1편

https://youtu.be/MS63EM-5zPk

상속세 낸 삼성그룹 대응전략과 5월 증시 전망 2편

https://youtu.be/qO-uMuWU6ow

현대그룹

현대그룹, 현대무벡스 상장으로 위기탈출 시도하나 1편

https://youtu.be/w2jYLhCGZg0

현대그룹, 현대무벡스 상장으로 위기탈출 시도하나 2편

https://youtu.be/k9S3mKgltXU

전세계 수소차 no1 현대차 니콜라 반사이익 보나?

https://youtu.be/378gp0Qkcyo

정의선 현대차 회장, 현대차그룹 지배구조와 3세 경영 1편

https://youtu.be/5y-QpnfJwcc

정의선 현대차 회장, 현대차그룹 지배구조와 3세 경영 2편

https://youtu.be/Bwndsw4xyl0

현대자동차그룹의 미래와 현대차그룹 투자전략 1편

https://youtu.be/bw0GuJHxziU

현대자동차그룹의 미래와 현대차그룹 투자전략 2편

https://youtu.be/N-wVEvfji8U

[1편] 삽질 못하는 현대차사정 + 현대차그룹 투자전략

https://youtu.be/h6dEq--XzyY

[2편] 삽질 못하는 현대차사정 + 현대차그룹 투자전략

https://youtu.be/0i_kloZLYfs

롯데그룹

호텔롯데IPO 위기의 롯데그룹 돌파구 될까? 1편

https://youtu.be/88HRq5uTAW4

호텔롯데IPO 위기의 롯데그룹 돌파구 될까? 2편

https://youtu.be/-G4uwO5fwBA

돈맥경화 롯데그룹, 2021 위기탈출 시나리오

https://youtu.be/lUR1r65R1Kg

카카오그룹

카카오게임즈 수혜주와 카카오 계열사, 지분분석 1편

https://youtu.be/X-ML0QAaU8M

카카오게임즈 수혜주와 카카오 계열사, 지분분석 2편

https://youtu.be/QNUF_r50EIE

카카오뱅크 제2의 카카오게임즈 될까?

https://youtu.be/9JG66lNKWow

넷마블

넷마블, 빅히트엔터테인먼트 상장으로 2차랠리 갈까?

https://youtu.be/qxmYhfl2G50

넷마블 분석과 빅히트엔터테인먼트 상장 수혜주 분석

https://youtu.be/QliDKlcCKho

녹십자그룹

코로나 날개단 녹십자그룹, 지배구조재편 시나리오

https://youtu.be/huplg958bDE

케어랩스 굿닥, 녹십자 2차상승 열쇠될까? 1편

https://youtu.be/V5Fq2KIBT7g

케어랩스 굿닥, 녹십자 2차상승 열쇠될까? 2편

https://youtu.be/OYlvXHldWUU

SK그룹

SK바이오팜 상장 이슈로 본 SK(부부)의 세계 1편

https://youtu.be/GY5ON7JN2lw

SK바이오팜 상장 이슈로 본 SK(부부)의 세계 2편

https://youtu.be/kSphVZVDXDo

SK 바이오팜, 묻고 더블로 가(1편)

https://youtu.be/yRTRYfSExBg

SK 바이오팜, 묻고 더블로 가(2편)

https://youtu.be/-Uv8X9G0Slg

SK바이오팜 VS SK바이오사이언스

https://youtu.be/drr-wB4k4P0

아모레그룹

아모레 서민정-보광 홍정환 약혼, 아모레그룹 미래는? 1편

https://youtu.be/s6YTEOo33rY

아모레 서민정-보광 홍정환 약혼, 아모레그룹 미래는? 2편

https://youtu.be/F4d0etWJT_E

아모레 서민정-보광 홍정환 약혼, 아모레그룹 미래는? 3편

https://youtu.be/CilG0kd1NHk

차병원그룹

의료민영화 영리병원 최대수혜, 차바이오텍 1편

https://youtu.be/-QbR8a9egd8

의료민영화 영리병원 최대수혜, 차바이오텍 2편

https://youtu.be/mjDIp5xohvA

한화그룹

니콜라사태 후폭풍 맞은 수소차 관련주 & 한화솔루션 투자전략

https://youtu.be/HOqO-8P14kc

위기의 한화그룹, 한화시스템 가치 높일까?

https://youtu.be/HhfM-CMIEzI

한화그룹 니콜라 위기탈출, 한화종합화학IPO 추진할까?

https://youtu.be/choyWh402tg

DL그룹

DL로 새출발한 대림, DL이앤씨 지분 높일까?

https://youtu.be/hmDQYWBiK2s

여기서 실전투자 감각으로 남아 있는 거버넌스 그룹 대상종목으로 롯데그룹과 DL그룹주가를 체크하시기 바란다. 롯데지주, 롯데리츠, 롯데쇼핑과 DL이앤씨, 대림B&C의 흐름을 추적해보시기를 바란다.

선물옵션 강의

1강 1편 파생시장의 기본원리와 기능

https://youtu.be/IViljTv94XU

1강 2편 파생시장의 기본원리와 기능

https://youtu.be/ftGGjMEnMTI

2강 1편 선물옵션의 헷지기능과 실제 투자전략

https://youtu.be/XSnexGSFd8Y

2강 2편 선물옵션의 헷지기능과 실제 투자전략

https://youtu.be/lM6os92m6QM

3강 미결제약정과 선물옵션 시장

https://youtu.be/UN27jariLo0

4강 선물을 이용한 차익거래/비차익거래

https://youtu.be/45qZsNokkj0

5강 옵션과 옵션프리미엄

https://youtu.be/mtJcT_9cUoE

6강 옵션프리미엄의 변수, "블랙-숄즈모형"

https://youtu.be/qBpXYh5sGIl

7강 롤오버와 차익/비차익거래

https://youtu.be/neEMT6Mr7NQ

8강 롤오버를 활용한 투자전략

https://youtu.be/-NXw3bPJJ-Y

또한 실전투자에서는 다양한 이벤트에 시장은 어떻게 움직이고 전개되는지 공부해야 한다. 그것을 참고할 수 있는 동영상을 만들었다. 실전투자에 도움이 되시기 바란다.

각종 특집 방송

홍콩보안법 이후, 중국증시를 잡아라! 1편

https://youtu.be/P6yOELG-S7Q

홍콩보안법 이후, 중국증시를 잡아라! 2편

https://youtu.be/tHdKoURuiLI

하반기 국내증시 및 글로벌 유망업종과 투자 전략 1편

https://youtu.be/gg8KXf4fv4Y

하반기 국내증시 및 글로벌 유망업종과 투자 전략 2편

https://youtu.be/qm3Pcs69RjY

2020 연말장세 예측 1편

https://youtu.be/YMFpS16sbYM

2020 연말장세 예측 2편

https://youtu.be/yvG2ByRh0Fo

바이든 친환경정책, 국내증시 영향과 수혜주 1편

https://youtu.be/jtr-4oZV4eA

바이든 친환경정책, 국내증시 영향과 수혜주 2편

https://youtu.be/Lrkm_hichZo

바이든 시대, G2 중국과의 관계와 수소차 정책 + 수혜주

https://youtu.be/GU5_XkTIHVk

[거버넌스특집1] 대한항공, 아시아나 인수? 수혜주와 투자전략

https://youtu.be/Id6V3ziUUhg

[거버넌스특집2] '차'떼는 기아차, 현대차그룹 전략, 정몽준의 현대중공업

https://youtu.be/H-_DkWVykwU

RCEP 출범, 중국 중심 세계 경제질서 만들어질까?

https://youtu.be/TrRsynKBszO

RCEP 수혜업종과 수혜주 및 투자전략

https://youtu.be/hlEMrzQMRPM

김현미 국토부장관 교체! 가덕도 신공항, SOC, 건설주 상승할까?

https://youtu.be/MWcKCB-zwME

ESB와 블랙록의 설계자 1편

https://youtu.be/fZqWMzlFjus

ESB와 블랙록의 설계자 2편

https://youtu.be/wylj5lRZUJg

중국 쌍순환전략과 연말 국내증시 투자전략 1편

https://youtu.be/6VQnamqaOYU

중국 쌍순환전략과 연말 국내증시 투자전략 2편

https://youtu.be/AlcTAVqTmK4

중국 쌍순환전략과 연말 국내증시 투자전략 3편

https://youtu.be/84hsO7lUVEo

변동성 큰 연말 투자전략 & 연말연초 공략 종목

https://youtu.be/9z_ytrYORMQ

녹십자, SK, 현대차, 삼성그룹 완결편 + 2021 투자전략 1편

https://youtu.be/CCX7qfD6ujU

녹십자, SK, 현대차, 삼성그룹 완결편 + 2021 투자전략 2편

https://youtu.be/cOtGMnlgTOs

2021년 투자전략 1편 코스피 3천시대 개막

https://youtu.be/jAdxCbTE_Ow

2021년 투자전략 2편 삼성전자 10만전자 갈까?

https://youtu.be/PaPUwp5_UsA

이재용 판결 D-1, 3000붕괴 신호탄 될까?

https://youtu.be/a6qOFGTNUDM

신년 기자회견으로 본 2021 정부정책 방향과 수혜주 1편

https://youtu.be/g9uB-zqbwWY

신년 기자회견으로 본 2021 정부정책 방향과 수혜주 2편

https://youtu.be/iuDKLppTYb4

코스피3천선 붕괴, 공포국면 시작일까? 1편

https://youtu.be/n6fOCFwIZoQ

코스피3천선 붕괴, 공포국면 시작일까? 2편

https://youtu.be/mcuK1ksm9Cc

날아가는 우주항공테마주, 어디까지 갈까

https://youtu.be/iQvpKljqzIA

건설주, 2021 묻고 더블로 가?? 건설주 총정리편

https://youtu.be/EbPkVtOCOSg

설연휴 이후, 국내증시 올라갈까? 1편

https://youtu.be/Q6Li4Bhbrok

설연휴 이후, 국내증시 올라갈까? 2편

https://youtu.be/0WLQFOy4tTQ

쿠팡으로 뜨거웠던 국내증시 이슈와 대응전략은? 1편

https://youtu.be/payRFqBqpMo

쿠팡으로 뜨거웠던 국내증시 이슈와 대응전략은? 2편

https://youtu.be/Q9T8YldoC84

코스피 3천 붕괴, 3월 국내증시 조정올까?

https://youtu.be/mhRfcrnm5q8

미방송분 특급공개_ 무극쌤 제자훈련법

https://youtu.be/dA7W4b81Rrw

서울시장 선거, 테마주와 정책관련주 투자전략 1편

https://youtu.be/xlj4AKP0-8g

서울시장 선거, 테마주와 정책관련주 투자전략 2편

https://youtu.be/ShXMh4NStlg

답답한 국내증시, 3월 봄바람 타고 상승할까?

https://youtu.be/ICcmKp5O5b8

3200돌파 or 3천 붕괴? 4월증시 대전망 1편

https://youtu.be/4lOeQx3Tqn0

3200돌파 or 3천 붕괴? 4월증시 대전망 2편

https://youtu.be/7N7wKX0vdF4

재보궐선거 이후 국내증시 방향은? 1편

https://youtu.be/jsUlqQ-otaA

재보궐선거 이후 국내증시 방향은? 2편

https://youtu.be/eKCSurFDsXU

특수건설 상한가, 건설주 대응전략과 포트구성법

https://youtu.be/XUdodrkD1QQ

LX그룹 출범과 구본준시대 + 코로나백신 특허면제 수혜받나?

https://youtu.be/T6qyhTw53HA

특수건설과 건설주, LG상사와 LX그룹의 미래

https://youtu.be/DZd8VrXK73Q

모더나 훈풍 삼성바이오로직스와 강성부펀드 Exit DL 운명은?

https://youtu.be/SYoQZFIXNfk

해운/조선업 전망+한미정상회담 대북주 스페셜

https://youtu.be/-0sENfH4i2k

한미정상회담 반도체, 백신 수혜주와 다음주 시장전망

https://youtu.be/5zsxXELzPdg

LG화학 급락과 배터리주+가덕도신공항 수혜주 Top3

https://youtu.be/2MVyXplu2aM

국정원장 방미와 대북주+롯데그룹 시동걸까?

https://youtu.be/ty8kHkusW54

탄소중립선언과 거버넌스+조선주/건설주 슈퍼사이클

https://youtu.be/2mqdXN5RBaM

대우건설 매각 이슈+뉴스 쏟아내는 롯데그룹

https://youtu.be/OI_VH1YhF8k

[2021.6.12.] 종전선언 시나리오+차병원그룹 렛츠고?

https://youtu.be/9ai-UBgbWA4

[2021.6.13.] 차병원그룹의 미래지도+금리인상 수혜주

https://youtu.be/moswKKx_Cuo

EPILOGUE

영어 표현에 "learn by heart"가 있습니다. '암기하다'라는 뜻으로 외웠던 표현이지만, '마음으로 배워 잊지 않다'라는 의미를 담고 있습니다. 외국어일지라도 언어는 암기 과목이 아닙니다. 계속 읽고 듣고 말하고 써야 나의 언어가 될 수 있습니다. 평생 써온 모국어만큼의 정성과 시간을 들여야만 진정한 B 언어가 될 수 있습니다.

저는 초등학생 시절 미국에서 2년간 살다 왔습니다. 영어로 꿈 꾸고 잠꼬대를 할 때쯤 한국에 돌아왔습니다. 어릴 적부터 팝송 가사를 따라 부르고 토플 공부를 하며 영어 공부를 생활화했습니다.

한국어, 영어 잘하는 사람은 많지만 모두가 아나운서도 통역사도 언어 전문가도 아닙니다. 통번역대학원은 통역사가 되기 위한 기술을 배우는 곳이기에 하루하루 과제와 발표, 스터디, 개인 공부 일정이 가득합니다. 통역 기술을 기르는 연습 외에도 매일같이 신문을 소리 내어 읽고 요약하고 적절한 표현 찾는 연습을 합니다.

말 한마디에 천 냥 빚도 갚는다 합니다. 어떤 말이 투자자들의 심리를 반영하고 잘 설명해줄 수 있을지 공부했습니다. 방송언어로 주식 시장을 배우며 그 흐름을 연구하고 고민했습니다.

언어를 지혜롭게 구사하는 사람이 되고 싶습니다. 정성으로 갈고 닦아야 할 언어가 둘이나 있다는 사실에 감사하며, 앞으로 그 언어로 어떤 일을 하게 될지 설렙니다.

앵커의 시각이라는 부제로 작가 타이틀을 달게 해 주신 이승조 다인경제 대표님, 방송이라는 여정 속에서 늘 든든했던 한국경제TV 식구들 모두 감사드립니다.

제 방송이라면 언제나 챙겨 봐주신 할머니 할아버지, 그리고 우리 가족들. 아낌없는 사랑과 격려에 감사의 마음을 전합니다.

2021년 5월 9일

김민희

I learned that the English expression "learn by heart" simply means to memorize something. However, the nuance between the expression "learn by heart" and "learn by rote (routine)" has a distinct difference. We cannot learn a language solely on memorization, but rather, through a lifelong process of continuous practice. One day, with the same time and effort we put on our mother tongue, we would be able to achieve a true B language.

I spent two of my elementary school years in the States and by the time I came back to Korea, I dreamt and sleep talked in English. From early childhood, I sang along with pop songs and spent years studying English.

There are so many people who are fluent in Korean and English, but not all are anchors, interpreters, or language experts. While the Graduate School of Translation and Interpretation provides professional training in interpretation, we also have a hectic daily schedule full of assignments, presentations, and group and individual study. Along with interpreting technique practice, we read newspapers out loud and practice paraphrasing in different but relevant expressions.

"A soft word turns away wrath, but a harsh word stirs up anger" (Proverbs 15:1)

During my broadcasting years, I carefully considered what words or expressions could properly reflect the investment industry's sentiment. I was able to learn and understand the stock market through the variety of broadcasting languages.

I hope to have a technical command of languages. I am grateful to have not just one, but two lifelong languages to improve inside and out and I look forward to what I will be able to achieve with them.

Many thanks to Lee Seung Jo, CEO of Dain Investment, who encouraged me to write this book under the title "Anchor's point of view". This book would not have been written if it were not for the amazing and supportive broadcasting team at Korea Business News (WOW TV).

I am lucky to live every day with my truly amazing family members; a special thanks to my extraordinary grandparents who watched every minute of my broadcast and to all the support and love from my family members.

May 9, 2021

Minhee Kim